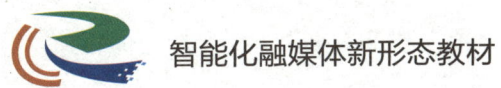 智能化融媒体新形态教材

新媒体营销

主　编　刘　畅　李　贝　赵凝玉
副主编　何　琳　邓　红

中国传媒大学出版社
·北京·

图书在版编目（CIP）数据

新媒体营销 / 刘畅，李贝，赵凝玉主编.-- 北京：中国传媒大学出版社，2024.2
ISBN 978-7-5657-3561-5

Ⅰ.①新… Ⅱ.①刘… ②李… ③赵… Ⅲ.①网络营销Ⅳ.①F713.365.2

中国国家版本馆CIP数据核字(2024)第050664号

新媒体营销
XINMEITI YINGXIAO

主　　编	刘　畅　李　贝　赵凝玉	
策划编辑	温晓芳	
责任编辑	温晓芳	
封面设计	杨　楠	
责任印制	李志鹏	

出版发行	中国传媒大学出版社			
社　　址	北京市朝阳区定福庄东街1号	邮　　编	100024	
电　　话	86-10-65450528　65450532	传　　真	65779405	
网　　址	http://cucp.cuc.edu.cn			
经　　销	全国新华书店			
印　　刷	清淞永业（天津）印刷有限公司			
开　　本	787mm×1092mm　1/16			
印　　张	16.25			
字　　数	356千字			
版　　次	2024年2月第1版			
印　　次	2024年2月第1次印刷			
书　　号	ISBN 978-7-5657-3561-5/F·3561	定　价	58.00元	

本社法律顾问：北京嘉润律师事务所　郭建平

前言

　　随着移动互联网技术的快速发展，智能移动终端的使用数量不断增加，以新技术、新方法、新平台传播为主的新媒体时代已经到来。抖音、快手等新媒体平台不断涌现，渗透到社会生活的方方面面，给社会带来了巨大的变化与深刻的影响。在此基础上，受众人群日益细分，消费者越来越依赖于新媒体。因此，企业也更倾向于利用新媒体平台开展营销活动，通过逐步洞察市场变化规律，探索实践与新媒体时代相契合的营销理念、方法与策略，重构零售中的"人、货、场"，创新营销模式。

　　对于绝大部分企业而言，新媒体平台成为其打开市场、塑造品牌、推广产品的重要途径和赢得市场竞争的主要阵地。不仅如此，新媒体运营也越来越受到社会各界的重视。由于社会对新媒体运营专业人员的需求越来越大，为适应社会需求的变化，越来越多的商科院校将新媒体运营课程纳入专业人才培养体系。新媒体运营课程在电子商务专业及财经商贸类专业中广泛开设，要求学生更加深入地了解新媒体运营知识，以及如何选择合适的新媒体平台、如何开展新媒体运营、如何策划各类活动。以此为背景，编者团队在深入学习党的二十大报告的基础上编写了本教材。本教材的开发以全面贯彻党的教育方针，落实立德树人根本任务为中心，以新时代创新思维为指导，以新理念、新技术、新平台为基础，以新媒体运营能力培养为导向，将企业项目与教学内容紧密结合，细化新媒体运营岗位工作任务，形成了新媒体运营的基础理论、运营方法、推广策略、评估指标等知识体系，强化了新媒体运营技能的实操训练，并在每个项目中都增加了思政元素，与课程内容深度融合，全面培养学生诚信守法的职业素养，增强其社会责任感和使命感。

　　本教材内容新颖，密切结合新媒体行业的发展趋势和特点，充分展现了新媒体平台综合运用、营销活动策划的全过程，凸显理实一体、工学结合的教学理念。本教材共九章，设置了若干个实训项目，以企业真实项目为依托，开展微信运营、短视频运营、直播运营等实战训练，着重培养学生的新媒体运营创新思维、内容建设能力、活动策划能力、营销推广能力等。本教材既可作为高等院校电子商务、市场营销、信息管理等专业的教材使用，也可作为电子商务从业人员的培训教材使用，还可供企业新媒体运营人员、社会从业者和个人创业者自学使用。

本书由辽宁现代服务职业技术学院刘畅任第一主编并进行统稿，北京体育大学李贝任第二主编，辽宁现代服务职业技术学院赵凝玉任第三主编。辽宁知行谷科技有限公司总经理刘晋荣负责编写全书案例和"专家解读"内容。本教材在编写过程中参考了众多专家文献和新媒体运营者分享的经验，在案例中引用了业内知名企业的相关资料及图片，在此谨对相关专家、企业表示诚挚的感谢！

　　由于编者水平有限，书中难免有不当、疏漏之处，敬请读者批评指正。

编　者

目录

第一章　新媒体营销基础 ………………………………………………… 1
第一节　初识新媒体 ………………………………………………… 3
第二节　认识新媒体营销 …………………………………………… 12
第三节　走进新媒体运营 …………………………………………… 17

第二章　新媒体营销方法 ………………………………………………… 25
第一节　新媒体营销定位 …………………………………………… 27
第二节　新媒体营销策略 …………………………………………… 40
第三节　新媒体营销法则 …………………………………………… 55

第三章　新媒体数据分析 ………………………………………………… 61
第一节　初识新媒体数据分析 ……………………………………… 63
第二节　常用的数据分析工具 ……………………………………… 77

第四章　微营销 …………………………………………………………… 83
第一节　初识微营销 ………………………………………………… 85
第二节　微信营销 …………………………………………………… 90
第三节　微博营销 …………………………………………………… 101
第四节　小程序营销 ………………………………………………… 110
第五节　社群营销 …………………………………………………… 113

第五章　音频营销 ………………………………………………………… 123
第一节　初识音频营销 ……………………………………………… 125
第二节　主流音频平台及发展前景 ………………………………… 131
第三节　音频营销的策略 …………………………………………… 134

第六章　短视频营销 ……………………………………………………… 143
第一节　初识短视频营销 …………………………………………… 145
第二节　短视频运营技巧 …………………………………………… 150
第三节　短视频制作 ………………………………………………… 157

第七章 直播营销 ········· 167
第一节 认识直播营销 ········· 169
第二节 直播营销准备 ········· 178
第三节 直播营销活动开展 ········· 187
第四节 直播营销活动复盘 ········· 194

第八章 新媒体营销矩阵 ········· 205
第一节 初识新媒体营销矩阵 ········· 207
第二节 新媒体营销矩阵搭建 ········· 211
第三节 新媒体营销矩阵运营团队建设 ········· 217

第九章 新媒体内容变现 ········· 227
第一节 广告变现 ········· 229
第二节 电商带货变现 ········· 238
第三节 知识付费变现 ········· 240
第四节 IP 变现 ········· 246

参考文献 ········· 253

新媒体营销基础 / 第一章

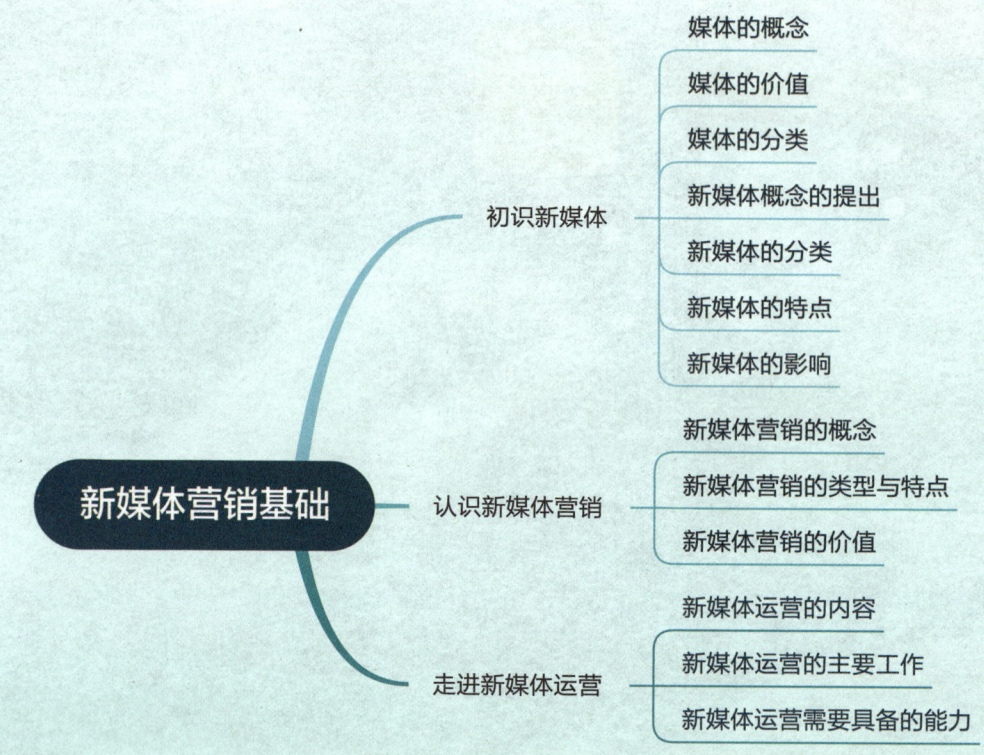

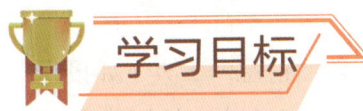

学习目标

知识目标

1. 了解媒体的概念、价值和类型。
2. 掌握新媒体、自媒体、社会化媒体的概念辨析。
3. 了解新媒体营销的类型和价值。
4. 了解新媒体运营的岗位职责和能力要求。

技能目标

1. 培养新媒体平台运营者思维。
2. 培养新媒体营销的创新意识。
3. 培养新媒体从业者视角的互联网敏感度。
4. 培养新媒体工作岗位的职业素养。

思政目标

1. 培养良好的互联网思维。
2. 培养良好的新媒体运营职业素质。
3. 培养创新精神和笃学报国的情怀。

第一节 初识新媒体

情境导入

现在已进入科技高速发展的时代，信息的传播方式有了很大的转变，导致传统企业面对业绩的压力寸步难行，可见其营销模式亟须改革。在这种时代背景下，各大企业纷纷尝试新媒体营销模式。假设你是一家公司的员工，你所在的公司也打算开展新媒体营销活动，领导要求你进行调研，了解当前的新媒体都有哪些类型，请你从新媒体的概念入手，了解其价值、类型及特点。

一、媒体的概念

在第 7 版《现代汉语词典》中,对媒体的解释为:指交流、传播信息的工具,如报刊、广播、电视、互联网等,因此媒体通常指信息传播的介质和载体。它可以是人们用来传递与获取信息的工具、渠道、载体、中介物或技术手段,也可以引申为从事信息采集、加工、制作的个人或机构。

二、媒体的价值

(一)信息传递

从古至今,在人类的活动中,信息无处不在。人类的一切发展和进步都离不开信息的获取与加工,而媒体是人们获取信息、加工信息、传输信息、交换信息和反馈信息的中间介质与渠道。通过媒体,可以实现主体和客体的交互,从而建立起自然界和人类社会的普遍联系,创造出丰富的物质和文化产品。可见,媒体是一个社会中供人们交流的工具。

(二)价值引导

除具有信息传递功能外,媒体还具有价值引导的功能。美国传媒学者丹尼·埃利奥特(Deni Elliott)曾指出,无论大众媒体置身于怎样的社会中,它们都对社会负有责任,而且每种媒体都要对依赖它们获取信息的公众、团体负责。媒体通过反复地向公众传播带有价值取向的内容,潜移默化地影响着人们的认知,于"文化涵化"中形成共同的价值观,从而维护和巩固社会秩序,引导人们树立正确的价值观。

(三)公众教育

媒体在现代社会中扮演着非常重要的公众教育角色。法国新闻学者贝尔纳·瓦耶纳(Bernard Vayenne)曾指出,真正的教育离不开新闻(媒体)。因为大众传播工具是一种扩大器,可以使教育者的作用超越一般传播的对象。媒体的教育具有大众化的特征,对人们的价值观念的形成、生活方式的改变等方面产生着重大影响,同时对推动社会发展和现代文明进程具有积极的作用。

(四)社会监察

与一般的社会监督形式相比,媒体的社会监察具有范围广泛、内容丰富、及时公开等特征。媒体监察不仅只有通常意义上的"曝光",通过曝光,还能查漏补缺、改进工作,促进发展。人类进入文明社会以后,很多重大的社会问题都是通过媒体监察得到有效解决和推动的。尤其是进入互联网时代以后,新的媒体形式层出不穷,信息源进一步向大众扩散,使得媒体的社会监察功能影响更大、范围更广。

(五)营销推广

媒体可以使组织机构或个体的品牌价值得到更高效的曝光和传播,产品得到更广泛的触达和推广，引发传播效应。媒体营销推广的核心在于内容和技术两个维度。如何利用不断发展的媒体技术，创造有利于传播的品牌和产品内容，是组织机构或个人联合媒体共同探索和追求的目标。

三、媒体的分类

媒体是信息传播的介质。按照信息传播的形式和载体，一般可以将媒体分为传统媒体和新媒体两大类。新媒体相关内容将在后续内容中做详细的介绍。传统媒体分为报纸刊物、广播、电视、户外媒体等。传统媒体的类型和特征如下。

（一）报纸刊物

报纸刊物是印刷媒体的典型代表。我国早在唐代（公元713年）就创办了"开元杂报"，即由"上都进奏官"负责编印，将皇帝的谕旨、文臣武将的奏章及政事动态"条布于外"，便得到了更广泛传播的朝政简报。报纸刊物的特点有以下三个。

1. 信息量大，历史悠久

报纸刊物作为综合性内容的媒介，以文字符号为主、图片为辅来传递信息，同等容量下信息量较大。在传统媒体中，报纸的历史最悠久，刊物的专题性更强，视觉效果更显著。

2. 保存期长，重复收藏

由于报纸刊物的材质特殊，易折易放，相较于其他媒体保存期更长。此外，一些人在阅读过程中还养成了剪报和收藏的习惯，无形中又强化和提高了报纸信息的保存性及重复阅读率。

3. 权威性强，对象明确

大多数报纸刊物历史积淀深厚，且由党政机关部门主办，在公众中具有较高的信用背书。刊物的分类较细，专业性较强，每一类刊物都拥有其相对固定的读者群，对象明确，目标性强。

（二）广播

广播是音频类的媒体形式。世界上最早的广播电台由美国匹兹堡西屋电气公司于1920年创办。广播把人类的眼睛从信息获取中解放出来，使人们在获取信息时可以兼顾其他事情，提高了时间分配的效率。广播的特点有以下三个。

1. 接收方式便捷

收听广播简便、自由，不受时间、地点限制。人们可以在通勤或者做家务的过程中收听广播，以提高时间的使用效率。

2. 受众层次多样

印刷媒体对受众文化水准、受教育程度的要求较高，而广播的目标受众可以是普通百姓，也可以是都市白领，受众层次多样。

3. 成本费用低廉

广播在单位时间内信息容量大，对场地条件要求少，内容制作成本较低，是性价比较高的媒体形式。

（三）电视

第一台电视面世于 1925 年，由英国的电子工程师约翰·洛吉·贝尔德（J. L. Baird）发明。到 1928 年，美国的 RCA 电视台率先播出第一套电视片。从此，电视开始改变人类的生活、信息传播和思维方式。电视的主要特点有以下三个。

1. 内容直观性强

人们在接收电视信息时，一般需要调动眼睛和耳朵双重功能，由此可见，电视信息在传递的过程中更加直观和生动。

2. 受众群体覆盖范围广

在传统媒体中，电视称得上第一媒体。电视的受众群体覆盖了从儿童到老年人的各个阶段人群，受众范围广。

3. 收视效果受环境影响大

电视不可能像印刷品一样随身携带，它需要一个适当的收视环境。在这个环境内，观众的多少、距离电视荧屏的远近、观看的角度以及电视质量的好坏等都直接影响收视效果。

（四）户外媒体

户外媒体一般是指在露天或公共场合展示信息的媒体，可分为平面和立体两大类。平面媒体有路牌、海报、条幅等形式；立体媒体有霓虹灯、广告柱以及 LED 显示屏等形式，如图 1-1 所示。

图 1-1　户外裸眼 3D 广告

户外媒体的主要特点有以下三个。

1. 地域性强

户外媒体一般会根据所在地点或地区的特色选择展示形式。例如，在商业街、广场、公园、交通工具上，户外媒体会选择不同的表现形式。此外，户外媒体的展示内容也会根据某地区公众的共同心理特点、风俗习惯来设置。

2. 表现形式多样

户外媒体的表现形式丰富多样，如高空气球、街道灯箱、大型水幕等。借助不同的载体，不仅实现了信息传播的诉求，同时与地区市容市貌融为一体，民众的接受度高、场景感强烈。

3. 信息源单一

户外媒体的信息传播源较为单一，比较难引起公众的互动，且受一定的地域限制，难以触达本地区以外的受众。但随着媒体技术的发展，如今多媒体融合的趋势越来越明显，可利用多种媒体形式相互取长补短来共同实现传播和触达效果。

四、新媒体概念的提出

"新媒体"（New Media）概念最早出现于1967年，由时任美国哥伦比亚广播电视网（CBS）技术研究所所长戈尔德马克（P. Goldmark）在一份关于开发电子录像商品的计划书中提出。1969年，美国传播政策总统特别委员会主席罗斯托（E·Rostow）在向尼克松（Nixon）总统提交的报告书中，多次提及并使用"New Media"。自此，"新媒体"一词在美国开始流行并迅速传到其他国家。

1969年，美国阿帕网（ARPANET）建成，标志着互联网的诞生。我国在1994年全功能接入国际互联网。自此，依托互联网进行传播的新型媒体形式开始在我国出现。随着新媒体平台数量的增多以及在公众中的不断普及，新媒体的影响力日益增大，借用新媒体开展商业活动的各种新媒体营销模式应运而生。

关于新媒体的定义有很多，至今仍没有定论，甚至有学者认为所谓的"新媒体"其实是一个伪概念，任何新出现的媒体相较于在其之前的媒体形式都可以称为新媒体。目前国内外关于新媒体比较权威的定义有以下几种。

（1）联合国教科文组织对"新媒体"的定义为：以数字技术为基础，以网络为载体进行信息传播的媒介。

（2）美国《连线》杂志（Online）对"新媒体"的定义为：由所有人面向所有人进行的传播。

（3）互联网实验室（China Labs）对"新媒体"的定义为：新媒体是基于计算机、通信、数字广播等技术，通过互联网、无线通信网、数字广播电视网和卫星等渠道，以电脑、电视、手机、个人数字助理（PDA）、视频音乐播放器（MP4）等设备为终端的媒体，能够实现个性化、互动化、细分化的传播方式。

通过对以上各种观点的梳理可以看出：首先，从内涵和外延上看，新媒体是一个较为宽泛的概念，也是一个相对的和发展的概念。"新""旧"是相对而言的，随着社会科技发展和传播模式的转变，人们对媒体的使用热度也会随之改变，新媒体会变为"旧"媒体，更"新"的媒体将会不断出现，新媒体的内涵和外延也将随之发生变化。其次，从技术手段上看，新媒体应用了"新"的技术。目前，新媒体应用了大量基于互联网的数字化信息传播技术，这些信号传输方式速度更快、精度更高，形成新的信息处理方式，具有智能识别、自动处理等信息加工手段，从内容到形式、从传播到受众都与传统媒介有较大区别。最后，从传播方式来看，新媒体具有较高的"互动性"。在新媒体环境中，传统媒体的"受众"逐渐向"用户"转变，从单一的信息接收者发展为信息制造者、加工者、接收者等多元用户。

由于新媒体是一个动态发展的命题，我们并不纠结于新媒体概念的学术辨析，而更加关注现阶段主流新媒体的实践运用指导，因此总结以上内容，将这个时代现阶段的新媒体定义为：依托互联网和数字技术的信息传播介质。

由于新的传播技术与媒体平台的不断涌现，伴随新媒体而来的还有很多媒体概念，如自媒体、社会化媒体等。这些媒体概念之间既有联系又有区别，在一定程度上影响着我们的运用实践。尤其是大众关注度非常高的通过自媒体平台打造的个人品牌实现的变现，引发了自媒体和内容创业热潮。接下来，我们将详细了解新媒体、自媒体、社会化媒体以及上述媒体与传统媒体之间的区别和联系。

（一）概念界定

1. 新媒体

新媒体是指依托互联网和数字技术的信息传播介质。

2. 自媒体

"自媒体"（We Media）一词最早出现于2002年，由硅谷著名的IT专栏作家丹·吉尔默（Dan Gillmor）首次提出。2003年，美国媒体学者谢因·波曼（Shein Bowman）与克里斯·威理斯（Chris Willis）联合发布了名为"We Media"的线上研究报告。报告指出，自媒体是普通大众经由数字科技强化、与全球知识体系相连之后，一种开始理解普通大众如何提供与分享他们自身的事实、新闻的途径。

3. 社会化媒体

"社会化媒体"（Social Media）概念的提出是在2007年，最早出现在美国学者安东尼·梅菲尔德（Antony Mayfield）的著作《什么是社会化媒体》（What is Social Media）中。该书将社会化媒体定义为：一种给予用户极大参与空间的新型在线媒体。社会化媒体遵循参与者是个人，沟通方式是对话，获取方式是主动的原则。社会化媒体在全球产生了巨大的影响，并逐渐发展成与门户网站、搜索引擎和电子商务相匹配的互联网基础应用。

（二）对比分析

在对这几个概念进行分析的过程中，可以借用传播学中经典的"5W"模型。从信息传播过程中的五个基本要素：传播者（who）、信息（what）、媒介（which）、接收者（whom）、传播效果（what）进行分析。

新媒体、自媒体、社会化媒体的概念辨析见表1-1。

表 1-1　新媒体、自媒体、社会化媒体概念辨析

媒体形式	传播者	信息	媒介	接收者	传播效果
新媒体	媒介组织或个人	符合监管要求的信息	基于互联网和数字技术的新媒介	所有人	引起受众行为方式、思想观念的变化
自媒体	个人	符合监管要求的信息	基于互联网和数字技术的新媒介	所有人	引起受众行为方式、思想观念的变化
社会化媒体	个人	符合监管要求的信息	基于互联网和数字技术的新媒介	社交关系链上的人	引起受众行为方式、思想观念的变化

从表 1-1 可以看出，新媒体、自媒体、社会化媒体在这个时代都是基于互联网和数字技术的新型媒体形式。其不同之处在于：自媒体相较于新媒体而言，传播主体仅指个人；社会化媒体相较于前两者而言，信息的接收者专指处于发送者社交关系链上的人。从新媒体到自媒体，再到社会化媒体是一个范围不断缩小的过程。自媒体等新的媒体概念的出现，意味着品牌不仅仅是企业组织的专属，再小的个体也可以拥有自己的品牌。

五、新媒体的分类

新媒体的类型非常多，按照不同的标准可分为不同的种类。以下是三种常见的分类方式。

（一）按传播媒介分类

网络新媒体包括门户网站、搜索引擎、虚拟社区、电子邮件、即时通信、对话链、博客、播客、微博、网络文学、网络动画、网络游戏等。

（二）按传播形态分类

微博、微信、QQ 等社交媒体平台属于社交网络新媒体；数字电视、基于 IP 协议的电视广播服务（IPTV）、移动电视、楼宇电视等数字电视媒体属于电视新媒体；手机短信、彩信、手机报纸、出版、手机电视、广播、手机游戏、手机 App 等移动应用属于手机新媒体。

（三）按传播技术分类

基于互联网的新媒体包括数字杂志、数字报纸、数字广播、手机短信、移动电视、网络、桌面视窗、数字电视、数字电影、触摸媒体等；基于数字广播网络的新媒体包括数字电视和移动电视等；基于无线网络的新媒体包括手机电视，手机报纸，手机视频，手机短信、彩信等；基于融合网络的新媒体包括 IPTV、楼宇电视等。

常见的新媒体平台如图 1-2 所示。

图 1-2 常见的新媒体平台

除了以上三种分类方式，还可以按照内容形式、地域等进行分类。不同的分类方式可以帮助人们更好地理解新媒体的多样性和复杂性。

六、新媒体的特点

（一）即时性

新媒体信息传播的速度非常快，表现出明显的即时性特征。用户通过手机、电脑或者其他智能终端设备，能够快速发布信息和及时接收信息，打破了传统媒体定时传播的规律，真正实现了无时间限制和无地域限制的传播。尤其是随着5G时代的来临，信息传播速度变得更快，内容的传播质量也更高。同时，新媒体的传播内容与传统媒体相比更加多样，把文字、图像、声音、动画等融为一体，实现了博采众长和兼容并蓄，最大限度地丰富了信息的表现形式。

（二）交互性

新媒体与传统媒体相比，具有超强的交互性。传统媒体不管是广播、电视还是报纸刊物都是单向传送信息的，媒体机构处于强势地位，决定着受众接收什么样的信息，用户很难向其进行信息反馈，交互性较差。而在新媒体环境下，信息的传输是双向的，甚至是多向的。每个用户都具有信息交流的控制权。公众既可以是信息的接收者，也可以是信息的发送者；既可以是信息的制作者，也可以是信息的传播者。任何人都可以是消息的来源，受众可以随时对信息进行反馈、评论、补充和互动。新媒体是真正实现双向互动信息交流的媒体形式。

（三）海量性

传统媒体不管是版面还是时长容量都是有限的。新媒体通过技术手段，使容量无限扩大，使海量信息得以呈现和储存。一个硬盘就可以存储数亿汉字的信息量，再加上传播主体和传播方式的多样化，人人可以成为信息源，强化了信息和内容的生产。随着时间的推移，信息越来越多，技术使信息的容量在理论上有着无限的扩展性，交互多元的信息源大大增加了信息的广度和深度，从而强化了新媒体信息海量性的特征。

（四）共享性

传统媒体的传播通常受到一定的时空限制，而新媒体利用通信卫星和全球互联互通的网络进行数据传输，打破了有线网络和国家等行政区划以及地理区域的限制，使得每个人都可以在地球上的任何角落和世界相连。尤其是移动端新媒体，它发送信息时间短、接收信息速度快、受制约因素少，几乎不受时间和地域的限制，只要在移动互联网络覆盖的地方，在任何时间都可以搜索信息、查阅信息、发布信息，这是报纸刊物、广播、电视等传统媒体无法实现的。每一次媒体形态的变革都扩大了人类的认知边界。

（五）个性化

与传统媒体的"千人一面"相比，新媒体的个性化特征非常明显，可谓"千人千面"。在互联网 1.0 时代，人们可以通过各种检索工具在海量数据中"各取所需"。科技发展到现在，人们不仅能实现主动搜索，平台也会根据用户的特征和需求进行个性化的智能化推荐。每一个用户在打开任何一个新媒体平台时所看到的页面都是不一样的。在新媒体环境下，人们也开始更愿意自由地发出自己的声音、表达自己的思想，创立自己独一无二的个人品牌。

七、新媒体的影响

现在人们可以在经济、社会、文化等多个领域看到新媒体的影子，它已经慢慢地融入人们的社会生活，成为人们生活中不可或缺的一部分。新媒体相较于传统媒体而言，有着独特的优势，它以高效快捷的信息传播方式、个性化且内容丰富的推荐方式、随时随地互动交流的交互方式，大大提高了我们的学习、工作效率，同时拉近了人与人之间的联系，更多的人可以在这个网络大环境下，发表自己的见解，实现信息共享。新媒体是一个时代的产物，它的出现对个人、企业、国家影响深远，从不同的视角来看，它有着不同的意义。

新媒体就像一把双刃剑，一方面，新媒体确实加快了信息的传播，实现了言论自由；但另一方面，很多新媒体出现了断章取义、歪曲事实、错误引导的现象，甚至有的新媒体被不法分子利用，歪曲历史，成为控制人们思想的工具。因此，我们要积极、正确地运用新媒体，引导正确的价值观和社会风气。要像爱护绿水青山一样爱护网络生态，像净化空气环境一样净化网络生态，合力营造风清气正的网络空间。在未来，新媒体的产业链会更加完善，企业之间要集聚合作，创新发展，打破信息封锁，带动经济，增加就业，实现百花齐放，这样才是新媒体正确的发展道路。

任务描述：使用思维导图工具，阐释新媒体、自媒体、社会化媒体的区别。

任务要求：能清晰阐述出新媒体、自媒体、社会化媒体的异同。

第二节 认识新媒体营销

随着互联网的快速发展，手机越来越智能化，越来越多的用户可以通过手机获取自己想要的信息。在这种背景下，传统营销方式已经越来越无法满足企业和商家的需要。对于企业来说，通过新媒体平台进行引流和宣传是非常重要的。假设你是一家公司的营销主管，你所在的公司内部对于是否要开展新媒体营销活动产生了分歧，作为营销主管的你认为开展新媒体营销非常有必要，请你从新媒体营销的特点和新媒体营销对于企业的价值两个角度切入进行阐述，尝试说服其他人。

一、新媒体营销的概念

随着新媒体各应用平台的丰富以及各个新媒体平台用户量的不断增加，对于企业及个人推广而言，除了提供服务外，新媒体平台还是一个营销的渠道，因此产生了新媒体营销。

从字面上理解，可以把新媒体营销拆分成"新媒体"和"营销"两个方面。营销行业在整个社会大分工中已经存在多年，在高校的知识体系中已拥有较为完善的专业学科；新媒体营销则是随着新媒体的出现，在营销的基础上增加了新媒体营销这一环节。但新媒体营销并不是一个完全陌生的行业或专业，传统的市场营销策略并未在新媒体营销上完全失效。传统媒体形式的营销活动更加注重覆盖范围或触达率，报纸刊物的发行量、广播电视的收视率都是品牌方进行媒体选择的重要考察指标。依托新媒体所进行的营销活动，不仅受众明确，还能有效地进行数据收集和分析，使营销活动更加精准和高效。

新媒体营销是指企业或个人利用新媒体平台的功能、特性，精心策划具有高度传播性的内容和线上活动，通过向用户广泛、精准地推送消息，提高品牌知名度和用户参与度，从而达到相应的营销目的。

1953年，尼尔·博登（Neil Borden）在美国市场营销学会的就职演说中创造了"市场营销组合"（Marketing mix）这一术语，其是指市场需求或多或少地在某种程度上受到所谓"营销变量"或"营销要素"的影响。为了寻求一定的市场反应，企业要对这些要素进行有效的组合，从而满足市场需求，获得最大利润。营销组合实际上有几十个要素（博登提出的市场营销组合原本就包括12个要素），杰罗姆·麦卡锡（Jerome McCarthy）于1960年在其《基础营销》（*Basic Marketing*）一书中将这些要素概括为4类：产品（Product）、价格（Price）、渠道（Place）、促销（Promotion），即著名的4P营销理论。1967年，菲利普·科特勒（Philip Kotler）在其畅销书《营销管理：分析、规划与控制》（*Marketing Management: Analysis, Planning and Control*）第一版进一步确认了以4P为核心的营销组合方法。

20世纪90年代，随着市场竞争日趋激烈，媒体传播速度越来越快，4P营销理论越来越受到挑战。1990年，美国学者罗伯特·劳特朋（Robert F. Lauterborn）教授提出了与传统营销4P营销理论相对应的4C营销理论，即顾客（Consumer）、成本（Cost）、便利（Convenience）和沟通（Communication）的4C营销组合理论。

2001年，美国营销学者艾略特·艾登伯格（Elliott Ettenberg）在其《4R营销》（*The Next Economy:Will You Know Where Your Customers Are?*）一书中，提出4R营销理论。4R营销理论以关系营销为核心，重在建立顾客忠诚度，它阐述了4个全新的营销组合要素，即关联（Relativity）、反应（Reaction）、关系（Relation）和回报（Retribution）。该营销理论认为，随着市场的发展，企业需要从更高层次上以更有效的方式在企业与顾客之间建立起有别于传统的、新型的主动性关系。

进入20世纪80年代之后，随着高科技产业的迅速崛起，高科技企业、高技术产品与服务不断涌现，营销观念、营销方式也不断丰富与发展，并形成独具风格的新型理念。在此基础上，国内学者（吴金明等）综合性地提出了4V营销理论，即差异化（Variation）、功能化（Versatility）、附加价值（Value）、共鸣（Vibration）的营销组合理论。

2010年前后，国内营销专家刘东明提出4I营销理论，包括趣味原则（Interesting）、利益原则（Interests）、互动原则（Interaction）、个性原则（Individuality）。4I营销理论不仅是电商社会化媒体营销的实施理论基础，更是新媒体营销的突围方向，它能帮助企业强化营销深度。

这些营销策略至今仍在传统营销行业发挥着重要作用。传统营销与新媒体营销同属营销，部分传统营销理论知识在新媒体营销时代并未过时，只是在传播的媒体层面，因传统营销平台与新媒体营销平台的传播媒介不同，传统营销理论在新媒体营销平台实施时，需要根据新媒体平台的媒体特点进行优化改进。

> **海尔集团的新媒体战略调整**
>
> 随着"互联网+"战略的实施及现代信息技术和新媒体的不断涌现,以互联网为主要载体的数字化媒体逐渐被应用于企业营销当中,开拓了更多营销渠道。作为中国实体制造企业的典型代表,海尔集团公司在智能化转型、新媒体营销等方面都走在了全国前列。早在2014年,海尔就宣布不再向杂志投放硬广,成为首家放弃杂志硬广,转向新媒体广告的传统家电企业。
>
> 张瑞敏称,未来的海尔,无用户全流程最佳体验的产品都不应生产;无价值交互平台的交易都不应存在。海尔的决定再次证明传统媒体的广告效应已经式微。传统企业的广告主发现,消耗消费者时长最多的移动设备已经在消费决策中发挥越来越重要的作用。
>
> 截至2023年12月,海尔官方微博粉丝数量已达252万。海尔在微博上利用与粉丝互动、为粉丝帮忙等方式,为粉丝创造价值的同时,也为海尔品牌建立起了一个有血有肉的人物形象,吸引了不少网友的围观和好评。
>
> 资料来源:蒋依丽.企业在新媒体时代的营销策略:以H企业为例[J].中外企业文化,2020(8):26-27.有改动

二、新媒体营销的类型与特点

(一)新媒体营销的类型

按照新媒体的内容形式和平台特征,可将新媒体营销分为:以今日头条为代表的资讯新媒体营销;以知乎为代表的问答新媒体营销;以小红书为代表的社区新媒体营销;以微博、微信为代表的社交新媒体营销;以微信群为代表的社群新媒体营销;以喜马拉雅为代表的音频新媒体营销;以抖音、快手为代表的视频新媒体营销;以淘宝直播为代表的直播新媒体营销。随着科技的发展,未来将会有新的媒体形式出现。

(二)新媒体营销的特点

1. 互动性

新媒体营销最大的特点就是互动性。用户可以在社交媒体中主动参与、分享、评论、点赞,在这个过程中,用户不仅会开始了解品牌,还能体验品牌的服务、互动形态。这种互动性的体验往往更具有感召力,让消费者产生更加亲密的情感纽带,从而提升品牌忠诚度。

2. 广泛传播

新媒体的特性在于其在网络上的传播范围非常大,可快速实现信息传播,相较于传统

媒体而言，更能体现传播的低门槛和高效性。微博、微信、抖音等平台上的信息传播非常快，依靠粉丝和用户分享，新闻、活动和产品信息等都可以以极快的速度传播。

3. 高定制化

与传统媒体单向宣传不同，新媒体营销更加强调与消费者的互动和定制化，能够创造出更个性化、更符合消费者需求和口味的产品和服务，从而提升消费者的忠诚度。

4. 数据驱动

新媒体营销需要面对更大的数据量和更复杂的数据分析，利用数据分析来实现对消费者更加精细化的营销，通过精准地投放资源，能够更好地实现销售增长。

5. 多样性

新媒体营销的广泛渠道和多样性特征，如直播、资讯、娱乐、短视频等多维度的传播方式，不仅满足了不同品牌和产品的不同营销需求，也能更好地迎合现代年轻人的消费习惯，从而创造出更加多样化的营销模式。

6. 引导销售

新媒体营销更多强调的是引导式销售，旨在以轻度购买为契机，巧妙地激发消费者的消费欲望，推出一系列产品或者服务。

总而言之，新媒体营销既强调与消费者的交互性和互动性，又强调进行有效的引导销售，这是新媒体营销能够成功的根本所在。企业需要在新媒体营销中打破陈规、重塑形象，通过独特的策略，引领潮流，从而实现营销目标。

三、新媒体营销的价值

不管工具和平台如何更迭演进，新媒体营销的根本是内容，而内容的生产和创作已经不再局限于专门的媒体机构或互联网企业，而是渗透到各行各业，成为组织机构或个体在进行商业活动时的必然选择。新媒体对于现代商业环境下的每一次商业活动几乎都有着至关重要的价值和意义。

（一）助力企业品牌溢价

中国的新一代消费势力正在崛起，新兴消费者选购商品时更加重视产品的文化内涵。消费者对产品的需求和对内容的需求开始出现了深度融合。新榜的调研显示，多数用户已经养成"种草"习惯，用户在消费前会主动搜索"种草"内容，拥有较强的"种草"意愿，但同时用户开始对同质化"种草"内容"免疫"，对内容质量提出了更高的要求。新榜认为，2023年的品牌应该从"种草"转为"绣花"，即更为精细化的运营，以匹配用户日益提升的优质内容需求。因此，企业可以通过自己的新媒体官方账号或是主流媒体平台的KOL（关键意见领袖），助力自身的内容生产，从而为产品增值，全面提升自身的品牌形象。

（二）实现企业渠道更新

在新媒体零售行业，短视频带货和直播电商多媒体全方位的商品展示、融合消费场景的"种草"内容，这些场景既是广告也是卖场，不仅吸引用户，也能即时驱动用户的购买行为。无论是短视频带货还是直播电商，人、货、场缺一不可，不同点是前者更多是内容的较量，后者则更多依赖商品的比拼。新媒体不仅创造了新的销售渠道，而且改造了企业产品的供应链，成为企业在新时代不可或缺的选择。

（三）帮助企业升级工具

新媒体如今已成为企业构建私域的流量池、塑造更深更广用户链接的重要工具。企业通过在私域流量池上不断更新优质内容，能够获取用户关注并与之建立持续沟通，在运营的过程中，企业通过用户的内容偏好设立标签，细化用户画像，根据用户偏好精准分发，进而实现销售转化。

理解私域流量

任务描述： 某实业公司内部营销数据显示，2023年新媒体获得了更多的广告预算，费用占比为63.6%（图1-3）。到2024年，新媒体的分配占比持续提升近3个百分点。请根据所学知识分析企业倾向于使用新媒体平台投放广告的原因。

任务要求： 能结合消费市场实际情况和相关数据，阐释新媒体营销对于企业的价值。

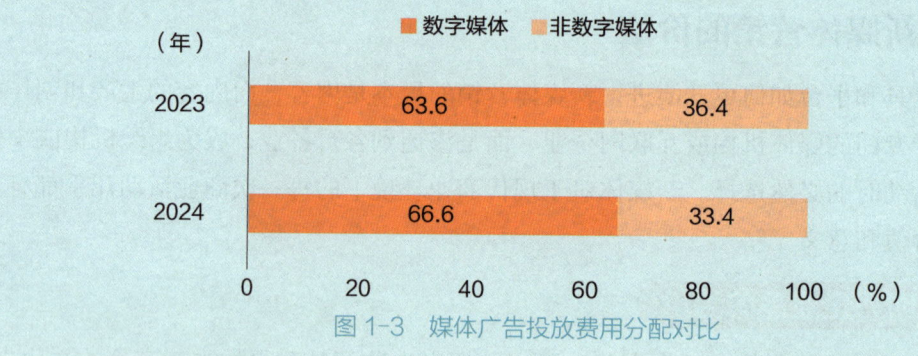

图1-3 媒体广告投放费用分配对比

第三节 走进新媒体运营

> 新媒体营销行业的发展，带来了很多就业岗位，很多同学想在毕业后从事新媒体运营工作，小李也打算应聘新媒体运营岗位，但他还不知道新媒体运营岗位是做什么的，以及这个岗位需要具备哪些职业素质和技能。请你帮小李分析一下。

一、新媒体运营的内容

新媒体运营的工作内容分为四个方面，分别是用户运营、内容运营、活动运营、产品运营。

（一）用户运营

用户运营是新媒体运营的核心，需要新媒体运营人员在自己负责的平台上解答用户的问题，如及时回复用户的留言、私信、评论等。通过深入接触用户，同时了解用户需求，然后根据这些用户反馈来优化内容和活动。

用户运营的主要工作有拉新、促活、留存、转化。

1. 拉新

拉新，即通过微博、微信、论坛、社群、线下等渠道进行推广，邀请新用户注册或者试用产品，目的是提升用户总量。

2. 促活

促活，即通过友好的新手教程、丰富的创意内容、有趣的用户活动等手段，让用户多次打开软件或进入新媒体账号，主动自发地对内容进行传播，提升用户活跃度。

3. 留存

留存，即通过后台分析用户数据，以策划活动、增加功能或发放福利等形式留住用户，减少用户流失，提升用户留存率。

4. 转化

转化，即拥有一定的活跃用户以后，尝试通过下载付费、会员充值等方式获取收入，提升用户转化率。

（二）内容运营

内容运营主要是指通过原创、编辑、整合等手段，围绕自己的产品，输出用户需要的或感兴趣的高质量内容。一般来说，内容运营是运营者利用新媒体渠道，用文字、图片或视频等形式将企业信息友好地呈现在用户面前，并激发用户参与、分享、传播的完整运营过程。做好内容运营有助于提升产品知名度、营销质量和用户参与感。

内容运营有七个核心环节，分别是选题规划、内容策划、形式创意、素材整理、内容编辑、内容优化、内容传播。

要想做出优质的新媒体运营内容，可以从以下五个方面入手。

1. 渠道用户画像

不同渠道的用户不同，需针对不同的渠道进行描绘用户画像的工作。

2. 用户场景拆解

了解用户在尚未使用企业产品时的主要场景，并按步骤拆解场景，以流程图或工作表的形式进行记录。

3. 用户痛点挖掘

痛点就是用户最想解决、最需要得到解决、迫切希望得到帮助的事情。根据以上环节，挖掘用户操作不方便、不喜欢的环节。通过不断打磨运营细节，帮助用户解决问题。

4. 解决方案描述

运营者需要用企业产品匹配用户痛点，并查看企业产品能否解决用户的某个痛点、如何解决。

5. 内容细节打磨

为了解决用户痛点，运营者需要打磨细节。

（三）活动运营

活动运营指通过组织活动，在短期内快速提升相关指标的手段。活动运营的流程是：策划—开发—测试—宣传—上线—指标监控—奖励发放—效果评估。

在做运营活动前，需要明确两个问题：如何进行活动策划和如何写活动策划。活动的目的要明确，目标要清晰，并且要贯穿运营始终；活动规则的设计，流程越简单越好，让用户少思考，文案清晰无歧义；活动设计与活动理由无缝衔接，让活动主题吸引人，给用户独特的感受；考虑活动宣传渠道的选择和投放，提高转化率。

（四）产品运营

产品运营主要是依托产品本身去做运营，核心在于满足用户需求，提升用户体验，让用户喜欢且信任。

从用户需求出发，运营者应首先搞清楚产品的定位以及目标用户，然后收集用户行为数据和相关的问题反馈，将产品优化。后续根据市场情况不断迭代更新，确保良好的用户体验。

产品运营分为以下几个阶段。

（1）产品研发期：明确产品的定位以及目标用户。

（2）产品内测期：收集用户行为数据和相关的问题反馈，对产品进行优化。

（3）产品成长期：做好活动策划推广，占领市场。
（4）产品成熟期：进行小范围的迭代更新、版本升级。
（5）产品衰退期：用户流失加剧，营收下降，开始推出新产品。

支付宝锦鲤活动分析

2018年9月29日下午，作为国庆小长假的预热，支付宝在其官方微博上发布了一条"十一出境游的朋友，请留意支付宝付款页面，可能一不小心就会被免单"的微博，称将在10月7日抽取转发这条微博的一名粉丝为"中国锦鲤"，领取一份超级大礼包。随着参与转发抽奖人数的增多，最终抽奖时，获奖的概率达到了惊人的300万分之一。

作为微博有史以来势头最大、反响最热烈的营销活动之一：将近500多万的转评赞，亿级的曝光量，相关的话题在公布结果后，迅速占据微博热搜榜第一和第三位，相关关键词的微信指数日环比更是大涨288倍。

整个活动使支付宝得到了：

（1）现象级的热搜话题；
（2）亿级裂变的传播效应；
（3）不计其数的"营销话题库"；
（4）支付宝海外支付业务宣传；
（5）国庆长假期间增量的支付笔数；
（6）抢占"中国锦鲤"的营销概念和用户心智；
（7）为今后"中国锦鲤"选取打下了坚实的基础；
（8）极大地增加了品牌好感度，拉近了与消费者的距离。

通过复盘整场活动我们可以发现，在活动开始短短的一小时之内，参与的品牌方迅速在微博评论中集合转发评论，瞬间形成流量池集中。品牌方的集中式参与、转发不仅扩大了整个活动的影响力，也提升了整个活动的势能，让"中国锦鲤"迅速在几个小时内形成浩大声势。

简言之，这是一个通过前期的营销铺垫，完美把握人性，多品牌联动，用较低的成本撬动全国互联网社交媒体话题大讨论的新媒体营销事件。

资料来源：搜狐.氢点官方，2018-10-16.有改动

二、新媒体运营的主要工作

新媒体，顾名思义，讲究一个"新"字，指的是在时间性、社会性、技术性三个方面

比较新的传播形式或手段，追求用户信息的及时性、内容的创新性。

随着大数据时代的到来，新媒体被人们赋予了更多的含义，即变成了一种工作的类型，随之而来的是每个企业都开始出现各种新媒体运营岗位的需求。

"运营"，广义上指以服务用户为目的的一系列行为、方法和手段；狭义上指根据岗位职能、工作内容对其进行划分，如内容运营、用户运营、社群运营、活动运营等多个细分领域的运营。

新媒体运营的主要工作就是通过在各个新媒体平台持续策划并输出高质量、传播度广、大众喜闻乐见的有趣、有用、有思想深度的内容和线上活动，通过丰富多彩的吸引人的活动，向客户广泛或者精准地推送消息，提高品牌知名度，吸引更多的粉丝关注自己，通过这些粉丝的关注来达到传播公司品牌、直接销售更多商品的营销目的。新媒体运营也可以被定义为通过运用新媒体的手段，帮助企业获取更多潜在用户，并通过运营工作将其转化为付费用户，从而达到营销目的，获得收益。作为新媒体从业者，不仅需要具有良好的文案撰写能力，更要有灵活使用各种新媒体运营工具的能力，以此提高工作效率，实现优质的内容输出。

（一）新媒体运营的工作内容

1. 工作步骤

新媒体运营的日常工作步骤为：选题定题、素材收集、内容编辑、图文排版、封面配图、内容校对、推送发布、监测数据、处理留言、用户反馈互动、定期总结。

2. 岗位职责

新媒体运营的岗位职责包括：负责互联网自媒体平台的日常运营及推广工作；独立运营各种平台，策划优质文章和宣传模式；进行数据分析，了解每个曲线的峰、谷出现的原因，预测它的趋向，并对后台数据进行专业化的解读，用于指导营销策略的调整；通过运营，增加粉丝数量，提高平台关注度和粉丝的活跃度；掌握新闻热点，有效完成专题策划活动，紧跟各种平台的发展趋势，创新运营模式；充分了解用户需求，收集用户反馈，分析用户行为，勾勒用户画像，然后有针对性地强化与用户的沟通交流，推进与用户之间的互动。

（二）新媒体运营的工作类型

新媒体运营通常有以下两种工作类型。

1. 以某个主流新媒体平台为主要经营阵地的新媒体运营

因为每个新媒体平台都有各自的平台规则、用户群体和内容、风格偏好，因此，在各公司运营团队的内部分工上，有一部分公司会选择不同的新媒体运营人员负责不同的平台。例如，擅长做短视频的运营人员，组建小组负责运营抖音，其他小组负责运营快手，相互之间形成竞争，同时他们与主要负责其他新媒体平台的小组也形成竞争关系。在这样的分工形式下，新媒体运营就要围绕自己负责的平台，研究所有规则、主推的活动等，力求使自己的运营符合平台的方向，以获得平台更多的扶持。同时，要围绕平台用户的偏好，制作、生产更符合这个平台粉丝喜好的内容，策划这个平台粉丝喜欢的活动，最终达成涨粉、增加阅读量、提升互动率、转化率等新媒体运营的核心KPI指标。

2.协同分工，负责多个新媒体平台运营

对于绝大多数公司的新媒体运营部门来说，都不会只在某一个新媒体平台上活跃，在所有的主流新媒体平台上，都有他们的新媒体账号。一个小团队负责某一个新媒体平台的方式，相对来说，需要的团队规模和人数都会比较多，因此有一部分公司会选择制作、生产相同的内容，分发到不同的新媒体平台，这样就能大大缩小新媒体运营团队的规模。在成本控制比较严格的公司，这样的安排能够在成本预算有限的情况下，尽可能地做好新媒体运营。

协同分工，负责多个新媒体平台运营的新媒体运营团队，一般分为三个层次：高级新媒体运营，主要负责对新媒体整体规划和选题方向的把握，以及重要内容的生产制作等工作内容；中级新媒体运营，是内容生产制作的主力军，需要同时关注各平台的相关数据，并对数据进行准确分析，以便对之后的内容进行进一步调整；初级新媒体运营，主要工作任务就是负责在各平台分发内容，与各平台粉丝进行互动、联系等。

因此，对于想要就职新媒体运营岗位的应届生或者职场新人来说，从初级新媒体运营开始学习，是一个比较好的选择。

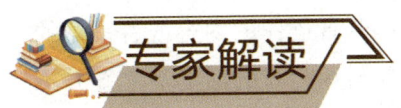

专家解读

新媒体运营岗位等级

新媒体运营岗位有五个等级，工作经验越久，等级越高，薪资区间也就越高。

（1）初级新媒体运营专员：工作年限1~3年，月薪是6 000~8 000元，主要工作是编辑图文，做基础的文字编辑、排版。

（2）高级新媒体运营专员：工作年限3~5年，月薪为8 000~10 000元，主要工作是负责一个账号的运营，要求运营经验丰富、有内容生产能力及活动策划能力。

（3）新媒体运营主管：工作年限5~7年，月薪为10 000~15 000元，主要工作是负责新媒体矩阵运营，要求有一定的团队管理能力、数据分析能力。

（4）新媒体运营经理：工作年限7~10年，月薪为15 000~20 000元，主要工作是操盘平台矩阵的运营，要求团队经验丰富、数据分析能力强且对转化结果负责。

（5）新媒体运营总监：月薪可达3万元以上，拥有全站运营的能力。

三、新媒体运营需要具备的能力

（一）产品理解与资源整合能力

产品是运营的基础，一名合格的新媒体运营人员必须具备产品理解能力，能清晰地进行产品定位，分析产品对用户的吸引力，找到用户的行为模式和特点，针对不同类型用户的需求进行针对性运营，从而最大限度地激发用户的购买欲望和传播欲望。比如，在进行内容创作之前，选题需要考虑读者的喜好。作为一名合格的新媒体运营专员，这是一项很重要的能力，因为它贯穿整个日常工作流程。

新媒体运营平台众多，这些平台虽然方便了新媒体运营人员开展运营活动，但很容易出现资源分散、端口交叉或重叠的问题，如在不同的运营平台中存在同质化的内容，导致运营内容的原创性不足与质量降低，这样给用户带来的感观欠佳。新媒体运营人员要了解企业自身的传播渠道和运营模式，就要积极收集并合理利用网络资源（如文章素材、优质合作对象等），进行充分整合后再科学选择最有利于企业的运营方式，完成企业品牌形象的树立与产品销量的提升。

（二）策划与写作能力

如今，新媒体营销以内容为中心，广告中直接推销产品的方式已经无法吸引用户购买，人们更喜欢看有故事情节、具有"网感"又接地气的营销内容，也喜欢更加多元化的宣传形式。这对于新媒体运营者的要求比较高，新媒体运营的工作不再仅仅是每天和文字打交道，新媒体运营者还要懂得如何策划线上和线下活动来吸引目标用户。在信息爆炸式增长的当下，由于用户每天会看到非常多的内容，接收大量的信息，如果运营者的文章标题，或者设计的海报文案无法一下就戳中用户的痛点，那么尽管运营者创作的内容或者策划的活动很优秀，也很难引导用户点击阅读运营者的文章，或者参与运营者的活动。文案并不仅限于一篇文章，还有音频、图片、视频，只要是传递信息的营销内容基本都离不开文案。如果没有良好的写作能力，写不出能够吸引和打动用户的内容，就会造成资源的浪费。

（三）"网感"和灵感

"网感"是网络敏感度的简称，它反映了新媒体运营人员对网络热点（如网络热点话题、网络热点词汇、网络热点表情包等）的快速反应能力。新媒体之所以"新"，是因为它能够紧跟新闻热点，也正因如此，才能有众多的受众，所以新媒体运营必须能够随时关注热点并及时跟进。无论是以制作内容为主的新媒体从业者，还是以营销推广为主的新媒体从业者，都应该努力积累自己的"网感"。确切地说，就是要每天从海量信息中捕捉到网络舆论的发展方向，找出会引发全民热议的信息，然后主动参与并引导话题。

培养"网感"，一方面要充分理解自己的品牌属性，另一方面要熟悉人性和传播学知识，不断研究互联网上的信息，特别是那些忽然变成舆论热点的事情。

当一则不起眼的消息显露出成为热点的潜力时，各大媒体和自媒体都会闻风而动，加入传播的队伍当中。有些"热搜词"便会在这个过程中涌现。"网感"好的人会及时捕捉"热搜词"，并参与讨论当中，从而成为一个重要的信息扩散节点。通过不断研究和跟进，新媒体运营者会逐渐锻炼出预判网络趋势的能力，这样一来，"网感"也就形成了。

"网感"能力能够给新媒体运营人员带来创作灵感，使其更好地把握先机，将企业产品或品牌精神与网络热点结合起来，打造具有吸引力的运营内容，从而获得运营优势。不过，如果一味地追求热点本身而忽略了企业的关联度，那就极有可能造成"空有爆文，没有效益"的情况，所以在跟进热点时，一定不能忽略企业关联度。

（四）数据分析能力

随着大数据技术的应用与发展，数据运营的作用越来越明显。尤其在新媒体领域，用户运营过程中的漏斗转化、活动策划的数据复盘、投入产出ROI数据等都是新媒体运营的核心指标。我们要知道，数据不只是一个个数字，其背后是一个个用户和消费者，通过数据分析，我们能够看出其背后的消费者年龄、爱好、阅读习惯、对品牌的偏好等。品牌通过数据，调整内容、产品、转化路径，不断地优化、提升品牌。通过数据运营，可以优化新媒体运营方法，从而产出更加有价值的内容。

数据分析贯穿整个运营过程。例如，在制订营销计划时，数据可以更好地帮助运营者确定营销计划的时间、目的、内容；在内容创作时，数据可以帮助运营者选到更好的题目；在渠道引流时，运营者可以检测哪几个渠道数据较好，从而集中资源在这几个渠道。运营者还可以通过数据，分析为什么某篇文章点击量不高。

在流量至上的时代，一些人为博取眼球而丧失底线，罔顾道德和法律，认为只要"火"就行。如此"蹭热度"的行为，既不道德还涉嫌违法，因为"蹭热度"也要有基本的是非观，需要至少具备三个前提：一是不能侵犯他人利益，二是不能违背公序良俗，三是不能损害公共利益。"蹭热度"必须注意角度、尺度、力度，乃至限度，绝不能没有底线，而这个底线就是道德和法律。新媒体从业人员要加强对相关内容和账号的审核，在事前采取相应措施防范不良内容的传播，同时要增强分辨力和是非判断力，避免因盲目"蹭热度"而得不偿失。

任务描述：某知名汽车品牌驻沈阳分公司的负责人想要招聘一名新媒体运营主管和两名新媒体运营专员，请你帮他撰写一份招聘启事。

任务要求：在招聘启事中，要体现出新媒体运营主管和新媒体运营专员的工作职责和任职要求。

思考与实践

一、单项选择题

1. 用户运营的主要工作是拉新、促活、留存、(　　)。
   A. 营销　　　　B. 转化　　　　C. 数据　　　　D. 分析
2. 新媒体与传统媒体相比,具有超强的(　　)。
   A. 交互性　　　B. 便捷性　　　C. 传播性　　　D. 丰富性
3. "网感"是(　　)的简称。
   A. 网络感人元素　B. 网络传感　　C. 网络敏感度　D. 网络感应器
4. 狭义上的运营通常是指根据岗位职能、工作内容对其进行划分,如内容运营、(　　)、社群运营、活动运营等多个细分领域的运营。
   A. 用户运营　　B. 数据运营　　C. 效果运营　　D. 平台运营

二、判断题

1. 在新媒体营销的时代里,内容为王。(　　)
2. "运营"广义上指任何以服务用户行为为目的的一系列行为、方法和手段。(　　)
3. 与新媒体单向宣传不同,传统营销更加强调与消费者的互动和定制化。(　　)
4. 新媒体运营就是发文章、拍视频。(　　)
5. 产品成长期要收集用户行为数据和相关的问题反馈,将产品优化。(　　)

三、实训题

实训目的:通过不同的渠道,收集新媒体行业的相关研究报告,了解行业详情和发展趋势,进一步加深对新媒体行业的认识,培养信息收集和信息整合的能力。

实训要求:4~6人一组,以小组为单位进行分工合作,尽可能多地从不同渠道了解有关新媒体的知识和资讯,小组讨论共同完成实训项目。

操作步骤:
(1) 各小组成员从不同渠道收集信息,独立思考。
(2) 小组内部交流,集思广益。
(3) 将小组成果做成PPT,向全班同学汇报。

实训提示:互联网上信息杂乱,同学们在收集信息的过程中要多思考,去伪存真。

新媒体营销方法 / 第二章

学习导图

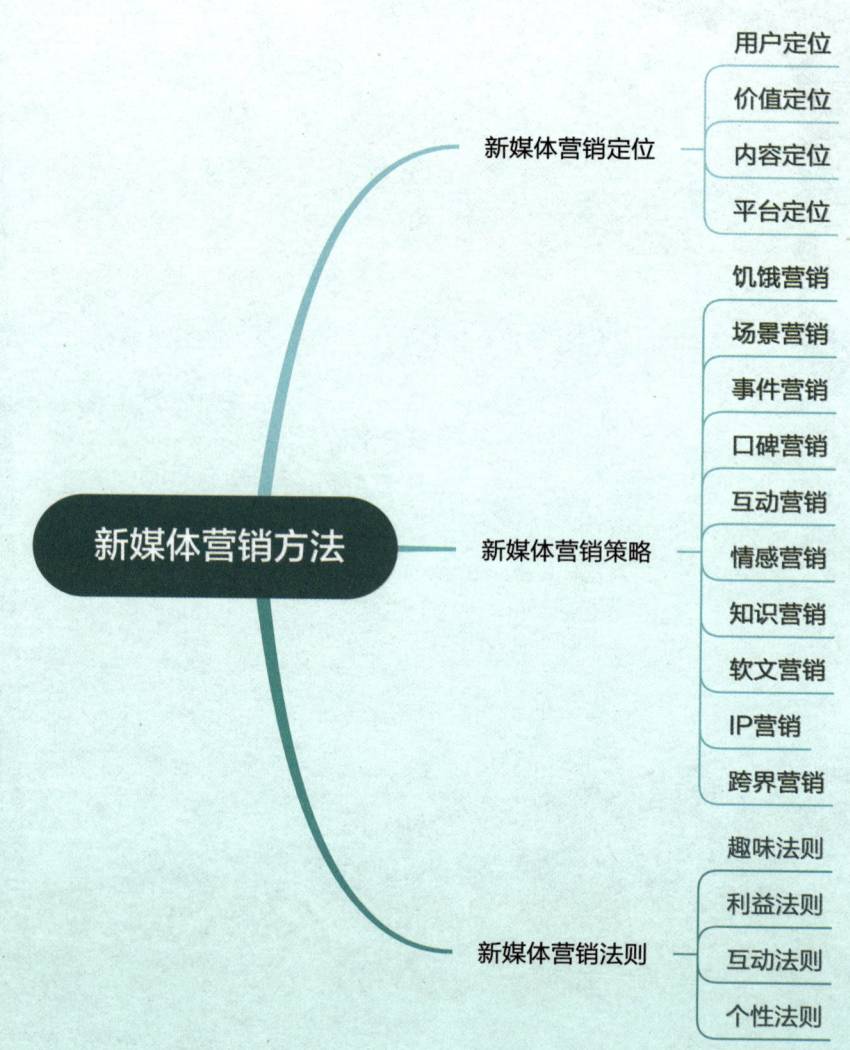

学习目标

知识目标

1. 掌握新媒体营销定位的概念和方法。
2. 掌握新媒体营销的常用策略。
3. 了解新媒体营销的法则。

技能目标

1. 具备新媒体用户定位能力。
2. 具备新媒体内容定位能力。
3. 具备新媒体营销策略选择能力。

思政目标

1. 具有笃学报国的高尚情怀。
2. 具有爱岗敬业的良好职业道德。
3. 具有版权保护和尊重知识产权意识。

第一节 新媒体营销定位

情境导入

　　小李在一家食品公司担任新媒体运营专员，近期公司推送的新媒体文章阅读量忽高忽低，经过调研，他发现，用户有时候对他们推送的信息不是很感兴趣，推送的内容也和用户需求相去甚远。请你帮他分析一下是哪个环节出现了问题。

　　新媒体运营人员可能经常会有这样的困惑——为什么阅读量忽高忽低？这是因为在开展新媒体营销前没有进行定位，企业不知道自己新媒体营销的用户群体到底需要什么，所以推送的内容很难激发用户的兴趣。在移动互联网时代，新媒体营销作为一种新的营销方式，能为企业和个人带来巨大的利益，这种利益包括直接经济收益和无形影响力。在进行营销推广前，新媒体运营人员首先需要对推广的内容进行定位，分析自己的用户到底喜欢哪种营销内容。

定位的概念最早出现于商业领域。1972年，美国营销大师艾·里斯（AL Ries）与杰克·特劳特（Jack Trout）提出了定位理论，开创了一种新的营销思维和理念，被评为"有史以来对美国营销影响最大的观念"。该理论认为，企业必须在潜在顾客的心中创建一个"定位"。这个定位不仅考虑了企业自身的优势和弱点，也考虑了竞争对手的优势和劣势。1991年，中文版《定位》（Positioning: The Battle for Your Mind）出版，定位理论传入中国。定位理论的核心内容是以"打造品牌"为中心，以"竞争导向"和"消费者心智"为基本点。

实际上，定位理论不仅应用在营销领域，它在传播上也有着更广泛的应用。新媒体运营的定位包括四个方面的内容：用户定位、价值定位、内容定位、平台定位。在新媒体运营之前和初期就要有一个基本定位，定位越清晰，运营越主动、越有效，可以避免运营中的盲目性。因此，企业应先明确新媒体运营的定位，再厘清用户是谁和产品对应的解决方法，最后动手去做内容或者活动，这样会收获事半功倍的效果。

一、用户定位

用户定位，简单概括，就是产品面向的用户群体，或者说是这款产品是提供给哪类用户使用的。用户定位是新媒体营销与运营前必不可少的环节，只有了解自己的目标用户，知道用户需要哪些服务，才能更好地进行营销计划的制订与实施，从而使营销的效果最佳。

那么，为什么一定要做用户定位，以及用户定位会带来哪些影响呢？

（一）不同用户的需求不同

首先，不同用户的需求不同，而作为以满足需求为"立身之本"的产品，对需求的把握能力比其他方面都更重要。

好的产品会持之以恒地挖掘目标用户的使用场景，从场景需求到业务需求进行全方位的挖掘和推导，从而保证产品的市场竞争力。而充足的市场竞争力又是产品长远发展的核心保障。例如，某款线上理财产品，如果将客户定位为毫无经验的入门级用户，他们的需求可能更多的是平台如何教会他们使用产品，如何利用产品满足自己财务管理的需求；而如果定位为专业用户，他们的需求可能更多的是如何保证数据的安全性，如何扩大盈利的渠道，如何进行内容精细化运作以及多角色的权限管理等。

（二）功能设定不同

根据用户群体的特性，不同的年龄、不同的文化、不同的阅历和不同的生活环境造就不同的人，而不同的人形成的群体对同一功能的褒贬会不一样。如果产品想要获得更多的用户，那么符合用户认知和用户行为习惯就成为产品的留人手段。例如，将客户定位为毫无经验的入门级用户时，产品所有功能的设计就需要简单、易懂、易用，功能的设计不需要太专业，只要让用户进行简单的操作达成限定的目标即可。这也就是所见即所得的设计方式更受欢迎的原因之一。而如果将客户定位为普通用户，那么大概率这部分用户都是从其他的产品中"逃离"出来的，此时功能的设计就需要趋近于业内头部产品，保留其培养多年的用户习惯，以及功能设计和用词、用语等，以保证不会出现过大的"反人类设计"。否则可能用户用了一两次就因为不习惯而再次"逃离"产品。

（三）产品侧重点不同

一般情况下，不同的用户定位（用户群体）对产品的侧重点不同。毫无经验的入门级用户更关心产品如何教会他使用或达成需求。而专业用户则更关注产品是否满足其"与时俱进"的业务需求。在面对系统的教导时，入门级用户表现出"欣然接受""认真学习"的态度。而专业用户往往视而不见，按照以往习惯操作一通，当出现"错误"时，他们会寻求系统提供"纠错和撤回"的功能；如果没有，他们则会觉得软件不够"人性化"。

（四）用户教育成本不同

毫无经验的入门级用户因为没有或有很少同类产品的使用经历，因此一份完整的、可靠的产品说明书（操作手册）或"傻瓜式"的设计是必要的。用户定位只要能达到需求，通过简单的培训或指导就可以让用户习惯。而专业用户由于已经接触过同类产品，同时具备一定的产品操作知识和经验，因此产品说明书不再是必要的。同时，专业用户由于已经在不断使用过程中产生了"肢体记忆"，因此一旦产品的设计与其习惯不符就会造成他们的严重反感，即使产品提供了各种培训和指导，他们也会因为"久远"的肢体记忆而迟迟无法纠正，甚至有可能因为反感外加其他产品的"逃逸成本"而直接弃用。

（五）用户挖掘成本不同

在产品引流过程中，如何快速高效地找到用户群是所有产品运营过程中的难点，而又因为用户定位的不同，寻找用户群的渠道和方式变得完全不同。例如，将用户定位为毫无经验的入门级用户时，由于用户群的特性，任何人均可能成为产品的用户，因此广撒网是引流的核心，此时数量比质量更有效。而将用户定位为专业用户时，由于用户群的特性，这部分人少且需要挖掘，因此精准投放就成了引流的核心，此时质量比数量更重要。

除此之外，由于用户定位不同，不仅产品的设计会不同，产品的运营、推广、服务等也会因为用户群体的特性不同而变得不同，因此前期做好用户定位是非常关键的工作。许多团队和企业失败并不是因为自身技术实力不行、产品不行或者人员不够努力，而是因为对用户定位不准确。

综上，精准的、正确的用户定位非常关键，它关系到项目的成败、团队的生死。所以在实际工作过程中，为了做到精准定位用户，我们就要做好用户画像，了解粉丝群体的年龄、地域、兴趣爱好、购买力等，这都是在账号定位前期就要做好的工作。

用户画像又称用户角色。作为一种勾画目标用户、联系用户诉求与设计方向的有效工具，用户画像在各领域都得到了广泛的应用。我们在实际操作的过程中往往会以最为浅显和贴近生活的话语将用户的属性、行为与期待的数据转化联结起来。作为实际用户的虚拟代表，用户画像所形成的用户角色并不是脱离产品和市场构建出来的，所以形成的用户角色需要具有代表性，能代表产品的主要受众和目标群体。

用户画像的核心工作就是给用户打标签，标签通常是人为规定的高度精练的特征标志，如年龄、性别、地域、兴趣等。提炼用户标签，即利用若干个关键词来描述用户基本特征。信息数据，也叫静态数据，是用户相对稳定的信息，主要包括人口属性、商业属性等方面的数据。这类信息自成标签。行为数据，也叫动态数据，浏览网页、搜索产品、点击购买、发表评论等均可看作互联网用户行为。这些标签集合能反映出一个用户的信息全貌，每个标签描述了该用户的一个维度，各个维度相互联系，共同构成对该用户的一个整体描述，如图 2-1 所示。

用户画像

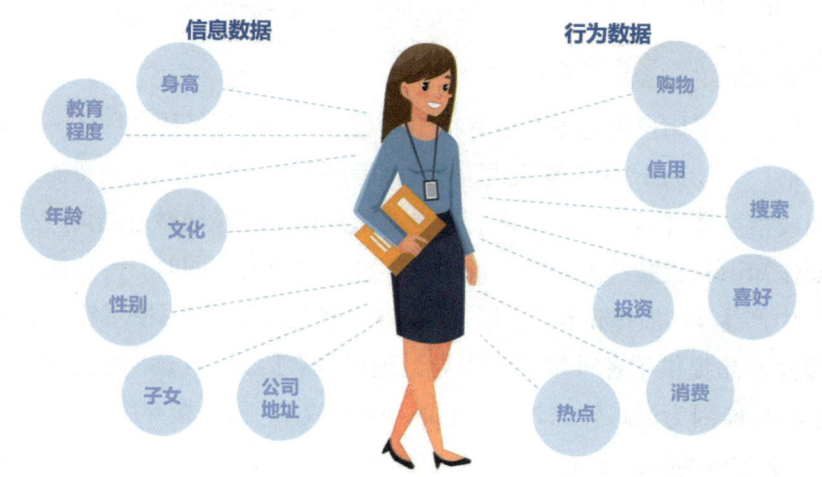

图 2-1　用户画像

二、价值定位

新媒体运营的定位最重要的是价值定位，也就是运营新媒体的价值取向。价值定位的重点是运营的新媒体能提供什么样的核心价值。无论是个人新媒体还是企业新媒体，其目的都是传递价值。对企业新媒体来说，更多的是为了让用户认同其理念、使命和愿景；而对个人新媒体而言，其目的就是把自己专业的知识和能力分享给需要的人。

新媒体内容创作的目的是让受众（或者称为读者、粉丝）产生共鸣。最基本、简单且普遍的内容创作就是产品使用说明书，它是基于产品和服务方面提供价值。当然，还有从增值服务方面提供价值的。例如，卖网络课程的机构提供免费一对一指导答疑服务，卖软件的机构提供免费更新升级服务，这都属于增值服务的部分。对于客户来说，机构做得越多，其满意度就越高。更高级一点，就是给受众提供更多的学习机会。绝大多数消费者的买单原因是基于自己的判断,所以新媒体营销运营人员要尽量将专业知识传递出去,最终让消费者基于需求而更理性地选择自家产品。这部分知识就是对受众学习提升的价值体现。

经典案例

小米的价值定位

2022年10月31日晚,小米公司联合哔哩哔哩网站(以下简称"B站")开启"来,买出个正义!"双十一超福利直播。这场营销活动可谓一场融内容生成、品牌理念与价值观传播、核心用户触达、交易闭环于一体的"品效合一"的营销。同时,其也传递了截至此刻小米集团面对挑战的信心与实力。

在直播内容设定上,B站多位知名UP主陆续登场,持续分享各自独特的好物推荐和消费理念;B站知名科普UP主毕导在千万观众的瞩目下,对小米新近发布的手机——Redmi Note 12 Pro展开了一番"暴力测试",花式呈现了这款手机的210W快充、抗刮抗摔的柔性直屏、2亿像素拍照等强劲性能。全场的高潮出现在B站"顶流"罗翔和小米集团合伙人、中国区总裁卢伟冰展开的关于"消费正义"的对谈环节,两位深受年轻人喜爱的嘉宾对于时下消费观的洞察,以及关于"消费正义"的点评,引发了评论弹幕区热烈的讨论。

此次B站与小米的"双十一超福利直播"是B站首次开放的大规模商业品牌带货直播。小米作为首个在B站开播的知名品牌,亮相即创巅峰:本次直播共持续12小时,高峰时段观看人数创纪录地突破了1 500万人次。

此次小米与B站合作的成功,可以说是价值观一致的结果。B站上理性、清醒、愿为热爱买单的年轻人,和一直以来坚持性价比、强调创新的小米,实现了价值观的"同频共振、双向奔赴",年轻人也用"买买买"为小米朴素的商业正义感手动"点赞"。

资料来源:搜狐新闻.SOHU营销观察,2022-11-02.有改动

三、内容定位

社会化媒体的诞生改变了信息传播的方式。对于企业而言,传统媒体时代依靠传播平台进行营销的方法逐步被淘汰,转而发展为通过提供目标用户感兴趣的内容,与用户建立良好的关系,从而达到提高营销效果的目的。

内容营销的出发点是用户,当企业进行了用户定位之后,就要进行内容的定位,让营销深入用户心中,提高营销效果。

在新媒体营销中,内容的表现形式、信息载体和传播方式包罗万象,新媒体营销人员应该首先掌握内容营销的概念,做好内容定位,以打造出优质的内容性产品,真正迎合用

户的需求和喜好。

随着互联网技术和信息技术的快速发展，人们的网络行为习惯渐渐发生了变化，从最初的被动接收商家信息，到如今主动通过各种媒体渠道获取内容，用户对网上信息的真实性有了更多的考量，分辨信息质量的能力更是得到了显著的提升。在这种环境下，内容营销逐渐兴起，并成为影响用户购物行为的主要因素。

内容营销作为现在主流的营销方式，可以将图片、文字、视频和音乐等元素以内容的形式呈现出来，使其成为可以引导用户消费的信息。如淘宝头条和京东快报就是非常典型的内容营销方式，它们通过文章的形式将需要营销的内容转化为有价值的服务，剖析和满足目标用户的需求，进而吸引用户点击阅读，引起用户的购买兴趣。同时，这种内容的表达方式还可以在企业和用户之间建立起强有力的互动，为企业品牌和形象的建立提供更为直接的途径。

传统的营销模式习惯于直接展示产品，并通过重复品牌的形式吸引用户。内容营销打破了传统营销的固有模式，企业首先需要了解用户想了解的信息，然后针对这类信息进行主动且专业的解答，通过帮助用户解决实际问题的方式培养起用户对品牌的信任，最后顺理成章地引导用户购买产品。

经典案例

欧莱雅的内容定位

近年来，欧莱雅积极推进营销数字化转型，在内容、技术、数据、消费者运营方面都做出了积极的探索。作为与消费者沟通的主要桥梁，内容成为欧莱雅营销转型的抓手之一。

2015年起，欧莱雅开启了一项全球化内容战略，在各个市场设立本地化的内容工厂，为品牌的社会化媒体传播自主生产内容。目前，欧莱雅在加拿大及墨西哥市场均设有内容工厂（content factory），在美国市场则有美容终站（beauty terminal）。

遍布各地的内容工厂拥有固定的运作机制，能够完成从本地需求分析内容生产到分发的全流程：各地内容工厂配合欧莱雅旗下36个品牌的当地需求，内部即时调整专业摄录设备，通用性场地、道具，如沙龙座椅、沙龙洗发区等；外部则结合需求，预定专业自由创作者，如摄影师、模特等协助进行内容生产，包括图片、文字、视频等各种内容形式及主题（美妆教程、产品测评等）。多样的内容最终匹配品牌需求与内容特性分发到社交媒体账号、电商、品牌App等多个渠道中。

另外，内容发布时会依据不同社交媒体平台的特性对原有内容素材做出调整，如在Instagram和Facebook上的视频版本相对简短，在Youtube上的版本会稍长。而内容的分发除了品牌的社交媒体账号以外，还会提供给包括美发师、沙龙等利益相关者使用，大大提高了内容的生产和运营效率。

资料来源：李及言，陈苏城.欧莱雅：国际美妆品牌的社会化、数字化布局[J].国际品牌观察（媒介），2020（5）.有改动

（一）内容的表现形式

新媒体营销的内容表现形式非常丰富且多样化，文字、图片、视频、音频等元素都是常见的内容表现形式，这些元素具有不同的表现力和特点，可以充分满足新媒体营销内容的呈现需求。

1. 文字

文字是内容信息最直观的表达，可以准确传递内容的核心价值，不容易使用户产生理解错误。同时，文字的表现手法多样，不同的文字由于写作方法不同，会带来不同的营销效果，可以快速吸引用户的注意并引起用户的共鸣。

在标题、短微博、长文章等形式的新媒体营销内容中，常采用纯文字的形式进行展示。以文字形式表达较长内容时，一般字数较多，篇幅较长，此时要注意文字描述准确，用语简洁。注意每个段落的文字不要太长，要以方便用户阅读为宜。大篇幅的文字很容易造成用户的阅读疲劳和反感，因此，除了专业性较强或需要提供较多文字说明的内容之外，一般不建议采用大段的文字说明。

2. 图片

新媒体营销中的图片内容展示可以全部是图片，也可以将文字作为图片的一部分融入图片中，使图片既能更鲜明地表达主题，又能快速提升用户的阅读体验。但要注意的是，文字在图片中的比例或文字的大小要适宜，以保证查看图片时文字内容能清晰展示且不遮挡图片的效果为宜。微信公众号中的封面图、电商的宣传图等就经常采用图文结合的方式来展现信息，如图2-2所示。

（a）微信公众号封面图　　（b）电商宣传图

图2-2　新媒体营销中的图片

3. 视频

与文字、图片等较"旧"的内容相比，视频是目前较为主流的新媒体内容表现形式，

它能够更加生动、形象地展现内容，具有很强的即视感和吸引力，能增强用户对营销内容的信任感。

在使用视频作为新媒体内容的表现形式时，可直接拍摄内容信息，也可对视频进行编辑，但要保证视频内容的真实性，不能为了营销效果拼接虚假视频片段。

4. 音频

除了文字、图片和视频外，音频也是常用的新媒体营销内容表现形式。音频更加具有亲和力，能够快速拉近与用户之间的距离，让用户感受到亲切，且加深企业与用户之间的互动。但在音频收录过程中，可能会由于外界的干扰使信息收录不完整，影响用户对信息的接收，导致其错失重要的内容。因此，以音频方式进行新媒体营销时，要保证录音环境没有多余的噪声、吐字清晰、语速适当、用语简明，以让用户容易理解和接收为重点。

综合以上几种新媒体内容的表现形式，我们可以发现，不同的表现元素有不同的优缺点，因此新媒体运营人员可以综合利用不同的表现形式，集合多种内容的特点，降低用户阅读内容时的疲劳感和枯燥乏味感。需要注意的是，并非要将每种内容表现形式都集中在同一篇文章中，要注意合理搭配各种内容元素，尽量为用户带来一种极致的阅读体验，这样才会让用户喜欢阅读提供的内容。

（二）内容定位的原则

1. 内容风格统一

内容风格统一，即文案内容要与企业的产品或品牌的定位相符合，就是保持内容风格、用语的统一，以提升内容的专业性和阅读感受。

2. 内容高频输出

内容高频输出是指内容的持续生产能力。一个内容从撰写到成品要花费很多的时间和精力，所以运营者需要想清楚是否可以支持内容在某一个频率的时间内持续展现给用户。内容输出的频率非常重要，如果运营者的内容比竞争对手推出的时间更长，更新频率更低，那将不具备竞争优势。特别是刚开始做新媒体营销时，内容输出的频率是非常重要的。当已经有了稳定的用户群，并能保证稳定的传播时，就可以慢慢降低内容输出的频率。

3. 内容满足用户需求

与产品定位、服务定位一样，内容定位也要从用户需求的角度出发考虑，从用户的需求中挖掘痛点，再以内容的形式展现出来，打动用户。例如，某音乐App通过对90后、00后的目标用户需求进行分析，发现他们除了一线流行歌曲外，更喜欢一些小众的民间音乐、二次元音乐、各国影视剧目主题曲等。针对用户的需求，该企业以小众、猎奇、包罗万象的音乐为切入点，发动用户以用户生成内容（User Generated Content，UGC）的方式上传各种音乐内容，使其在音乐市场快速站稳脚跟。

4. 内容符合营销目的

营销的目的不同，内容写作的方向就不同，所需要呈现给用户的内容侧重点也就不同。如果是以销售产品为目的，就要注重引流和转化，要选择能够直接引导到产品链接页面的营销平台，并且要在内容中突出目标用户的痛点或者是用户可以获得的好处。

5.内容符合运营人员的能力

文案内容不是随便就能写出来的，而是与运营人员的能力密切相关。如果没有对内容的策划、写作和整合能力，即使有再好的点子也没办法呈现出来。同时，运营人员也要明确自己在做运营时有什么优势，尽量利用自己的优势进行内容定位，这样才能更好地输出内容。

（三）内容定位的过程

1.圈定目标人群

圈定目标人群是指圈定具有重点价值的用户群。从原则上说，一个产品的目标用户范围通常比较广，如主要面向婴幼儿的无刺激产品，同时会受到很多女性的青睐。而在这个大范围的用户群体中，并不是每个用户都能为产品创造价值，用户对产品的接受度、了解度都会影响到最终的销售效果。企业不可能在每个可能的用户身上都投入成本。因此，需要圈定核心目标用户，尽可能缩小投入范围，解析核心目标用户的消费方式、消费习惯和消费心理，挖掘他们的需求和痛点，针对核心目标用户部署营销策略，提高推广的精准性。

2.找到适合的营销方式

不同的产品和品牌、不同的营销目的、不同的营销途径，通常都会有各自适合的营销方式。比如，很多知识型自媒体喜欢通过出书、发布热门文章的方式进行推广，一些知名的达人、名人喜欢通过演讲、直播的方式进行宣传，很多网络红人喜欢通过拍视频的方式进行营销。营销方式的选择并没有固定的标准，只要该营销方式可以更恰当、更完整地对营销内容进行表达，或者该营销方式是自己擅长的领域，就可以针对所选择的营销方式进行专门的内容策划。

3.寻找合适的媒介

一个好的内容必须依靠好的媒介和渠道进行推广和传播，让更多用户发现和关注，才能实现真正的营销价值，这时营销媒介和渠道就显得格外重要。新媒体为内容营销提供了非常广阔的平台，每个平台都有特点和优势，企业可以根据具体的营销策略选择自己的平台或者全平台进行推广。此外，企业还可以借助有影响力的人力因素进行推广，如自由撰稿人、合作伙伴的推广渠道、行业意见领袖、网络达人、忠实优质的粉丝等。

4.策划和包装内容

现在很多营销案例看似无心插柳取得了成功，其实大多是经过一系列的策划制造出来的。所以策划和包装内容是内容营销中非常重要的环节。好内容需要好宣传，懂得适当地在不同时间段反复使用包装内容，就可以有效扩大内容传播的宽度和广度，同时保持内容在核心目标用户中的曝光度。

5.打造亮点

内容营销的核心是打造亮点，创造更多的品牌或产品价值。在进行内容营销的过程中，往往难以保证每一个内容推广的亮点都会产生效果，但依然要将亮点作为内容营销的重点。

内容营销的亮点一般围绕关键词、价值、品牌、用户几个元素进行打造。

（1）关键词：能被用户关注和搜索的内容才有机会发挥出营销价值。因此，关键词在文章中具有重要的意义。如果用户读完一个内容推送后，能够记住推送者想要传达的关键词，那么这个内容推送就是成功的。

（2）价值：价值包含很多方面，如推送内容的价值、品牌的价值、产品的价值等。当今市场，产品类型、产品价格、销售渠道等同质化现象非常严重，普通用户难以对看上去十分相似的产品进行准确的区分。内容营销应该将自己的价值充分地凸显出来，让自己的产品能够从同类产品当中脱颖而出。

（3）品牌：现在的新媒体营销趋势逐渐向品牌化方向发展。品牌可以有效提高用户对产品的辨识度、接受度和忠诚度，品牌化的产品也更容易被大众所接受。因此，内容营销要有意识地宣传和树立品牌，设计自己的风格，打造个性化品牌。

（4）用户：用户是内容营销的核心，拥有用户才能实现最终的营销效果。想要拥有用户，就要了解用户，挖掘用户的痛点，为他们提供真正需要的信息。所以很多内容营销事件都是站在用户的立场，从用户的角度出发进行内容策划的。

6.设计便捷的转化入口

无论是视频、声音、图片还是文章，任何优质的内容在推出时都需要一个方便用户行动的入口，如快速关注、直接购买、了解更多、收藏、转发等，让用户可以及时通过简单便捷的入口对所接收信息中的产品进行关注、购买、收藏等。一般来说，用户刚接收信息时，转化效果是最好的；时间越久，入口操作越复杂，用户的行为转化率就越低。

由于内容营销的发布渠道很多，每个渠道都拥有不同的入口和功能，所以营销人员可以选择合适的渠道进行内容的营销和发布，也可以自己制作方便用户转化的二维码或导向链接。

7.追踪与反馈效果

一般来说，衡量内容营销效果的好坏可以参考内容制作效率、内容传播广度、传播次数、转化率等指标，根据各项指标的实际数值对内容营销的效果进行评价和判断，再对表现不佳的指标进行优化、改善，从而获得更大的营销价值。

经典案例

Keep的定位之路

Keep（图2-3）诞生于2014年，通过健身工具App＋免费训练课程的方式，捕捉到除传统瘦身塑形训练之外，零基础人群的需求痛点，抓住了线上健身的市场机会。真正让Keep崭露头角、确定优势的是从工具到社区的顺利切换。

图 2-3　Keep 软件界面

工具类产品的优势在于只要满足了用户的某种强需求，就能迅速吸引用户，但单一功能也意味着同质化产品和用户难以留存，向更高黏性的社区转换成为普遍选择，但卡在这一步的公司不胜枚举，如号称有 6.5 亿用户的墨迹天气、Vlog 拍摄工具 VUE 等。

线上健身工具折戟在此的就更多了。2013—2016 年，国内涌现了大量的运动健身 App，但到 2021 年，国内排名前十的线上健身内容平台就瓜分了近 75% 的用户。

Keep 的社区推进水到渠成，在结构化的 PGC 课程基础上，创始人的技术背景让 Keep 迅速增添了数据中心，将用户训练效果可视化，满足了用户的数据监测需求。后续公司着力完善用户互动渠道，进一步满足用户互动需求，加大用户在平台的内容资产积累，迁移成本变高了，用户迁移的可能性就小了。

随后跟随行业趋势变化，Keep 率先加大了对平台达人的培育和扶持力度，着力开发 PUGC 内容端潜力，内容生态持续完善，叠加智能推荐机制的配合，赋予了运动社区充沛活力。以内容为中心不断优化和迭代用户运动体验的长期策略驱动 Keep 快速发展，Keep 成立仅两年左右，平台用户就突破亿级规模。

现阶段 Keep 的业务已经覆盖用户"吃穿用练"的各个方面，可以提供从规划目标、定制健身课程、配备健身装备和食品，到监测健身数据和健身策略动态调整的用户全健身生命周期服务，打通了全渠道零售、会员订阅、线上线下健身融合、广告等多种变现渠道。其业务也从聚焦 C 端开始向 B 端延展，消费群体规模和商业边界都在扩大。

资料来源：余文舫，夏崇.在线健身卡位战，Keep 如何突围 [J].21 世纪商业评论，2022（9）.

有改动

四、平台定位

要想做好新媒体营销，平台的选择非常重要。在平台的选择上，首先要有明确的定位，针对不同的人群和市场需求，选择不同的平台类型。同时，还需要确定平台的功能和服务内容，以满足用户需求。常见的新媒体营销平台有以下几种。

（一）微博

微博是分享简短实时信息的新媒体社区App。2023年，微博第一季度的净营收为4.138亿美元，较2022年同期下降了15%。同时，净利润达1.01亿美元，每股收益为0.47美元，与2022年同期相比，取得了明显的增长。

微博第一季度的广告和营销营收为3.553亿美元，同比下降17%。这一下降可能与市场竞争的加剧有关。然而，尽管面临一些挑战，微博仍然保持了较高的月活跃用户数量。据统计，微博第一季度的月活跃用户达到5.93亿，较去年同期净增约1 100万人，其中移动端用户占95%。这显示出微博在移动互联网领域的持续受欢迎程度较高。

另外，微博第一季度的平均日活跃用户为2.55亿，同比净增约300万人。这一数据表明微博在用户活跃度上仍然保持了良好的势头。微博通过不断创新和推出吸引用户的功能和内容，吸引了更多的用户参与并积极互动。它是新闻的发源地，运营宜以公告、动态和粉丝互动为主。

（二）微信

微信是为智能终端提供即时通信服务的App。2023年第一季度财报显示，该公司第一季度营收1 499.9亿元，同比增长11%；净利润285.4亿元，同比增长10%；月活跃用户13.19亿，同比增长2%。其开放性较高，适用于服务与粉丝沉淀。

（三）知乎

知乎是在诸多领域具有关键影响力的知识分享社区和创作者聚集的原创内容平台App。2023年第一季度其月活跃用户为1.024亿，订阅会员数为1 490万，同比增长116%。知乎是一个优质内容集中地，有助于塑造品牌知名度。

（四）抖音

抖音是专注于年轻人的音乐创意短视频社交App。截至2023年11月，抖音用户达8.09亿左右，DAU日活用户量级超7亿，国内人均日使用时长高达140分钟，这让短视频成为重要的内容形式之一，也给品牌营销带来深远的影响，其他相关指数如图2-4所示。抖音平台内容轻快明了，用户一般会利用碎片化的时间观看短视频，适用于进行广告投放与电商营销。

越来越多用户关注热点内容

4000亿+	70万+	100万+	3亿+
月均热点视频播放量	月均热点创作者数	月均热点视频数	月均热点视频涨粉数

图 2-4　抖音热门内容指数

（五）快手

快手是用户记录和分享生产、生活的短视频社区 App。2023 年第一季度该应用的平均日活跃用户和平均月活跃用户再创新高，分别达到 3.743 亿和 6.544 亿。快手应用适合进行电商销售和转化。

（六）今日头条

今日头条是根据用户情况进行个性化推荐的新闻资讯 App。2023 年，今日头条的日活跃用户数在 1.5 亿左右，是国内第一梯队的资讯平台。该 App 适合进行广告推广和品牌塑造。

（七）B 站

B 站是中国年轻用户高度聚集的文化社区和视频平台 App。2023 年第一季度 B 站日均活跃用户数达 9 370 万，月均活跃用户数达 3.15 亿，用户日均使用时长 96 分钟。B 站以专业用户自制内容的原创视频为主，适用于产品介绍和营销。

（八）小红书

小红书是生活方式平台和消费决策入口 App。2023 年初小红书的月活跃用户数已突破 3 亿，它适合进行品牌"种草"和口碑营销。

> 任务描述：关注微信公众号"学校共青团"，分析该公众号推送文章的表现形式。
>
> 任务要求：选择 1~3 篇文章进行分析，分别对每篇文章的内容表现形式与优缺点进行分析。

第二节 新媒体营销策略

> 新媒体营销是一种企业软性渗透的商业策略在新媒体形式上的呈现，它通常借助媒体表达与舆论传播的方式使消费者认同某种概念、观点和分析思路，达到企业品牌宣传、产品销售的目的。新媒体营销有很多策略，只有选择正确的方法才能达到预期的效果。假设你是一家公司的员工，现在你所在的公司要开展新媒体营销，在众多营销策略当中，你将如何选择呢？
>
> 随着互联网的快速发展，新媒体的地位在人们的日常生活中日趋重要，它总能以新颖的方式带来新的信息和新的知识，让人们能够在最短的时间内接触到最新奇的事物。随着新媒体越来越全面、越来越高效，它也同样成为企业开展营销活动的重要渠道。新媒体的营销不同于传统媒体，需要利用新颖的思路去进行，作为想要接触新媒体营销这一行业的初学者，最基本的就是要掌握新媒体营销的策略。

一、饥饿营销

在市场营销学中，所谓饥饿营销，是指商品提供者有意调低产量，以期达到调控供求关系、制造供不应求"假象"、维持商品较高售价和利润率的目的。

饥饿营销实际上就是通过调节供求两端的量来影响终端的售价，达到加价的目的。表面上看，饥饿营销的操作很简单，定个较低的惊喜价，把潜在消费者吸引过来，然后限制供货量，造成供不应求的热销假象，进而提高售价，赚取更高的利润。但饥饿营销的终极作用不是调节了价格，而是使品牌产生了附加值。

饥饿营销运行的始末始终贯穿着"品牌"这个因素。首先其运作必须依靠产品强势的品牌号召力，也正由于有"品牌"这个因素的存在，饥饿营销是一把双刃剑。使用正确，可以使势头强劲的品牌产生更大的附加值；使用不当，则会对其品牌造成伤害，从而降低其附加值。

强势的品牌、讨好的产品和出色的营销手段是饥饿营销的基础，有了这些，加价限量只会卖得更好。产品一旦处于供不应求、加价销售的市场状态，其品牌无形中会得到很大的宣传，其价值和号召力都会成倍地放大，为今后的持续热销打下基础，并建立忠诚度更高的客户群体。

所以，饥饿营销不能简单地理解为"定低价—限供量—加价卖"的方式，强势的品牌、讨好的产品、出色的营销才是关键，才是基础。如果不了解对手，不认清自己，简单地去操作，对于营销来说，是非常危险的。

饥饿营销从实施策略上看，主要分为限量饥饿营销和延时饥饿营销。其中，限量饥饿营销是企业在实施饥饿营销时常用的一种策略。限量饥饿营销策略指限制生产和发货数量，在销售期不能充分满足消费者需求；延时饥饿营销策略指限制发货和销售时间，使消费者只能在某些时间段内购买到产品；"限量+延时"饥饿营销策略指既限制生产和发货数量，又限制发货和销售时间，如限时限量抢购模式，就是限量和延时两种子策略的综合运用。

小米手机的饥饿营销策略

小米手机饥饿营销策略的成功并不是偶然的。通过研究发现，小米的成功缘于时机、确定市场容量和需求情况、网络口碑、自身强大的实力、有特色的创新、特色开发模式、强大的手机性能及经验丰富的市场团队。

首先，小米起步于智能手机高速发展的时期。"小米手机踏准了一个非常好的时间点，正是智能手机高速发展的时候，小米开始了。"雷军说。

其次，小米确定了市场容量和需求情况。饥饿营销在一定程度上是企业在利用消费者信息不对称这一优势实施的营销策略。如果只是一味地吊起消费者的胃口，会使一部分消费者失去耐心，而使其他竞争者有可乘之机，因此最好是"三分饱，七分饿"。如小米总会适当放量，同时通告下次开放购买的时间，从而维持了消费者的耐心。总之，小米告诉你的是：你永远是有机会的。

再次，小米独特的销售渠道和良好的网络口碑。小米手机的线上销量堪称业界奇迹，创造了手机网上销售的世界纪录。小米坚持选用电子渠道作为其唯一的销售渠道，这为小米省下了不菲的渠道营销费用。小米手机并未投放大量广告，但是凭借强大的性价比优势，小米成功地实现了品牌推广，让越来越多的人认识了小米手机及小米公司，这个大家庭人气爆棚，也是饥饿营销策略与网络渠道的完美结合。

最后，小米自身实力强大、有特色的创新、特色开发模式、强大的手机性能及经验丰富的市场团队。小米手机一直采用尖端技术，以其质量可靠、符合中国用户使用习惯、散热功能好、信号好、拍照像素高、性价比高等优势在国内智能手机市场受到消费者的欢迎。小米开展全线的网络销售，节约了成本，并且更具有时尚的气息。通过这种销售方式来配送手机，增强了顾客与快递物流的交流，也使得手机运送更加安全。网络限量订购，在线公开发售，这样的饥饿营销大大地提高了消费者的消费热情。

资料来源：张一鸣."互联网"时代下的小米公司营销策略研究[J].商讯，2021（3）：20-21.有改动

二、场景营销

随着互联网和移动互联网的发展，消费者对于品牌和产品的要求越来越高，传统的营销手段已经无法满足消费者的需求。在一个充斥着信息噪声的世界里，企业如何突出重围，触达消费者，并激励他们购买？答案——场景营销。

我们正处于一场大规模的媒体范式转移之中，从传统的有线媒体时代走向无线媒体时代。在这样的环境中，原本有效的营销策略不再奏效，旧的营销模式无法再适应新的市场环境。企业必须改变它们在市场中传统的角色、思维和行动，拥抱全新的场景营销。于是，越来越多的企业开始采用场景营销这种新型的营销策略，以营造用户情境为核心，将产品或服务与用户需求和体验相结合，从而提高用户的购买意愿和忠诚度。

场景，简单地理解，就是什么人在什么时间、地点，想做什么事。生活中的场景随处可见，任何一个特定场景，消费者一定会产生特定的需求或问题，这些都有可能促使消费者产生消费行为。利用不同场景去实现商业目的，就是我们所说的场景营销。

产品的本质其实就是为消费者的需求提供解决方案。而场景营销，正是将商品和消费者需求进行合理匹配，以促进销售达成。

场景营销是一种以创造场景为核心的营销策略。通过创造有趣、新鲜、刺激或独特的场景来吸引用户的注意力，让用户在场景中体验到产品或服务的价值和特色，从而提高用户的参与度和体验感。场景营销通常包括线上和线下两种方式，可以通过各种渠道和形式进行宣传和推广，如社交媒体、线上平台、线下活动等。

在场景营销中，最重要的是创造有价值的场景和体验。这种场景和体验应该符合目标受众的需求和兴趣，能够吸引他们的注意力，让他们在场景中感受到品牌的价值和特色。例如，一个线上运动App可以在端午节推出端午节跑步勋章，并在App里营造传承文化的氛围，吸引用户参与打卡。这种场景和体验不仅可以提高用户的点击率，还可以加深其对品牌的认知和好感度。

除了创造有价值的场景和体验之外，场景营销还需要选择合适的营销渠道，将营销信息传递给目标受众。不同的目标受众有不同的行为习惯和需求，因此需要根据目标受众的特点选择合适的营销渠道。例如，年轻人更喜欢在社交媒体平台上获取信息，因此针对年轻人的场景营销可以选择在社交媒体上进行宣传和推广。

在场景营销中，品牌形象和宣传也非常重要。品牌形象和宣传可以通过品牌标志、广告语、公关活动等方式进行强化，让用户在场景中感受到品牌的价值和特色，从而提高其对品牌的认知度和忠诚度。例如，一家汽车品牌营销可以在汽车展上展示自己的新款车型，并在展台上设置互动游戏等活动，吸引用户关注和参与。

经典案例

盒马鲜生的场景营销分析

在几千平方米的超市卖场里加工生鲜美食，打造99元一只的波士顿龙虾、3.9元一只的鲍鱼、245元一斤的俄罗斯帝王蟹等爆款，盒马鲜生（图2-5）的海鲜几乎比海鲜市场便宜一半。用App和社群沉淀会员，盒马鲜生以超市为卖场，增加生鲜比例和稀缺品种，增加现做现吃区——"堂食"。

图2-5 盒马鲜生线下门店

盒马鲜生还涉及外卖服务，即周围3千米内送货到家，让消费者实现不同场景下的购物体验，甚至在盒马鲜生附近的小区，因为生活更方便而被称为"盒区房"。

多元化购物场景的改变，生鲜的零售，从农贸市场到超市再到社区店，这些业态的升级，本质上都在一步一步地接近消费者——从物理距离上接近消费者。盒马鲜生是围绕家庭做饭场景的需求来布置门店品类的，如全品类的肉、蔬菜、水果等。在运营方面，盒马鲜生把一些线上运营方法用到线下，玩法更多样。区别于传统超市的概念，消费者感受的并不是单纯去菜市场买菜—回家做饭，而是由原来单一的场景变为多场景，即去盒马鲜生买菜—回家做饭；在家用App买菜—收快递—做饭；去盒马鲜生买菜—直接加工—当场吃；在家用App下单—买成品。

资料来源：王祺.新零售视角下零售企业商业模式创新：以盒马鲜生为例[J].经济研究导刊，2023（13）：77-79.有改动

三、事件营销

事件营销作为最主流的营销方式，包含的种类十分广泛，很多企业和运营者都曾做过事件营销，但是对它的具体含义、如何应用、应用时有哪些注意事项，可能未必全然知晓，所以经常出现事件过大，但效果不理想的尴尬情况。

事件营销的官方定义为：事件营销也称为活动营销，是指企业通过策划、组织和利用具有名人效应、新闻价值以及社会影响力的人物或事件，引起媒体、社会团体和消费者的

兴趣与关注，以求提高企业或产品的知名度、美誉度，树立良好形象，并最终促成产品或服务的销售目的的手段和方式。简单来说，事件营销就是通过打造大家喜闻乐见的新闻事件，来达到品牌自身的宣传目的。

在目前的大环境下，事件营销的难度不断提升，因为用户每天接触的信息越来越多，刺激点越来越少。除此之外，人们对事件关注热度的持续时间也越来越短，一个热点也就维持1~2天，甚至可能就1~2个小时。因此，这就对事件营销的创意、内容都提出了更高的要求。

不少品牌方认为，事件营销的核心在于一个"爆"字，所以一心扩大事件规模，直至足够令人震惊和感慨，其实这暴露出品牌方认知上的一个大误区，因为并不是扩大规模就是好的事件营销。如果为吸引关注，故意制造一些不合理的事件，当用户了解详情之后，很有可能会产生反感情绪，最终给品牌带来难以逆转的伤害，得不偿失。

那么，如何才能策划出一起合格的事件营销呢？可以参考下面的公式。

事件营销成功度＝内容质量×发布质量×发布数量＋反响程度

内容就是指事件创意设计、执行安排、引爆点等，内容质量越高，事件营销效果就越好。

发布是指事件通过哪些媒体进行造势与传播。事件分为线上、线下及线上线下整合三种类型，选择发布的渠道也同样分为这三种，媒体、门店都属于发布渠道。具体情况需要根据预算、想要达成的效果来进行发布渠道质量和数量的筛选。一般来说，质量越好、数量越多，事件营销的传播效果就越好。

反响程度是指受众对事件的反应和接受度，如有无负面情绪，有无正面引导。反响程度受内容和发布这两个要素的影响。

经典案例

一汽红旗汽车的事件营销策略分析

在2020年东京奥运会上，一汽红旗成功出圈（图2-6）。而事情的起因是该届奥运会10米气步枪混合团体赛冠军杨浩然在接受采访时和主持人开玩笑说了一句"一人来一辆车"。

2020年8月5日，一汽红旗官方微博发文表示：每一位中国健儿都是中国骄傲，红旗将为本次东京奥运会中国奥运代表团获得金牌的运动员敬赠红旗H9一台。同时，在北京首都体育馆举行了交车仪式。

一汽红旗为奥运冠军送车的做法不仅收获了关注度，同时得到了网友的好评，并引起了网友的自传播。该话题下面，网友纷纷评论"大手笔！可！""格局打开了""请尽情地给他们奖励"。2020年8月6日，"#为中国健儿送红旗H9#"这一话题登上了微博热搜，并获得了1.7亿次阅读，6.5万次讨论，红旗H9成功实现出圈。

图 2-6 一汽红旗奥运海报

资料来源：程爽.赠送奥运健儿的红旗H9[J].汽车工业研究，2021（3）：64.有改动

> 事件营销因为兼具新闻性、独特性、趣味性和参与性，更容易引起消费者的关注。但是操作事件营销一定要遵循相关的新闻法规，不能越位和侵权。话题更不能太敏感或者失当，以免引起不必要的纠纷。

四、口碑营销

从企业营销的实践层面分析，口碑营销是指企业运用各种有效的手段，引发企业的顾客对其产品、服务以及企业整体形象的谈论和交流，并激励顾客向其周边人群进行介绍和推荐的市场营销方式和过程。这种营销方式的特点是成功率高、可信度强。

随着新媒体的发展和应用水平的提高，基于新媒体平台的口碑传播被越来越多的企业和商家所重视并实践。在新媒体营销领域，由于新媒体具有快速高效的特点和互动性强的特征，加上新媒体、社交媒体的成熟发展等因素，网络口碑的形成更加容易，影响更加广泛。

"金杯银杯不如老百姓的口碑，金奖银奖不如老百姓的夸奖"，可见口碑的重要性。口碑营销实际上早就存在于我们的生活中了，如地方特产、老字号厂家店铺及企业品牌战略等。

口碑营销可以帮助企业建立良好的品牌形象，吸引更多的潜在客户，提升销售业绩。但是，要做好口碑营销并不容易，企业需要具备一定的策略和技巧，具体做法如下。

（1）为企业量身打造口碑爆点。策划一个引起关注的爆发点，让产品在消费者口中形成口碑效应，有了这个点消费者才能对产品感兴趣，消费者才会主动关注产品跟企业的信息，并且会通过自己的媒体平台传播这些信息，如在朋友圈分享买了什么产品、得了什么奖品，或者参加什么学习达到什么级别并被授予哪些证书等，这样就有了引发口碑传播的基础。比如，某商城促销产品，以性价比、限量款等打造产品卖点，消费者拿到一款性价比较高的产品后，往往会按捺不住内心的激动，通过新媒体论坛等分享产品，并围绕此产品的品牌向周边朋友分享，从而形成口碑效应。

（2）制作爆点讨论的话题。有了相应的爆点之后，就要乘胜追击，进行相应的内容营销，在目标用户活跃度较高的新媒体平台中制造相应的话题进行讨论。将自己的产品紧密联系生活中高频率出现的话题，从而使顾客在聊到这种高频率话题的时候，可以第一时间想到相对应的产品。比如，当全职妈妈在一起聊天的时候，往往会聊到洗衣、洗碗、做饭等话题，进而会聊到手部护理等问题，会聊用什么牌子的洗衣粉、洗洁精、肥皂等。这个时候"不伤手的立白""有汰渍没污渍"等耳熟能详的产品就会很自然地在人群之中传播。还有像"怕上火喝王老吉"也是运用这种方式。

（3）选择适宜的传播渠道。热点话题需要在有关注度和有口碑的平台讨论才可以带来更好的营销效果。

（4）口碑传播过程中的有效控制。在不可控的互联网中，企业要对话题讨论的方向进行引导，在口碑传播过程中，不可避免地会受到个人偏见、表述不明确、片面性观点、错误言论等的影响，可能有部分信息失真。企业可建立完整的顾客档案系统口碑营销反馈机制，做到快速反馈、因势利导，让事情朝着对企业有利的、积极向上的方向发展，从而有效地控制负面口碑传播，实现营销价值最大化。

经典案例

海底捞的口碑营销分析

随着互联网的普及，许多消费者会选择通过关注网络上的推广信息来决定自身的消费行为。例如，对于客群之一的大学生群体，海底捞通过在支付宝中推出闲时6.9折的优惠活动来吸引大学生进店消费（图2-7）。

在这个过程中，对大学生的身份进行认证有利于海底捞标记消费者客群特征，同时提高消费黏性，及时发现并更新年轻群体聚会场景的需要，在扩大客群的同时促进自我更新。

另外，对于已进店消费的会员群体，海底捞通过微信公众号、小程序的建设推广增强与这一群体的沟通，借助互联网营销渠道传播自身品牌文化的同时加强品牌标志，以减少用户流失率。

海底捞的口碑营销在一定程度上与互联网营销有重合之处，其都是通过社交媒体或平台软件的渠道展开，然而主体及内容有所不同。具体而言，海底捞口碑营销主体主要为个人消费者、流量博主等，无论其是否由官方聘请，该类主体对于消费行为都具有很强的导向作用。例如，在平台软件"大众点评"上，个人消费者能够自主披露海底捞门店环境、菜品、服务态度等相关信息，并以丰富的图文信息展开。相较于官方主动宣传营销，消费者更愿意相信从个体的经验中获取的信息。

图 2-7　海底捞学生优惠活动界面

除了个人评论，流量博主在口碑营销中也发挥了重要作用。如在平台软件"小红书"、视频软件"抖音"中，大部分海底捞相关内容为流量博主们分享火锅蘸料的搭配和对海底捞菜谱的整合创新，这些对海底捞产品的二次创作无疑催生了消费者强烈的内在驱动，提高了其到店消费的意愿。

总而言之，口碑传播区别于官方传播，其借由商家以外的个人充当第三方背书的作用，把海底捞无形的服务和有形的产品以消费者更愿意信赖和接受的方式广而告之。

资料来源：蒋杨华.基于营销学4P理论的海底捞火锅运营策略研究[J].广西质量监督导报，2020（1）：213.有改动

五、互动营销

历史上每一次媒体形态的进步都给营销产业带来一片新的天地。毫无疑问，新媒体带来的"互动性"这一媒体形态变化是营销产业实现跳跃式发展的一个重要契机。消费者个体之间不再是信息孤岛，而是出现了比传统物理世界中便捷和高效的联络，在张扬个性之外，新媒体上的消费者更看重他们之间的认同和组织，以成为某个群体中的偶像、达人为

目标。营销专家认为,在越来越多的品牌营销中,当买方成为市场主导的时候,发掘、调动消费者的主动性便成为市场领先的关键。

互动营销主要强调的是商家和客户之间的互动。一般流程为:前期策划,然后针对某一话题,网络营销公司的幕后推手开始引导,接着网友参与其中,这是比较常规的互动。互动性是互动营销发展的关键,在企业营销推广的同时,更多信息应该融入目标受众感兴趣的内容之中。如商家认真回复粉丝的留言,用心感受粉丝的思想,更能唤起粉丝的情感认同。如同朋友之间的交流一样,时间久了会产生一种微妙的情感联结,而非利益联结。

互动的形式有两种,一种是由于企业的公关事件或由此引发的话题得到了广大目标群体的共鸣,于是目标群体积极响应,和企业共同让公关事件产生轰动效应。这一形式是公关事件成功的主要方式。另一种是通过一个与人们传统价值观念或习惯对立的活动或话题引起人们的批判与讨论,从而将公关事件效果扩大化。

腾讯的互动营销策略分析

2019年的国庆节是不同寻常的,祖国70周年生日阅兵典礼盛大开幕,山河同庆的爱国氛围在隆隆礼炮和机群呼啸中,达到了峰值。为了让不同年代、不同地域的国人蓬勃的爱国热情都能充分得到表达,各大媒体积极研究各类传播手段和创新技术,为用户端上一盘盘色香味俱全的"迎国庆"佳肴。

"请给我的头像加一面五星红旗@腾讯官方"(图2-8),这句话在国庆节前刷屏了整个朋友圈,打开微信好友列表一看,家人、朋友、同事、客户,几乎每个人的头像上都有一面五星红旗,腾讯在国庆节策划的互动营销十分成功。

图2-8 国庆节H5互动界面

腾讯为微信用户头像挂小红旗的活动大火,随之开始与各大媒体联名,打造了多个H5。腾讯和人民网以"我的年代照"活动聚焦于个体成长的面貌。无论你是60后还是00后,都可以在几个世纪里穿梭,体验一把自己年轻或年老时的样子。从泛黄的黑白相片和那些年流行的大头贴中,实实在在地感受70年光阴的流逝。

资料来源:李沁芳.人民日报社H5作品分析:以2019年国庆节报道为例[J].新媒体研究,2020,6(8).有改动

六、情感营销

在情感消费时代，消费者购买商品所看重的已不是商品数量的多少、质量的好坏以及价钱的高低，而是为了一种情感上的满足，一种心理上的认同。情感营销就是把消费者个人情感差异和需求作为企业品牌营销战略的核心，通过借助情感包装、情感促销、情感广告、情感口碑、情感设计等策略来实现企业的经营目标。

情感营销从消费者的情感需要出发，唤起和激起消费者的情感需求，诱导消费者心灵上的共鸣，寓情感于营销之中，让有情的营销赢得无情的竞争。

市场竞争日益激烈，是否有优秀的品牌已成为企业竞争成败的重要因素。一个好的品牌能建立顾客偏好，吸引更多的品牌忠诚者。但是品牌忠诚的建立除了有过硬的产品质量、完美的产品市场适应性和营销推广策略外，在很大程度上与消费者的心理因素有密切的关系。情感营销正是以攻心为上，把顾客对企业品牌的忠诚建立在情感的基础之上，满足顾客情感上的需求，使之得到心理上的认同，从而产生偏爱，形成一个非该企业品牌不买的忠实顾客群。

随着情感消费时代的到来，消费者的消费行为正从理性走向感性，消费者在购物时更注重环境、气氛、美感，追求品位，要求舒适，寻求享受。情感营销不仅重视企业和消费者之间买卖关系的建立，更强调相互之间的情感交流，因而致力于营造一个温馨、和谐、充满情感的营销环境，这对企业树立良好形象、建立良好人际关系、实现长远目标是非常重要的。

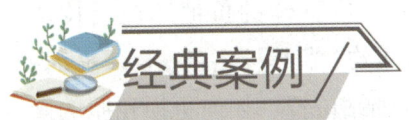

经典案例

999感冒灵的情感营销策略分析

基于对大众情绪现状的洞察，999感冒灵选择在2022年国际幸福日，也是春分日这天，推出名为《种春天》的短片，希望唤起生活中的暖意，激发人们创造幸福的能力。

999感冒灵从"传递温暖"入手，广告片《种春天》通过"被投诉的客服小姐姐""生活无趣的打印店老板""社恐的独居女孩""意外失去儿子的父亲"四条故事线，表明真实生活中琐碎的温暖是打动人心的关键。

《种春天》广告片每一个故事结尾都有一句暖心文案，片尾直接点明广告片主题——999感冒灵，致每一个温暖可爱的你。这在无形中赋予了目标受众情感价值，同时激起他们的情感共鸣——温暖其实就在身边，从而进一步塑造了品牌形象。

999感冒灵广告片宣传除了贴合品牌自身调性以外，还通过洞察现实中人与生活之间的美好，用善良、温暖连接品牌，从而激发品牌的价值，提升品牌的影响力。

资料来源：编者根据相关资料整理

七、知识营销

知识营销指的是向大众传播新的科学技术以及它们对人们生活的影响，通过科普宣传，让消费者不但知其然，还能知其所以然，重新建立产品概念，进而使消费者产生对新产品的需求，达到拓宽市场的目的。

随着知识经济时代的到来，知识成为发展经济的资本，知识的积累和创新，成为促进经济增长的主要动力源。因此作为一个企业，在搞科研开发的同时，要想到知识的推广，使一项新产品研制成功的市场风险降到最小，而要做到这一点，就必须进行知识营销。

比如，比尔·盖茨（Bill Gates）的"先教电脑，再卖电脑"的做法就是典型的知识营销。他斥资2亿美元，成立盖茨图书馆基金会，为全球一些低收入地区的图书馆配备最先进的电脑，又捐赠软件让公众接受电脑知识。再如，上海交大昂立公司开展的"送你一把金钥匙"的科普活动，通过在社区举办科普讲座，向市民赠送生物科学书籍，举办科普知识竞赛等，提升了市民的科学健康理念，引发了人们对生物科技产品的需求，达到了其他任何形式的产品营销所达不到的目的，使微生态试剂市场在短短的十年间，从零发展到近百亿元的规模。

知识营销是营销发展到现阶段一次重要的转变，这种转变是产品和消费者都发展到了一定高度后，自然产生的结果。知识营销出现的背景是大量的专业消费者出现（或者消费者专业化的趋势），消费者不再是被动接收营销信息的群体，而变成了主动或交叉寻找营销信息的群体。

知识营销除了给消费者提供产品本身的价值外，还能提供其他的价值，包括技术原理、使用方式、品牌价值延展、情感消费品等。如米其林的《米其林指南》（Le Guide Michelin），除了最初包含旅行相关的注意事项、导航图、加油站位置、如何更换轮胎的操作步骤等内容外，还演化出了米其林星级标准、米其林餐厅、米其林厨师等具有传奇称号的衍生品。类似的还有LV的《城市指南》（City Guide）、欧莱雅的美妆教程网站等。

经典案例

特仑苏与知乎的知识营销策略分析

特仑苏在高端乳品市场面临着普遍的同质化问题。时值特仑苏产品升级节点，如何以突破的媒体创新手段，强化产品概念从而占据消费者心智，成为特仑苏所面临的抉择与挑战。这一次，特仑苏选择了"知识营销"，与知识社交平台"知乎"展开了一场别开生面的跨界合作。

凭借认真专业的氛围和有趣的知识干货，知乎作为全网信任的优质内容信息源，素有中文互联网版"百科全书"的称号。对于特仑苏而言，产品升级后希望传递给消费者的"天然健康有机"理念难以通过娱乐化营销的内容方式呈现。相反，通过洞察用户好奇心，用"知识"赋予品牌信任度的专业形象，在泛娱乐化的快消品营销中脱颖而出，是知乎所能带来的独特营销价值。为了达成这一目的，通过知乎的"知识营销"充分将产品概念渗透到消费者，知乎与特仑苏用全面覆盖线上线下，又环环相扣地"三级跳"式传播，为我们验证了知乎上"知识营销"的力量。

运用知识营销的方式，知乎与特仑苏携手打造了一场跨界营销盛宴。在这个过程中，知乎所起到的作用不仅仅是拥有大量用户流量的"媒介"，其自身专业认真的UGC内容更是为品牌产品提供了强信任背书，特仑苏高端乳品的目标消费者群体与知乎上的"高净值"用户吻合，大量潜在的消费者在知乎有待开发。成功培育成"品牌种子"的知乎用户，不仅是消费者，更是品牌产品在传播过程中最具说服力的传播者，乐于分享且善于创作UGC内容的知乎用户为特仑苏积累了一大笔宝贵的品牌内容资产。

2017年8月25日，知乎与特仑苏打造的知识营销案例"自然的语言"获得了来自世界领先的非营利性行业协会MMA的认可，荣获由MMA颁发的移动营销策略提名奖，在中国乃至全球无线营销行业中，为"知识营销"留下里程碑式的足迹。

资料来源：于娜.基于SICAS模型的知识营销研究：以"知乎"为例[J].广西质量监督导报，2019（3）.有改动

八、软文营销

软文营销是指通过特定的概念诉求，以摆事实、讲道理的方式使消费者走进企业设定的思维圈，以强有力的针对性心理攻击迅速实现产品销售的文字模式和口头传播。

软文是基于特定产品的概念诉求与问题分析，对消费者进行针对性心理引导的一种文字模式。从本质上说，它是企业软性渗透的商业策略在广告形式上的实现，通常借助文字表述与舆论传播使消费者认同某种概念、观点和分析思路，从而达到企业品牌宣传、产品销售的目的。

软文营销是一种生命力很强的广告形式，也是一种很有技巧性的广告形式。软文是相对于硬性广告而言的，由企业的市场策划人员或广告公司的文案人员负责撰写的"文字广告"。与硬广相比，软文之所以叫作软文，精妙之处就在于一个"软"字，它追求的是一种春风化雨、润物无声的传播效果。软硬兼施、内外兼修，才是最有力的营销手段。

软文营销文字可以不华丽、无须震撼，但一定要推心置腹，一字一句都是为消费者的利益着想，这样才能打动人心。

软文的本质是广告，中心词语是文章，是带有软性广告植入的文章。它可以借助很多种形式来表现，如新闻，明星及使用者的经验心得、技巧分享，企业的管理思想，企业文化，行业热点事件，行业领军人物故事，大型活动等。一篇优秀的软文要求用户体验和可读性都要强。

经典案例

脑白金的软文营销策略分析

从脑白金上市至今,它已经连续多年保持保健品单品销量领先的佳绩,成为中国保健品行业的传奇和丰碑。

脑白金的成功,除了其产品功效、产品定位及广告宣传等必要手段外,还与其出色的软文营销手段密不可分。众所周知,在脑白金横空出世的最初几年中,脑白金的软文广告(图2-9)作为脑白金市场导入阶段最主要的营销手段,为其打开市场销路立下了汗马功劳。

脑白金公司在产品上市之前相继写出了几篇软文。例如,《不睡觉:人只能活五天》《一天不大便有问题吗?》《宇航员服用脑白金》,以上三篇软文分别说出了产品的安神助眠、润肠通便、改善睡眠的卖点。可是此时,脑白金并未上市,这依然是在铺路。这一波软文营销达到了史无前例的广告效果。

图2-9 脑白金软文广告

资料来源:编者根据相关资料整理

九、IP营销

IP(Intellectual Property)营销是指根据作品的类型和特点进行宣传,使得该作品不断累积大量的忠实粉丝的营销手段。通俗地讲,IP就是被大众所熟知的人或物,包括小说、动漫、游戏、电影、电视剧、明星等,通过这些IP进行宣传和推广,达到品牌曝光和涨粉、销售的目的。

IP营销相较于传统的营销手段,能寄托和传达企业、产品或者服务的文化故事,也是高效的营销突围方式。

IP营销有两种类型,一种是跨界IP营销,另一种是品牌IP营销。前者主要针对大致相同的消费群体做爆炸营销,短时间内赢得巨额用户流量;后者是以品牌本身的消费群体为主,通过持续、不间断的内容、情感、情怀、趣味等品牌输出吸引并深度黏合用户,细水长流地获得长期用户流量。

虽然IP的种类繁多,可以是一个作品、一个程序、一个名字……但万变不离其宗,IP最重要的内核与最突出的特点就是内容,只有拥有高质量的内容,才有可能引发话题,带来人气。具体到品牌层面上说,IP营销的本质就是把品牌与某些拥有热度的IP进行深度融合和绑定，通过双方的强强合作，持续产出优质内容来输出品牌想要传递的价值观，再利用价值观去为品牌吸引拥趸。一旦消费者认可了品牌所提倡的价值观，实现了身份认同和角色认可，自然就会信任其产品，进而促成声望与销量的双丰收。

蜜雪冰城的IP营销策略分析

"雪王"IP是蜜雪冰城在竞争日益激烈的市场下战略性营销的一大突破。它以手持冰激凌权杖、身穿白色皇家风袍的形象出现，成为品牌的代言人，如图2-10所示。这样的形象给人留下了深刻的印象，让人们对蜜雪冰城更加了解和认可。"雪王"IP的营销策略可以说是非常成功的。它通过符号化的形象，拉近了蜜雪冰城和消费者之间的距离。更重要的是，蜜雪冰城将"雪王"IP延展到更广的营销领域。无论是各种营销活动、广告，还是产品包装，都围绕着"雪王"进行设计。蜜雪冰城以"雪王"IP为基础，进行产品设计、营销推广等工作，更好地传达了品牌的文化内涵和品牌价值。

图2-10 蜜雪冰城"雪王"IP

此外，"你爱我，我爱你，蜜雪冰城甜蜜蜜"的洗脑神曲更是让"雪王"IP在市场中迅速占据了市场份额。这首歌曲主题简单明了，表达了品牌对于产品和消费者双方的爱和关怀，非常符合品牌的形象特质，成为品牌话题及推广载体，挖掘出品牌的情感价值和产品优势，吸引了更多年轻消费者的关注和认同。

综上所述，蜜雪冰城的"雪王"IP是品牌营销中的一次成功尝试。通过品牌虚拟形象IP的营销策略，蜜雪冰城掀起了品牌营销中的新风潮，成功吸引了大量的消费者关注和青睐。这一策略的成功实践，成为品牌营销中的经典案例之一。

资料来源：黎竹，刘旺.文化IP联动 新茶饮夏日营销求新[J].中国经营报，2022（38）.

有改动

十、跨界营销

"跨界"代表一种新锐的生活态度与审美方式的融合。跨界合作对于品牌的最大益处是让原本毫不相干的元素，相互渗透、相互融合，从而赋予品牌一种立体感和纵深感。可以建立"跨界"关系的不同品牌，一定是具有互补性而非竞争性的品牌。这里所说的互补，并非功能上的互补，而是用户体验上的互补。

跨界营销是指不同产品、品牌甚至行业借助共同的属性、理念进行联合营销，以此达到品牌形象重塑，渠道、消费者拓宽和流量共享等目的。如今，营销人士对于跨界营销的重视，已经远远超越了以往。越来越多的著名品牌，开始借助跨界营销，寻求强强联合的品牌协同效应。

随着市场竞争的日益激烈，各大品牌纷纷通过跨界合作方式来实现市场突围，如喜茶和《梦华录》实现跨界营销，推出联名产品，首日就卖出了近30万杯茶。

经典案例

故宫的跨界营销案例策略分析

一提起故宫，大家以往的印象是什么？皇家宫殿，旅游胜地，还是高高在上的博物馆？现在不一样了，故宫逐渐摆脱了这种严肃、古板的形象，反而成了年轻人眼中的超级网红，而实现这一目标的关键就在于故宫的文创跨界。2018年，农夫山泉携手故宫文化服务中心，推出9款限量版"农夫山泉故宫瓶"（图2-11），以农夫山泉瓶身为载体，让大家在古画的现代演绎中获得亲切感和共鸣。

图2-11 农夫山泉故宫瓶

2019年世界博物馆日，故宫联合奥利奥趁热推出"宫廷御点·中华六味"限定饼干，用绝美古风插画勾起品牌粉丝兴趣，吸引大批国风爱好者。另外，这次跨界玩得很震撼、很有深度，震撼在于用10 600块奥利奥搭建故宫，引爆话题热议；深度在于"一饼融进天下味"H5互动视频，深度还原故宫元素，趣味讲述"奥利奥进宫"的故事。

2019年5月31日,"有界之外:卡地亚—故宫博物院工艺与修复特展"在故宫博物院五门展厅前开幕。卡地亚是法国珠宝及腕表业先锋,工艺精湛,受到一代代皇室和名流推崇;故宫作为明清两代皇家宫殿,是中国古代宫廷建筑精华,更是文化的象征。双方的合作令展厅内充满了悠久的历史气息,参观者还能看到匠人们呕心沥血的杰作。此次活动既传播了文化,无形中也宣传了品牌。

当然,除了以上提到的三次跨界,故宫还有众多的跨界营销项目,如故宫彩妆、故宫咖啡、与网易新闻推出"奉旨看球"H5、与抖音联合推出"第一届文物戏精大会"等,产品、概念、体验各种玩法手到擒来。总之,故宫彻底放下了高高在上的身段,始终与年轻人爱玩的品牌"在一起",提升了故宫自身在年轻人中的影响力,也顺势推广了故宫藏品。

资料来源:单韵奚.新媒体时代跨界营销策略探析:以农夫山泉"故宫瓶"营销为例[J].中国报业,2021(10):16-17.有改动

任务描述:登录新媒体平台,搜索近期比较成功的情感营销、知识营销、IP营销、跨界营销的案例。

任务要求:对于每种类型的营销策略至少找一个成功的案例进行分析,并找出该案例成功的因素。

第三节 新媒体营销法则

在传统媒体时代,信息传播是自上而下、单向线性流动的,消费者只能被动接受;而在新媒体时代,信息传播是"集市式",信息是多向、互动式流动的,声音多元、嘈杂、互不相同。新媒体的发展,让每个消费者都有了自己的"嘴巴"和"耳朵"。面对这样的变化,运营者如何才能完成这一转变呢?

随着新媒体不断发展，网络营销方式越来越多，传统的营销理论已经难以应对新媒体营销的情况，如今新媒体营销以"4I"理论作为核心法则，即趣味法则（Interesting）、利益法则（Interests）、互动法则（Interaction）、个性法则（Individuality）。

一、趣味法则

互联网的基础属性是娱乐性，只有包含趣味、创意独特的互联网营销或互动广告，才能吸引更多的目标受众，才能更好地进行品牌宣传。所以互联网时代下的新媒体营销需要遵循趣味法则，只有策划既有趣又好玩的营销内容，才能有效促进互联网用户进行品牌传播与扩散。

为策划更有趣的营销内容，企业在新媒体运营过程中要把握几个关键点：①主动而非被动、分享而非灌输、去中心化而非中心化、一定要借势（不能借势的就要造势）；②展现自身的企业文化和专业知识信息的专家空间；③激起受众共鸣，并给他们以鼓舞的激发空间；④授权用户自己来创造有趣内容的空间。

社交媒体时代，用户在网络中传播一个有趣的内容时，不是因为这个内容有趣，而是他希望这个网络中的其他个体觉得他有趣。这是社交传播决策的核心逻辑——重要的不是内容的价值，而是传播内容能够给用户在社交网络中的社交地位带来什么价值，受众需要的是得到自己圈层其他用户的认可与肯定，不断展示、夯实自己在朋友圈和网络的形象。而每一代年轻人都有天马行空的脑洞和无穷的语言创造力，年轻人聚集的社交平台及兴趣圈子随时都在产出新的语言符号和网络名词。而当下，Z世代（指在1995—2009年出生的人）正成为可以左右消费市场的关键力量。

志邦家居广告营销分析

志邦家居在抖音平台上发布"寻找惊喜生活定制官"全民任务挑战赛活动，成功斩获6亿+传播声量，让整个市场为之侧目。全民任务更是以2.5亿+次播放量收工，携手明星达人，成功延续了"男人下厨节"IP，如图2-12所示。

值得一提的是，在2021CAMA广告营销奖颁奖礼上，志邦家居就凭借这样的营销打法斩获"年度最佳短视频'男人下厨节'广告银奖""年度整合营销铜奖"两大奖项。频繁打造爆款，志邦家居显然掌握了社交传播的钥匙。

志邦家居一系列内容营销的成功之处，不仅在于通过深度洞察终端市场需求，打造出能引发受众情感共鸣的趣味性内容，更关键的是志邦家居成功将营销内容打造成用户渴望的"社交货币"，即用户能引导触发其他用户产生有价值行为的信息。

图2-12 志邦厨房魔术秀

资料来源：佚名.2021年CAMA中国广告营销大奖重磅揭幕！志邦家居喜提两项大奖.中商网，2021-11-16.有改动

二、利益法则

营销活动要以为用户提供实际的利益为基础。企业策划任何营销活动都必须站在用户的角度思考问题，想一想活动能为用户带来什么好处，用户为什么要参加营销活动。企业或品牌商要努力分析用户的消费心理，结合营销方式和技巧，设法激发用户参与营销活动的欲望，最终引导用户产生进一步的行动。

在新媒体营销中，企业能够提供给用户的"利益"的外延变得更加广泛，如信息、资讯、功能或服务、心理满足或者某种荣誉，以及实际的物质或金钱利益等。

以用户的利益为出发点，通过文案和创意的调整，有针对性地设置活动页面，并添加无风险承诺，可以有效提高用户转化率。

三、互动法则

新媒体与传统媒体的一个重要区别就是新媒体具有互动性。新媒体时代的用户不再单纯被动地接收信息，而是会主动进行互动并发布信息。

新媒体营销活动的互动原则一般包括用户与用户之间的互动，以及用户与平台之间的互动。值得一提的是，这里的用户不单单指产品的用户，而是所有网民，因为在社交媒体中，信息传播范围广，一条信息理论上可以传播给每一位网民。用户与用户之间的互动是指用户在社交媒体平台中参与与营销活动有关的沟通交流等，这种交互能够帮助企业形成口碑传播。企业可以通过设置话题、建立社区等多种方式引导用户进行交互。

四、个性法则

在传统营销环境下，个性化营销难度大、成本高，但在新媒体时代，个性化营销成本低廉、简单便捷。新媒体营销注重个性化，将会使用户产生被关注、被重视的满足感，不仅可以增加互动，还能够有效提高消费行为发生的概率。

随着大数据时代来临，细分用户群体变得越来越精准，因此企业可以有效实施具有针对性的营销方案，从而使营销活动趋于个性化。

4I法则是在互联网尤其是新媒体兴起之后被提出的，此原则完全从用户角度出发，它比传统的4P理论、4C理论更适合注意力经济时代的营销环境。

任务描述：尝试利用4I法则设计一个针对大学生群体的外卖平台营销方案。

任务要求：要求方案设计符合实际，且在方案中体现出4I法则的应用。

一、单项选择题

1.新媒体运营的定位至少包括三个方面的内容：（　　　）定位、价值定位、内容定位。

A.平台　　　　　B.转化　　　　　C.数据　　　　　D.用户

2.（　　　）通常是人为规定的高度精练的特征标志，如年龄、性别、地域、兴趣等。

A.标签　　　　　B.特点　　　　　C.信息　　　　　D.大数据

3.（　　　）是用户相对稳定的信息，主要包括人口属性、商业属性等方面的数据。

A.行为数据　　　B.信息数据　　　C.网络数据　　　D.用户数据

4.（　　　）是通过调节供求两端的量来影响终端的售价，达到加价的目的。

A.口碑营销　　　B.渠道促销　　　C.软文营销　　　D.饥饿营销

5.事件营销成功度＝内容质量×发布质量×发布数量＋（　　　）。

A.销售额　　　　B.增粉数量　　　C.反响程度　　　D.媒体关注

二、判断题

1.IP营销中的IP，就是电脑、手机的IP地址。（　　　）

2.行为数据也叫动态数据，如浏览网页、搜索产品、点击购买、发表评论等均可看作互联网用户行为。（　　　）

3. 事件营销的核心在于一个"爆"字,所以要把事情搞大,足够令人震惊和感慨。
（　　）

4. 用户画像的核心工作就是给用户打标签。（　　）

5. 4I理论比传统的4P理论、4C理论更适合注意力经济时代的营销环境。（　　）

三、实训题

实训目的：结合新媒体营销4I法则,为校园读书节做一份新媒体营销方案,提升分析能力和资源整合能力。

实训要求：4~6人一组,以小组为单位分工合作,策划方案至少运用到2个新媒体营销策略(如跨界营销和互动营销),小组讨论共同完成实训项目。

操作步骤：

（1）各小组成员分工针对校内学生特点进行调研。

（2）小组内部交流,根据调研结果选取新媒体营销策略。

（3）撰写策划方案并做成PPT,向全班同学汇报。

实训提示：校园读书节面向的群体是学生,要依据学生的特点选择两个或多个营销策略进行组合。

新媒体数据分析

第三章

学习导图

- 新媒体数据分析
  - 初识新媒体数据分析
    - 新媒体数据分析的意义
    - 新媒体数据分析的维度
    - 新媒体数据分析的基本步骤
    - 新媒体数据分析的常用方法
  - 常用的数据分析工具
    - 新榜
    - 清博指数
    - 飞瓜数据
    - 卡思数据
    - 蝉妈妈
    - 抖查查
    - 灰豚数据

学习目标

知识目标

1. 掌握新媒体数据分析的意义。
2. 熟悉典型的数据分析维度和常用分析方法。
3. 了解常用的新媒体数据分析工具。

技能目标

1. 具备新媒体平台数据整理能力。
2. 具备新媒体数据指标体系解读能力。
3. 具备依据数据分析结果调整运营方向的能力。

思政目标

1. 培养严谨、理性的数据分析思维。
2. 培养实事求是、求真务实的学习态度。
3. 提高数据安全意识。

第一节 初识新媒体数据分析

情境导入

某公司于2022年5月4日在线下组织活动,通过行业沙龙的形式推广其微信公众号。活动结束后,新媒体团队查看了当日微信公众号的粉丝增加情况(图3-1),尝试分析:本次活动对微信公众号粉丝增长的作用。

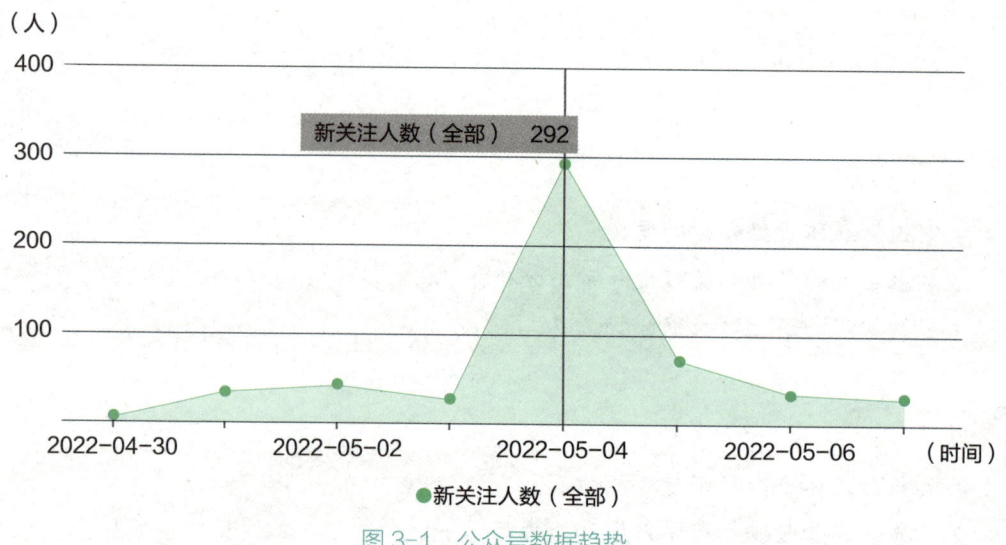

图 3-1 公众号数据趋势

一、新媒体数据分析的意义

早期尝试新媒体营销的企业比较少，因此企业建立网站或网店后，很容易通过互联网获得订单。随着加入新媒体营销队伍的企业不断增加，新媒体营销已经从过去的"占位买广告模式"过渡到目前的"精细化运营模式"，因此，只有通过数据驱动运营的企业才有可能脱颖而出。由此可见，数据分析对企业新媒体运营有着重要的作用。

（一）新媒体数据分析概述

新媒体数据分析就是利用各种数据统计分析方法，对各类新媒体数据进行收集整理、汇总归纳和处理分析，并从中提炼有用的信息加以研究和总结。简单来说，数据分析的过程就是将数据转化为有用信息的过程，如图 3-2 所示。

图 3-2 数据转化过程

新媒体是利用数字技术和互联网向用户提供信息与服务的传播形态。新媒体中传递的所有信息以及用户与新媒体之间的所有交互都可以被称为新媒体数据。新媒体数据中蕴含着非常丰富的信息，分析新媒体数据不仅可以使人类的社会活动、传播行为具有可计算性，还可以有效帮助新媒体运营人员进行精细化运营，以数据驱动业务决策，解决各种业务难题。因此，新媒体数据分析人员需要根据新媒体运营的需要，借助各种数据分析手段，对各类新媒体数据进行加工处理，并从中获取有用的信息和规律。

新媒体数据分析的主要研究对象是新媒体数据，新媒体数据类型丰富，包含文本、图片、音频、视频等多种存储形式。因此，新媒体数据分析与其他类型数据分析相比，有明显的区别。新媒体数据分析的特征主要体现在以下三个方面。

1. 注重数据间的网络关系属性

新媒体是伴随互联网发展诞生的新兴产物，具有突出的社会属性。新媒体环境是一张极为庞大且复杂的"社会关系网"，通过对新媒体数据的分析和研究，能够发现社会关系和舆情等社会细节。因此，新媒体数据是一种具有关系属性的数据。新媒体数据分析非常注重研究网络关系及关系模式，数据分析人员需要理解网络关系属性数据（新媒体数据）的本质特征和生成机制，利用构建学习模型的方式进行数据分析。

2. 体现媒体融合的特征

新媒体的兴起直接推动了媒体融合的进程，新媒体数据及数据分析体现了媒体融合的特征。在新媒体中，信息和知识的载体是多元的，知识的传播方式也是灵活、多样的，不同平台、不同类型的媒体和与之相关的社会属性信息可以相互融合，从而形成综合性的信息和知识。这些源于不同渠道的媒体数据通过不同的方式，被赋予了时空、社区、热度、偏好等属性，数据与数据之间、数据与用户之间都呈现出丰富、复杂的关联性。因此，在新媒体数据分析的过程中，需要针对如何构建融合多源数据的泛化模型、如何发现多源数据间的关联关系等媒体融合的核心问题进行重点分析和研究。

3. 具有学科多元性

大部分新媒体数据属于半结构化或非结构化数据，且具有文本、图片、音频、视频等多种存储形式，因此往往很难被人理解，这也为新媒体数据分析带来了巨大的挑战。数据分析人员需要结合一系列相关学科中的工具来解析、提取和分析新媒体数据，从而使新媒体数据分析呈现出学科多元性的特征。例如，新媒体文本数据的挖掘就涵盖了多个学科中的多种技术，包括数据挖掘、信息抽取、信息检索、机器学习和自然语言处理等。

（二）新媒体数据分析的作用

随着新媒体行业的发展，各个新媒体运营团队对新媒体的运营已经从过去的"粗放式"运营过渡到当前注重数据分析的精细化运营阶段。在大数据时代下，只有用数据驱动新媒体运营的团队，才能从激烈的市场竞争中脱颖而出。

1. 了解运营质量

新媒体数据分析的第一大作用是了解运营质量。新媒体运营的日常工作包括网站内容更新、微信公众号推广、微博发布、今日头条推送、朋友圈推送、视频推广、直播分享、粉丝维护、社群运营、微店运营、线上线下活动策划与组织等。这些工作是否有价值、是否能够有效实现营销目标，需要通过数据来了解与判断。对于新媒体运营质量数据，不同平台的关注点不同，目前大部分企业关注的运营数据包括网站流量数据、微信公众号粉丝数据（图3-3）、微博阅读数据、今日头条内容数据、活动转发与评论数据等。

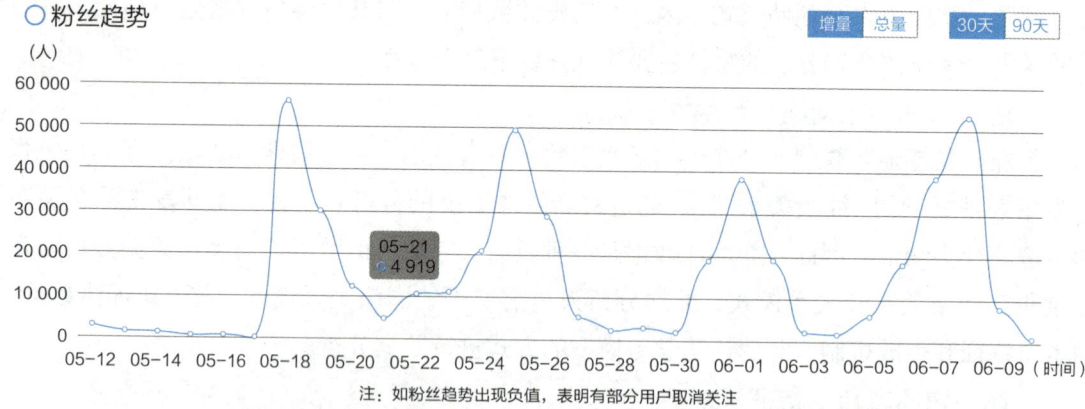

图 3-3　微信公众号粉丝数据

2. 预测运营方向

现阶段百度、腾讯等大型互联网公司都已将大量数据进行开放，网民可以直接登录相关网站查看大数据。分析网民大数据，有助于判断新媒体内容、活动、推广是否要和网络热点结合。常见的行业相关大数据包括百度指数、新浪微指数、微信指数、头条指数等。

3. 控制运营成本

企业新媒体营销，一方面需要关注销售额的增长及品牌价值的提升，另一方面需要时刻关注运营成本，尤其是广告成本。如果企业的新媒体广告投放没有精准的方向，极有可能使广告费用打了水漂。新媒体运营中有两项重要工作，一是关注企业销售额的增长及品牌价值的提升；二是控制企业的运营成本，提高投产比。大数据时代下要求精准营销。因此，新媒体数据分析人员需要分析用户的城市分布、消费习惯、常用App等数据，某平台浏览习惯调研数据如图3-4所示。每次投放广告前要结合近期的投放情况进行调整和优化，以控制企业的运营成本。

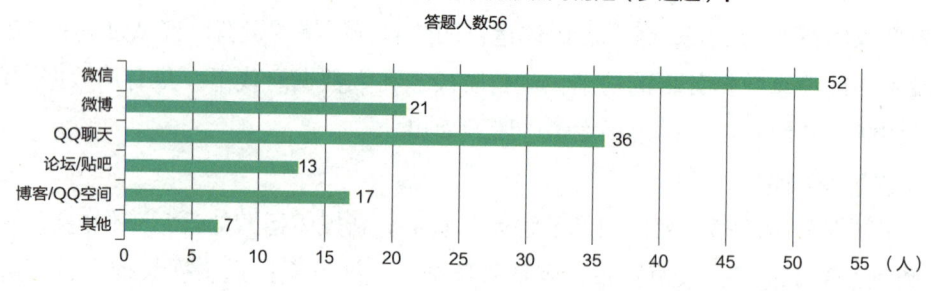

图 3-4　浏览习惯调研数据

4. 评估营销方案

营销方案只是新媒体团队根据以往经验而制订的工作规划，但在一段时间后，需要通过数据进行评估。一方面，分析最终完成数据，可以反推方案中目标的可行性；另一方面，分析过程数据，可以及时发现方案制订后在执行过程中遇到的问题，以作为下次营销方案制订的参考。

5. 分析现状

分析现状是数据分析的基本目的，新媒体运营者需要明确当前市场环境下，产品的市场占有率是多少，注册用户的来源有哪些，注册转化率是多少，购买转化率是多少，竞品是什么，竞品的发展现状如何，自己和竞争对手的相对优势有哪些，不足又有哪些等，这些都属于对现状的分析。这里主要包括两个方面的内容，即分析自己的现状和分析竞争对手的现状。

6. 预测未来

所谓未雨绸缪，用数据分析的方法预测未来产品的变化趋势，对于产品的运营者来说至关重要。作为运营者，可根据最近一段时间产品的数据变化、趋势线和运营策略的力度，去预测未来的趋势，并用接下来的一段时间去验证这个趋势是否可行，从而实现数据驱动业务增长。

7. 优化企业竞争力

对新媒体数据进行分析，可以实现数据驱动企业运行效率的提升并实现业务增长，促进企业战略目标的达成。通过多种数据分析方法对业务工作进行诊断，精准定位，找到核心要素，并反馈到业务环节进行针对性改善，再对改善效果进行监测和评估，实现业务闭环和有效管理。

（三）不同营销目的下的数据组合

新媒体数据分析除了要根据类别和来源进行分开判断以外，和营销目的也有一定关联，对于不同的营销目的所分析的数据类别自然也是不同的，具体分析见表3-1。公司进行新媒体营销的主要目的有两个：一是提升产品销量，二是宣传品牌。其中，宣传品牌可再细分为提升品牌美誉度、提升品牌知名度及用户忠诚度。

表 3-1 营销目的及其数据组合

营销目的	需要分析的数据组合
提升产品销量	网站/浏览量/用户访问时长/网站转化率等
提升品牌美誉度	百度口碑/大众点评/美团点评/网店的好评等
提升品牌知名度	微信及其他自媒体平台粉丝数量
提升用户忠诚度	老用户购买数量/转发粉丝数量/打赏粉丝数量等

1. 提升产品销量

企业新媒体销售的实现通过不同的销售平台，包括淘宝店、京东店等。因此，为了借助数据分析评估销售计划或分析销售结果，必须围绕用户购买或消费的行为逐层进行分析，需要分析的数据包括页面浏览量，用户访问时长，用户浏览页面数，店铺、网站转化率等。

2. 提升品牌美誉度

企业品牌在互联网的美誉度指的是网上有粉丝或顾客对企业进行友好的评价，好评越多或评价内容质量越高，则美誉度越高。因此，为了利用数据分析企业美誉度的提升效果，需要围绕口碑来展开，应该分析的数据包括百度口碑、大众点评星级、网店评价等。

需要注意的是，一部分美誉度数据无法直接统计，如"太好了""很好吃""不太喜欢"等文字描述，需要运营人员进行人工筛选，确保数据的准确性。

3. 提升品牌知名度

在网上，企业品牌的知名度与"名气"相关，知道企业的网民越多、关注企业公众号的人越多、阅读企业文章的人越多，则企业知名度越高。因此，在借助数据分析评估企业知名度提升效果时，需要进行挖掘与分析的数据包括微博粉丝数、微信用户数、今日头条粉丝数、喜马拉雅订阅数等。

4. 提升用户忠诚度

每一个网民都会关注大量的微信公众号或微博账号，但未必会对每一个账号都忠诚。因此，粉丝数或订阅数只能作为品牌知名度的考量因素，而用户对品牌做出的响应，才能真正体现其对企业品牌的忠诚度。为了评估用户对品牌的忠诚度，可以统计并分析的数据包括二次购买的顾客数、主动转发的粉丝数、老客户访问比例、主动打赏的粉丝数、留言频次高的用户数量等。

经典案例

大学宿舍煮火锅被点名

2019年8月26日9时，@中国消防微博官方账号发布微博附上"大学生宿舍煮火锅"的照片，称："开学了，又开始了是吗？"表示对学生用电安全的关心。截至8月28日12时，这条微博获得了3 655次转发，评论数为6 878条。近3个月来，@中国消防发布的"大学宿舍"相关消防安全微博达30余条，内容有"点名"警告的，有在线普及宿舍防火安全知识的，传播效果较好，好评不断。

@中国消防的这次"点名"事件，在传播中共形成6个转发层级，覆盖微博用户3 000万人。在微博转评用户中，消防类账号参与度较高，各消防类账号带动的转发数有45条，评论数有58条。网友转评微博的表情中，"捂脸笑""笑哭""狗头""憨笑""二哈""偷笑"等古灵精怪的表情纷纷上线，总体反馈风格轻松向上，公众对这种宣传方式较为认可。

@中国消防抓准时机对大学生消防安全问题发声，并准确把握网友情绪进行传播，官方权威下的"有趣灵魂"让@中国消防建立起在新媒体时代"年轻的生命"。以@中国消防为代表的新媒体传播正在把更生活化、口语化的内容融入其中，更照顾受众的心理，让受众的主动性、互动性增强，进而实现传受一体化。

资料来源：佚名.8月政务新媒体7大优秀案例盘点：附大数据分析.微热点，2019-09-09.

有改动

二、新媒体数据分析的维度

新媒体运营想要占据市场的一席之地,就需要对目标用户群体做出用户画像。想要精准地定位市场,那么最重要的就是构建用户画像。用户画像的作用包括精准营销、用户研究以及个性化服务等方面。

新媒体运营必须做的是研究用户,想要促成营销,最根本的还是用户。新媒体运营必须了解服务的对象,针对性地研究用户的属性,如行为、爱好、习惯、需求等,确定产品和服务的发展方向。

数据分析的三个维度有用户、运营、产品和内容。

(一)用户

从用户的行为来获取数据,分析用户的来源渠道,以及做出了哪些动作。不同的渠道产生的流量各有不同,用户点击了哪些页面、在页面的停留时间、访问路径的改变,都会成为产品的决策依据。通过将数据汇总分析,可以找出用户来源比较广泛的渠道,有针对性地加强推广力度。监测用户的注册流程可以让运营者明确哪些环节让用户失去了注册的兴趣,从而优化会员注册流程。

(二)运营

运营主要是根据收益来进行分析的。比如,通过新媒体营销的渠道,统计每天的订单数、金额、支付率、退货率、投诉率、重复购买率等。运营者还需要关注平台每天内容的产出质量、用户的增加和流失等,筛选出优质的粉丝用户。

(三)产品和内容

新媒体运营最终要实现的目标是产品的销售,通过分析运营数据的情况,选择热销产品,进行促销计划的制订。新媒体运营需要对平台内容进行分类,如按照文字、图片、视频等不同的表现类型进行划分,也可以根据内容的属性,如美食、旅游、历史、军事、百态等标签进行划分。新媒体运营要时刻关注用户的关注方向,对每个标签用户的数量、分享、反馈进行统计。

三、新媒体数据分析的基本步骤

新媒体运营团队每天接触的数据包括粉丝数据、流量数据、转化数据、下载数据等。如果将所有数据都进行统计与分析,会极大地影响新媒体运营效率,同时大量无意义的数据处理也会在无形之中造成资源的浪费。所以,新媒体运营团队必须有目的、有方法地挖掘与分析数据,使数据真正为新媒体营销服务。

新媒体数据分析通常由五个步骤组成,包括设定目的、挖掘数据、数据处理、数据分析、数据总结。

（一）设定目的

对于数据分析人员而言，新媒体数据分析是为了更好地制订营销计划、更精准地评估营销效果。在进行数据分析前，首先应当设定目的，即先要知晓进行数据分析的原因。如近期的产品销售量为什么这么低、为什么用户到访量这么少等一些模糊的数据分析需求，是想了解运营情况，还是想了解销售情况。如果没有设定目的，那么做出的数据分析将会不精准。因此，数据分析人员需要在数据分析需求中找出需要解决的具体问题。例如，某网站运营人员想要了解近期销售量为什么增长缓慢，那么只需要针对近期推广网站的渠道查找原因，查找哪个渠道出了问题即可，通过这个需求可以进一步得出更好的结论。

（二）挖掘数据

不同的目标对数据的需求有所不同，因此在数据挖掘环节，需要将目标对应的全部数据进行罗列。数据来源分析完成后，数据分析人员就可以进行新媒体数据的挖掘。挖掘数据可以从后台数据、第三方数据以及手动统计三个方面入手。

1. 后台数据

如果需要分析的数据在新媒体平台的后台可以找到，就无须花费过多的时间，可以直接在后台下载、复制。常见的可以直接获取的后台数据包括微信公众号数据、微博阅读数据等。

2. 第三方数据

当在新媒体后台无法获取某项数据时，就需要借助相关工具，在授权后利用第三方工具进行数据的挖掘。目前可获取的第三方数据主要包括网站的点击数据、访问来源数据以及用户属性数据等。

3. 手动统计

如果需要分析的数据无法获取，就需要数据分析人员进行手动统计，如多个平台的阅读总量数据等。

（三）数据处理

在挖掘新媒体数据后，这样的数据不能直接使用，还需要数据分析人员对数据进行处理，得到可以用于分析的新媒体数据。数据处理主要包括删除无效数据、合并重复数据、组合相关数据三个部分。

1. 删除无效数据

在原始数据中，无意义的字符或与目标不相关的数据，可以在数据处理环节进行删除，否则会增加分析难度。在分析网站的流量数据时，只需要了解其页面的浏览时间、浏览量、访客数等数据。例如，某企业对近期微信公众号后台粉丝数据进行统计后发现，在某一时间段的粉丝数量都是 6 000 左右，而其中一天粉丝突然增加到 10 000 多人。这时运营人员需要进入公众号后台重新下载数据，查看是否操作错误。如果后台数据没问题，则要检查当日的运营情况；如果有问题，需要把有问题的数据进行纠正或删除。

2.合并重复数据

在统计和分析的过程中，有些后台的数据有重复，不同的数据混合在一起，合并重复数据后统计出的数据更直观。

3.组合相关数据

原始数据中有很多相似的数据，因此需要将相关数据进行组合。例如，某网站统计读者数量，需把站内读者数量与站外读者数量进行合并。

（四）数据分析

经过处理的数据具有可分析的价值，新媒体团队可以对此进行分析。常见的数据分析包括流量分析、销售分析、内容分析和执行分析。

1.流量分析

流量分析是指通过对访问量、访问时间、跳出量、跳出率等流量数据进行分析，从而评估网站运营的基础情况。随着智能化的普及，现阶段流量分析的重点是移动端流量数据分析，主要分析H5访问量、微网站流量、微网站跳出率等。

2.销售分析

销售分析主要是对互联网产生的销售数据进行分析，如下单数量、支付比例、二次购买比例等，寻找当前互联网销售的问题。

3.内容分析

内容分析是指对各新媒体平台的内容数据进行统计，如微信公众号阅读量、微博粉丝数、头条号推荐量等。一般分析的内容具有碎片化、丰富性、非线性等特点。分析的要点有标题、关键词、发布情况、超链接、评论、背景音乐等。

4.执行分析

执行分析主要是指对新媒体人员进行考核，包括文章撰写速度、文章质量、软文发布频率、客服响应速度等方面。

（五）数据总结

数据总结是指数据分析完成后，需要总结分析的数据。数据总结有利于掌握新媒体的营销情况、同行新媒体运营状态、行业新媒体趋势等数据，对新媒体团队甚至企业整体营销都具有指导意义。

四、新媒体数据分析的常用方法

（一）新媒体数据处理方法

和传统的营销推广方式不同，新媒体营销是一种更为主动的营销。新媒体营销需要以发展的眼光看待用户，主动分析用户数据以及内容数据，从数据中寻找用户关注的热点内容，通过一些数据来分析新增的用户和流失的用户。数据来源设计完成后，数据分析人员需要开始进行新媒体数据的挖掘与获取。

首先是分析数据，主要有收集数据、整理数据、整理形式、分析数据四种方法。

1. 收集数据

如何收集数据是运营者需要思考的一个问题，"平台"是主要的数据来源，在平台上所收集的数据都是具有很大参考价值的。例如，微信是每个人现在必备的社交软件，其后台需要密切关注的统计功能下有六个分析项目：用户分析、图文分析、菜单分析、消息分析、接口分析、网页分析。在这些项目中，都有指定的趋势图，其好处是可以让运营者更直观地看到数据变化。

2. 整理数据

整理数据要先把后台的数据导出来，然后进行整理。整理数据的方式有很多种，运营者可选一种比较容易上手的方式进行整理，这样得到的数据既准确，又不会浪费更多的时间。

3. 整理形式

数据有很多种表现形式，若想让运营者更直观地去参考数据，企业可以选择适合自身的整理方式。如折线图是分析数据随时间连续变化的趋势；饼形图是分析数据的占比大小及数据总和之间的关系；条形图是对各项数据情况进行对比，可以直观反映出各数据数量的差异；面积图是分析数据的量随时间变化的增减程度及总值；XY散点图可以表现若干个数据点之间的关系。

4. 分析数据

当整理完数据之后，首先需要对整理的数据进行分析和对比，分析它的趋势变化。如果发现某个时间段的浏览量暴增或者骤降，那么运营人员就要去分析和了解这个时间段所推送的是什么内容，从中找到原因，并且记录下来，为以后的平台运营打下基础，积累相关的经验。

其次是从数据中寻找热点。寻找热点是每个运营人员必须掌握的技能，只有平台本身聚集了话题和热点，才能获得用户的关注。寻找热点就是要了解一些热点话题的来源方式。例如，①百度，运营人员可以通过百度指数来分析近期的趋势。百度指数也是互联网时代最重要的数据分享平台之一，通过百度指数能了解到某个热点的火热程度，它能将竞争产品、受众指向、传播效果数据和信息以科学的图谱方法呈现在使用者面前。②微博，微博上的微话题主要展示了24小时内关注度比较高的热门事件，运营者可以根据自己的推广方向，找到自己关注的领域，然后将这个话题嵌入自己的推送信息，提高用户的关注度和阅读量。③淘宝，对于电商或者以销售产品为主的平台来说，关注市场行情是必然的，所以淘宝排行榜就是最好的参照物，运营者可以根据自身的实际情况选择细分行业商品种类，再选择要出售的商品。

（二）新媒体数据分析方法

新媒体数据在经过加工与处理后，具有了可分析性，可以尝试对其进行分析并掌握数据背后的运营情况。常见的数据分析包括直接评判法、对比分析法、分组分析法、结构分析法、漏斗分析法和雷达图分析法。

1. 直接评判法

直接评判法是指营销人员根据营销经验，直接对具有分析性的数据下定义，判断它的好与坏，通常是从评估近期阅读量、销量以及当日文章推送量是否正常等方面入手。不过要想用直接评判法来进行数据分析，需要满足以下两个条件。

（1）营销人员必须有丰富的新媒体运营经验，可以对阅读量等信息进行正确的评估。

（2）经过加工处理的数据要够直观，可以直接代表某数据的某个指标。例如，用户增长能够直观反映当前关注该公众号的粉丝数量的增长趋势，它能够从侧面反映出某一时间段内公众号受用户欢迎的程度，如图3-5所示。

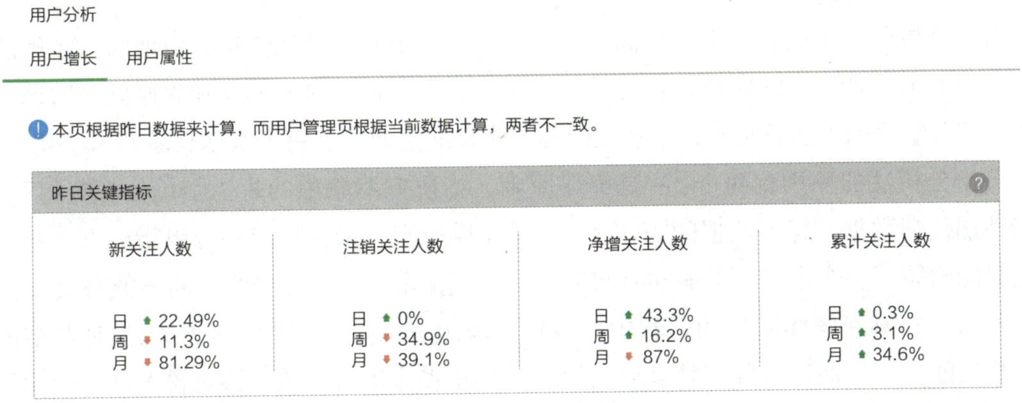

图 3-5　公众号后台粉丝数据

2. 对比分析法

对比分析法是将两个或两个以上的数据进行对比，分析差异进而揭示这些数据所代表的规律。

对比分析法包括横向比较及纵向比较。横向比较，即同一时间条件下不同总体指标的对比，如今日头条同领域作者文章阅读量对比、粉丝数对比等；纵向比较，即不同时间条件下同一总体指标的对比，如本月文章阅读量与上月阅读量进行对比、本月粉丝增长数与上月增长数进行对比等。在进行数据分析时，单一的数据分析只能体现单一的变量，如某一天的流量、销量。如果将某段时间内不同时期的流量、销量进行对比，就可以得到更多的信息，如流量增加或降低、销量提高或减少等。通过比较数据中某个相同的因素，对其他的数据进行对比分析，可以得到企业经营过程中各种数据的变化情况，从而更好地发现并解决问题。例如，某公司2022年4—6月的产品销售量对比情况如图3-6所示。

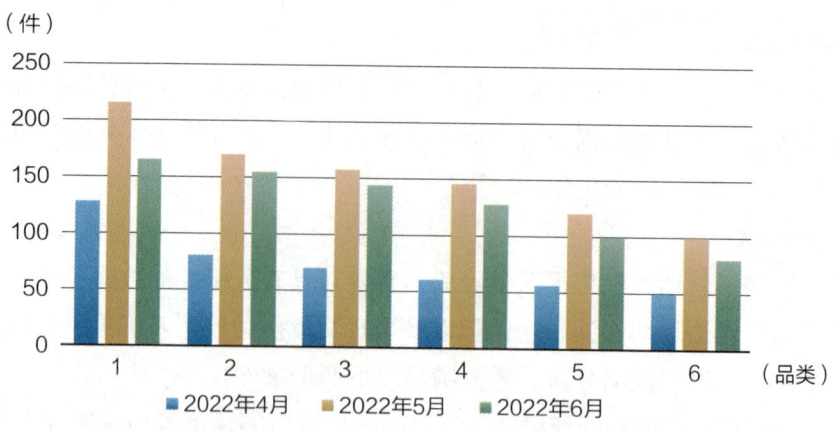

图 3-6　某企业 4—6 月产品销售量对比

通过对比分析法，可以对 4—6 月销售量上升与下降的原因进行分析，直接看出营销的质量及营销水平。

3. 分组分析法

分组分析法是指通过一定的指标，将对象统计分组并计算和分析，以便深入了解所要分析对象的不同特征、性质及相互关系的方法。分组分析法遵循相互独立原则。所谓相互独立，即分组之间不能有交叉，组别之间具有明显的差异性，每个数据只能归属于某一组。

分组分析法的原则有两个：一是穷尽原则，指研究对象中的每一个单位都有组可归，不能遗漏任何数据，保证数据的完整性；二是互斥原则，指在特定的分组指标下，每一个数据只能归属于一个小组，不能同时归属于两个或多个小组，即分组之间不能有交集。

例如，在某新媒体账号的粉丝中，各年龄段组成占比的统计（图 3-7）就是典型的分组分析法的应用。通过对各年龄段粉丝的统计，新媒体运营团队能够对粉丝进行画像，从而提高营销的精准度。

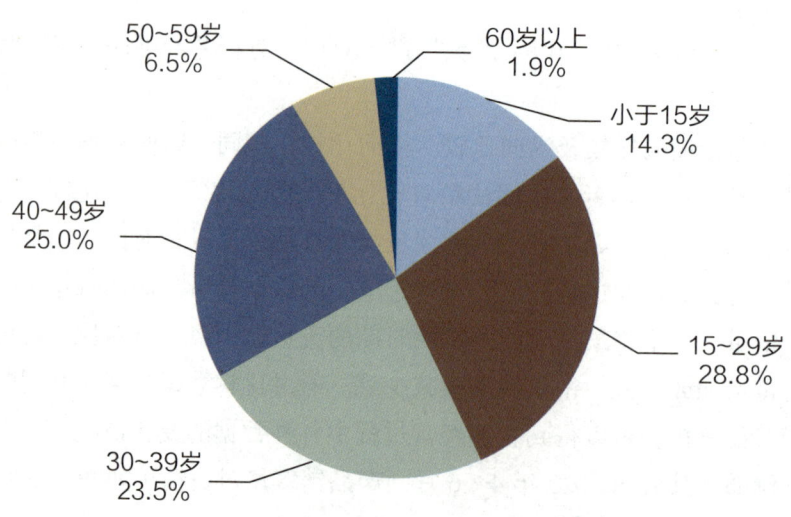

图 3-7　某新媒体账号的粉丝年龄数据统计

4. 结构分析法

结构分析法是在统计分组的基础上，将组内数据与总体数据进行对比分析的一种方法。结构分析法分析各分组占总体的比例，分析的是相对指标。例如，某新媒体账号粉丝所在地的地域分布统计图（图3-8）运用的就是典型的结构分析法。

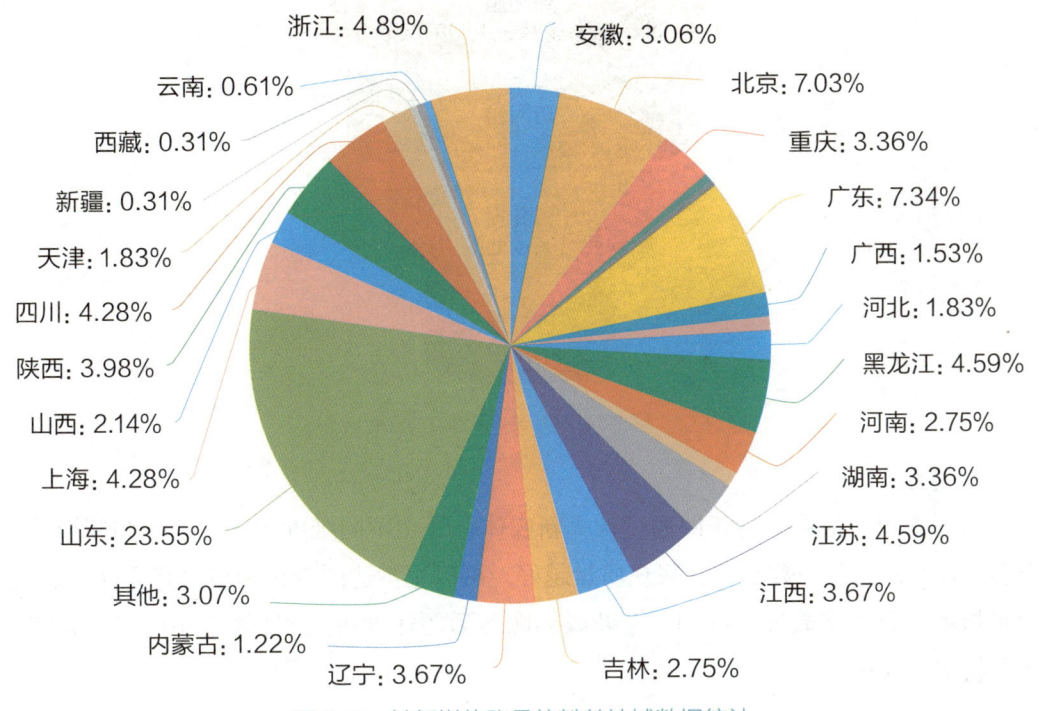

图 3-8　某新媒体账号的粉丝地域数据统计

5. 漏斗分析法

漏斗分析法是一套流程式数据分析，可以理解为：把最终目标放到漏斗最下方，把需要经过的各个环节按照顺序依次放入漏斗中，然后从上往下，寻找每个环节的流失严重点。漏斗分析法常常被用来分析用户转化问题、用户流失问题等。

漏斗分析法的核心步骤如下。

（1）确定研究对象，选定分析维度，即选定数据统计的角度，如电商常用人、货、场、订单等。

（2）确定事件的开始和结束时间，即想要把漏斗模型应用于业务的哪个时间段。

（3）拆解用户路径，明确关键节点，即明确用户在该业务中的每一个步骤节点。

（4）指定关键指标，全面刻画业务，指导业务优化，即通过数据指标诠释业务现状和监控业务发展。

例如，某新媒体账号用漏斗分析法分析获取订单过程（图3-9）：推广结果在搜索结果页面展现—推广结果获得网民的点击—网站被网民浏览—企业与网民互动交流—获取订单。

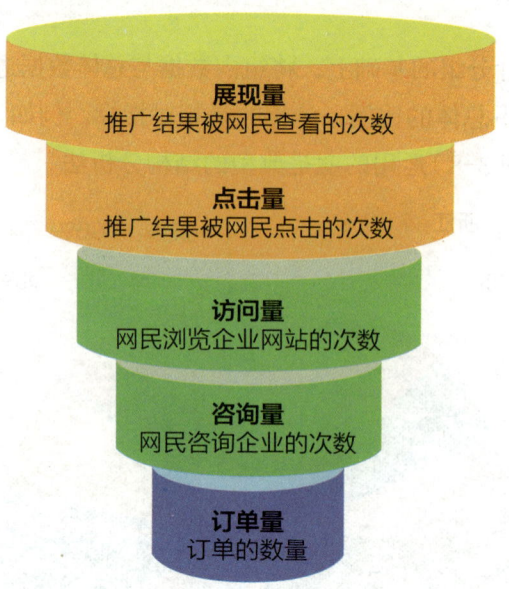

图 3-9 某新媒体账号的获取订单数据漏斗

6. 雷达图分析法

雷达图常用于指数分析,即通过计算新媒体账号在不同维度的内容质量和领域关注度得出客观评分结果。分数越高,账户质量越好。可以用雷达图分析的指数有今日头条指数、大鱼星指数、百家指数等。例如,某新媒体账号话题热度雷达图(图3-10)就是典型的雷达图分析法的应用。

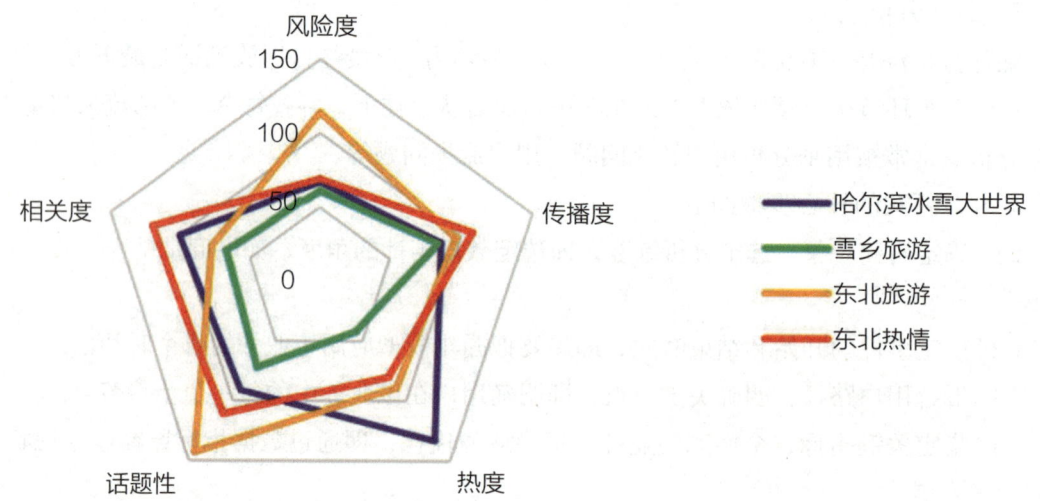

图 3-10 某新媒体账号话题热度雷达图

 微任务

> 任务描述：假设现在需要你为公司的新媒体账号进行数据分析，请你对此项工作做出任务分解。
>
> 任务要求：能清晰、准确地阐述新媒体数据分析的内容和步骤，并对整个分析工作进行任务拆分。

第二节 常用的数据分析工具

随着数据分析理论日益成熟，很多第三方机构和公司都在数据分析的不同应用领域中推出了实用性很强的工具。运用这些数据分析工具，企业可以解决很多问题，如定方向、降成本、节开支等，运营者可以有效地提高新媒体工作效率。常见的第三方数据分析工具有新榜、清博指数、飞瓜数据、卡思数据、蝉妈妈、抖查查和灰豚数据等。

一、新榜

新榜（图 3-11）是中国最早提供微信公众号内容数据价值评估的第三方机构，除了微信之外，新榜还被授权独家发布包括微博、今日头条、腾讯媒体平台、腾讯微社区、腾讯兴趣部落、搜狐新闻客户端、网易新闻客户端、凤凰新闻客户端、喜马拉雅FM、蜻蜓FM、荔枝FM、考拉FM、优酷、爱奇艺、秒拍、知乎等平台数据，构筑了中国独一无二的移动端全平台内容数据体系。目前可以通过新榜官方网站获得大数据查询及分析数据。新榜界面如图 3-11 所示。

图 3-11 新榜界面

二、清博指数

清博指数拥有目前国内最大的第三方"两微一端"（微信、微博、App）数据库。其微信传播指数（WCI）、微博传播指数（BCI）、App传播指数（ACI）的独特权威算法公式已成为行业领域标杆。通过这些庞大的数据，运营者可以开展各种形式的数据分析，制作榜单，并撰写相应的分析报告。同时，运营者还可以根据用户的需求，收集整理其他来源的数据进行分析。清博指数界面如图 3-12 所示。

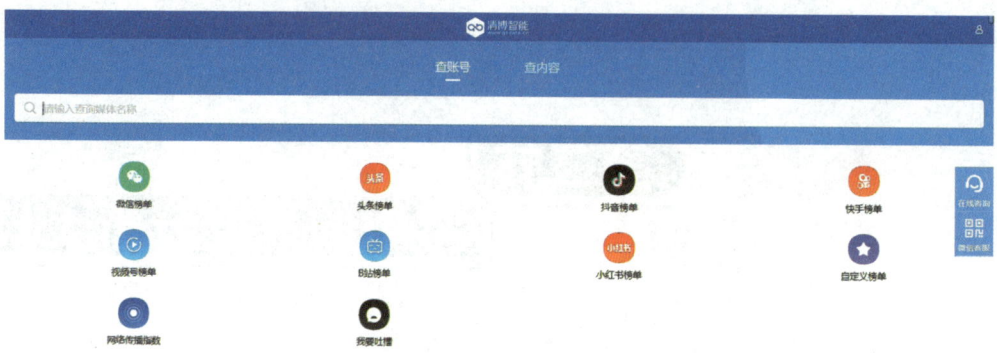

图 3-12　清博指数界面

三、飞瓜数据

飞瓜数据是社交媒体平台数据、产品与全链路服务提供商，致力于将大数据、AI 等新技术应用于社交媒体营销和电商领域，以数据和技术驱动品牌增长。

飞瓜数据覆盖微信公众号、微信视频号、微博、抖音、快手、小红书、B站等平台，利用大数据挖掘、机器学习、自然语言处理等技术，分析海量账号的粉丝画像、文章、视频、直播间等数据，并结合强大的数字营销服务能力，为行业用户提供产品、技术服务及行业解决方案。同时，它还能助力品牌的营销决策，并有效实现"品效合一"。飞瓜数据界面如图 3-13 所示。

图 3-13　飞瓜数据界面

四、卡思数据

卡思数据是国内权威的视频全网数据开放平台，依托专业的数据挖掘与分析能力，为视频内容创作者在节目创作和用户运营方面提供数据支持，为广告主的广告投放提供数据参考和效果监测，为内容投资提供全方位和多维度的数据分析、榜单解读、行业研究等服务。

五、蝉妈妈

蝉妈妈是提供短视频、直播全网大数据的服务平台，依托专业的数据挖掘与分析能力，构建多维数据算法模型，通过数据查询、商品分析、舆情洞察、用户画像、视频监控、数据研究、短视频小工具管理等服务，为网红达人、MCN机构提供电商带货一站式解决方案，蝉妈妈界面如图3-14所示。

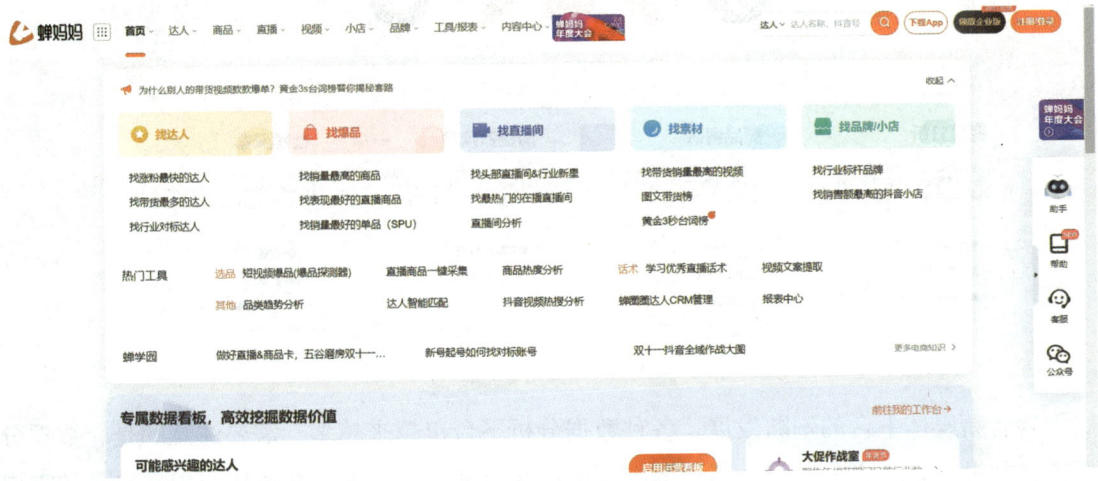

图 3-14　蝉妈妈界面

六、抖查查

抖查查是国内知名的直播电商短视频大数据分析平台，总部位于北京，在杭州、保定等城市设有分公司，是备受行业认可的直播电商短视频聚合服务平台。拥有大数据分析、直播代运营、短视频拍摄、千川投放、直播培训等成熟项目，帮助品牌和供应链出具直播电商全栈解决方案。目前在国内服务上万家知名公司和中小企业。抖查查数据界面如图3-15所示。

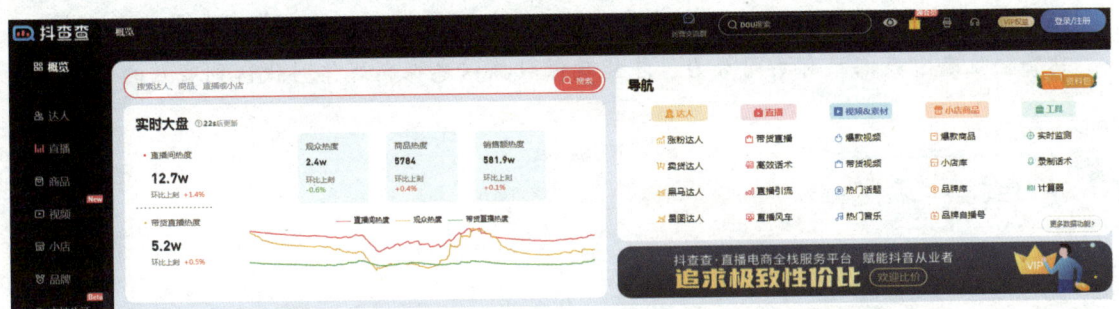

图 3-15　抖查查界面

七、灰豚数据

"灰豚数据"是杭州灰豚科技有限公司旗下的一款分析直播数据的实用工具，提供主播带货转化量分析、粉丝互动分析、粉丝画像分析等实用功能，也提供主播销量榜、爆款商品榜、MCN排行榜等各类电商直播相关榜单，是一款将直播数据可视化的数据分析监测云平台，能够精准、可靠、高效地提供直播平台的数据分析服务，灰豚数据界面如图3-16所示。

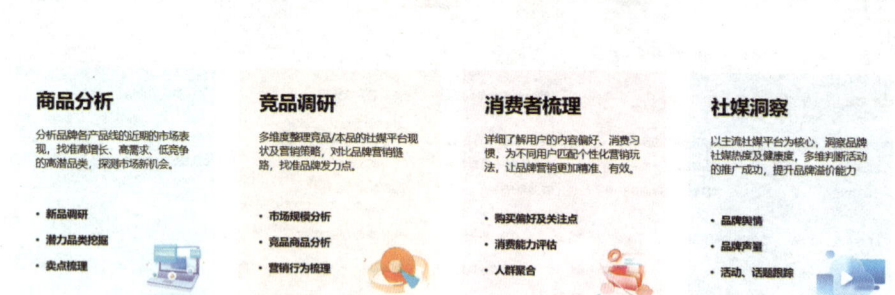

图 3-16　灰豚数据界面

随着新媒体平台的不断发展，各种数据分析平台也越来越多。需要注意的是，数据分析工具并没有好坏之分，每个平台都有自己的优势和不足，大家在使用时根据自己的需要和使用习惯挑选即可。

信息安全已成为人们工作和生活中不可忽视的重要问题，而作为运营人员，无时无刻不在接触大量的数据信息。在新媒体时代，要保障个人隐私与数据安全，需要提高信息安全意识，加强信息防护措施，保守企业的商业秘密、技术秘密、业务秘密等一切有关的知识产权、技术资料、商业机密等信息，并积极参与共建社会信息安全生态。我们只有共同努力，才能确保数据信息在新媒体时代得到有效的保护。

任务描述：请登录任意一个新媒体数据分析平台，找到你比较关注的账号，对该账号近一个月内的运营情况进行简单的数据分析。

> 任务要求：能利用数据分析工具找到相应账号，并对该账号的数据进行分析解释（如账号近一个月内涨粉、掉粉数量，带货金额等）。

一、单项选择题

1. 新媒体数据分析的五个步骤包括（　　）、挖掘数据、数据处理、数据分析、数据总结。
   A. 用户画像　　　B. 确定平台　　　C. 撰写计划　　　D. 设定目的

2. 处理数据主要包括（　　）、合并数据、数据组合三个部分。
   A. 数据删除　　　B. 数据标记　　　C. 数据挖掘　　　D. 数据分析

3. 常见的数据分析包括流量分析、销售分析、内容分析和（　　）。
   A. 撰写报告　　　B. 执行分析　　　C. 网络分析　　　D. 用户分析

4. 常见的数据分析法包括直接评判法、（　　）、分组分析法、结构分析法、矩阵分析法、漏斗分析法和雷达图分析法。
   A. 饼图分析法　　B. 整体分析法　　C. 间接评判法　　D. 对比分析法

5. 分组分析法的原则有两个：一是穷尽原则，二是（　　）。
   A. 准确原则　　　B. 互斥原则　　　C. 更新原则　　　D. 互动原则

二、判断题

1. 在原始数据中，无意义的字符或与目标不相关的数据，在数据处理环节不能删除。（　　）

2. 新媒体中传递的所有信息，以及用户与新媒体之间的所有交互都可以被称为新媒体数据。（　　）

3. 漏斗分析法常常被用来分析用户转化问题、用户流失问题等。（　　）

4. 分组分析法是在统计分组的基础上，将组内数据与总体数据进行对比分析的一种方法。（　　）

5. 对比分析法是将两个或两个以上的数据进行对比，分析差异，进而揭示这些数据所代表的规律。（　　）

三、实训题

某创业公司对现有的优质客户进行了浏览习惯调研,希望根据调研结果决定下一步广告投放平台。经过线上问卷调研,新媒体团队获得了用户的常用平台数据,见表3-2。

表3-2 某企业用户的常用平台数据

序号	平台名称	使用人数/人
1	微信	392
2	微博	295
3	抖音/快手	368
4	小红书	211
5	QQ	98

实训目的:培养数据分析能力和数据整合能力。

实训要求:4~6人一组,以小组为单位进行分工合作,制作可视化图表。尝试分析下一阶段在哪几个平台进行广告投放,效果会比较好。

操作步骤:

(1)各小组成员分工对数据进行可视化输出。

(2)小组内部交流,得出分析结果。

(3)将分析过程和图表做成PPT,向全班同学汇报。

实训提示:可以使用Excel表格制作可视化图表,也可以使用其他数据可视化工具进行美化。

微营销 / 第四章

学习导图

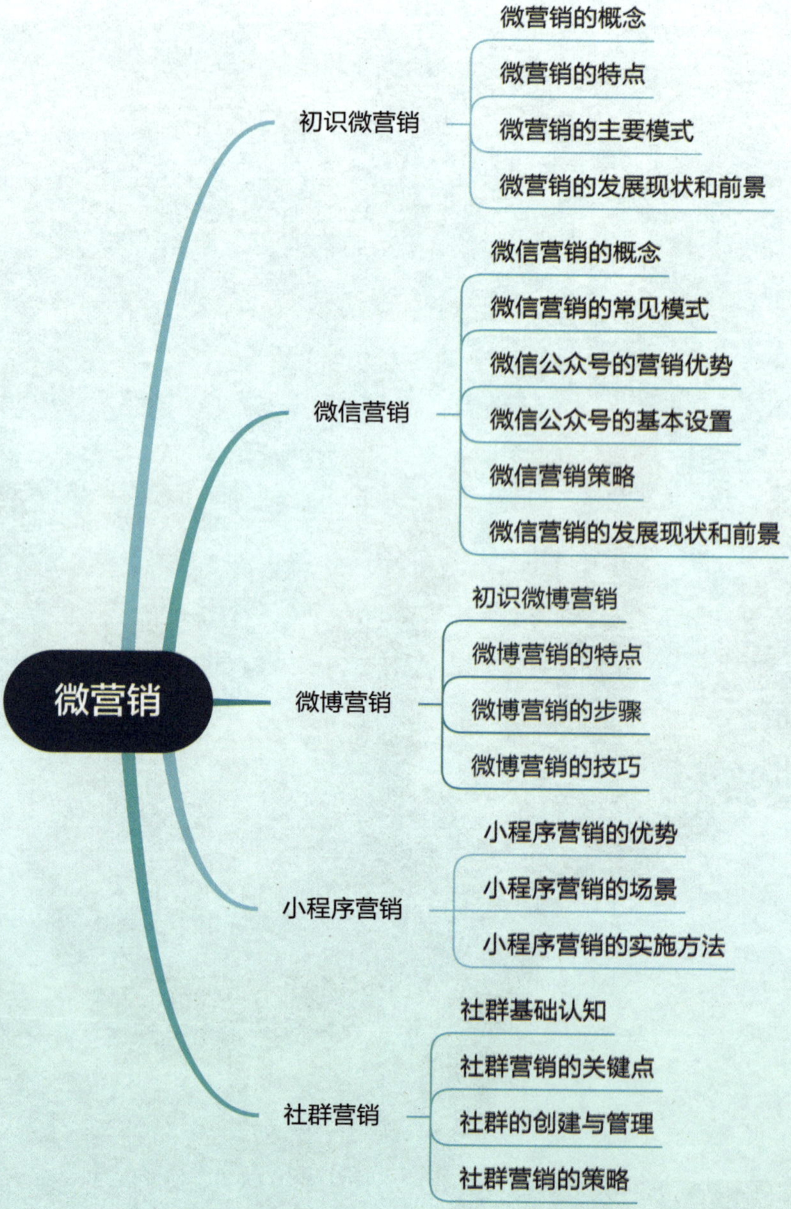

- 微营销
  - 初识微营销
    - 微营销的概念
    - 微营销的特点
    - 微营销的主要模式
    - 微营销的发展现状和前景
  - 微信营销
    - 微信营销的概念
    - 微信营销的常见模式
    - 微信公众号的营销优势
    - 微信公众号的基本设置
    - 微信营销策略
    - 微信营销的发展现状和前景
  - 微博营销
    - 初识微博营销
    - 微博营销的特点
    - 微博营销的步骤
    - 微博营销的技巧
  - 小程序营销
    - 小程序营销的优势
    - 小程序营销的场景
    - 小程序营销的实施方法
  - 社群营销
    - 社群基础认知
    - 社群营销的关键点
    - 社群的创建与管理
    - 社群营销的策略

知识目标

1. 了解微营销的概念、特点及类型。
2. 了解微营销的发展趋势。
3. 了解主流的微营销平台。

技能目标

1. 具备利用微营销构建企业品牌的能力。
2. 具备内容推送策划、营销活动策划能力。
3. 具备微营销岗位的技能要求。

思政目标

1. 具有良好的互联网思维和用户隐私保护意识。
2. 具有爱岗敬业的良好职业道德。

第一节 初识微营销

早在 2006 年前后，推特（Twitter）这类的社交网络平台就在美国、英国等地崛起并迅速发展。推特的出现不仅极大地改变了人们的生活，对营销模式也产生了巨大的冲击，出现一股微营销风潮。2009 年左右，这股微营销的春风吹到中国。尽管比国外迟了几年，但这并不影响微营销在国内如野火燎原般地扩散，甚至有超过国外的趋势。为什么微营销能在国内蹿红呢？下面将对微营销进行阐述。

一、微营销的概念

微营销是以移动互联网为主要沟通平台,配合传统网络媒体和大众媒体,通过有策略、可管理、持续性的线上线下沟通,建立和转化、强化顾客关系,实现客户价值的一系列过程。从操作理念上看,微营销更强调"潜移默化""细节入微""精妙设计"。

微营销的核心手段是人、粉丝、用户、客户,通过客户关系管理,实现路人变客户、客户变伙伴的过程。

微营销=微+营+销。"微"就是小,传播媒介小,如用手机传播,因为小,所以可以随时随地传播;"营"就是思维,如粉丝运营、社群运营、跨界合作等;"销"就是销售、成交。

微营销是现代社会一种低成本、高性价比的营销手段。与传统营销方式相比,微营销主张通过"虚拟"与"现实"的互动,建立一个涉及研发、产品、渠道、市场、品牌传播、促销、客户关系等更轻、更高效的营销全链条,整合各类营销资源,达到以小博大、以轻博重的营销效果。它通过微博、微信、微信公众号等媒体,实现企业与用户的互动,在微观层面上进行营销活动,旨在对消费者进行更加精准的营销推广。

微营销的具体实践包括微信公众号推文营销、微信个人账号私人定制、微博等社交媒体营销、微信朋友圈广告等。微营销的优势在于其精准度高、针对性强、互动性好、成本低等。同时,它还可以通过用户互动及反馈,了解用户需求,进一步完善商品设计,提高销售额。

微营销的策略主要是关注用户行为、兴趣、需求等方面,让用户更容易接收并喜欢该品牌的营销推广信息,提高用户黏性和忠诚度,并提高商品的销售量和品牌的知名度。

微营销的三大优势

微营销能够在国内蹿红,主要原因有以下三点。

(1)随着经济和科技的发展,手机使用人数庞大,网络平台搭建完善,微营销蹿红是大势所趋。

(2)传统营销模式的弊端日益暴露,营销模式亟须变革。没有企业不愿意少花钱、多赚钱的,而传统营销模式无疑是不适合绝大多数企业的。微营销的出现,对广大中小型企业来说,就像久旱逢甘霖,因此转战微营销迅速成为很多企业做营销的最主要途径。

(3)中国互联网用户基数大,便于传递信息。这是中国移动平台能够迅速发展的最主要原因,如果说互联网是串联所有用户的线,那么众多互联网用户个体就是微营销存在和发展的基础。

二、微营销的特点

众多企业选择微营销并不是盲目跟风，而是微营销相比于传统营销有着无与伦比的优势。

（一）即时性强

随着互联网、移动网络的发展，微营销从不显山不露水走上营销主流的舞台，最重要的原因就是它有着极强的即时性。很多人用随身携带的手机、平板电脑等就能够通过微信、微博等平台，用文字、图片等发表自己的意见。企业做微营销也是如此，商家可以第一时间在网上发布企业的最新动态，宣传新产品和服务，推广企业最新的优惠促销活动。这一点，比起经过审核后才能在电视、报纸上发表广告要快捷方便很多。

（二）成本低

成本低是微营销与传统营销相比最大的优势。在企业的传统营销链中，宣传、联系、公关、销售、统计、反馈、售后等环节都需要投入大量的人力与物力，所花费的成本更是占据了企业收入的绝大部分。微营销则巧妙地避开了大部分需要花费现金的环节，如宣传、联系客户等，通过网络平台就可以简单完成。一些微营销系统完善的企业，甚至可以直接通过互联网进行交易，售后统计和反馈等步骤也很容易通过社会化媒体平台完成。不能忽视的是，网络还能帮助企业迅速与客户取得联系，解决客户反馈的问题，第一时间解决售后问题。而这些除了投入人力进行操作之外，其他成本都由社会化媒体平台分摊了。

（三）面向广大网民，具有广泛性

很多企业花费了很大的精力才给自身的客户群进行了准确定位，但在微营销平台上，这些完全可以忽略不计，因为网络营销面对的是全体网民。企业所发布的产品信息，会被有购买需要的网民迅速得知，他们通过转发、评论、个人发布等途径将信息传递给其他人，这样一来，根本不需要企业自身费力宣传，就能够找到其产品和服务的消费群体。

（四）操作简便，周期短，无须复杂冗长的流程

微营销市场操作省时、省心，只需要极少数的工作人员，就能将微营销做得很好。仅仅是偶尔发布一条微博，就能让企业的宣传做到无孔不入，比起传统营销要策划、实施、反馈、几乎全员参加等，微营销显得更加方便。它也能让人才投身企业新产品的研发中，实现专人专职，一举两得。

三、微营销的主要模式

微营销的主要作用是品牌的传播、推广与粉丝沉淀，具有高效便捷、高性价比的特点。与传统媒体发布广告昂贵的营销费用相比，微营销提供了一个低成本的交流平台，而且更加人性化，充满人情味，能更好地联结企业和消费者，从而建立良好的客户关系，凭借较少的营销费用达到良好的营销效果。

微营销通过微信、微博、小程序、社交媒体等新兴平台和工具进行营销。它借助社交网络和移动互联网的快速发展,通过小范围、高度定制化、互动性强的营销手段,针对特定用户群体进行精准传播和营销推广。微营销的主要模式包括微信营销、微博营销、小程序营销、社群营销等。

(一)微信营销

微信是目前微营销中最常用的平台之一。通过微信,企业可以发布文章、图文、音频、视频等内容,并与粉丝进行互动,达到推广目的。主要的微信营销模式包括以下几种。

(1)内容推送:通过发布有价值的内容吸引粉丝关注,建立品牌影响力。

(2)互动营销:利用投票、问答、抽奖等形式与粉丝互动,提高粉丝参与度。

(3)微信支付营销:利用微信支付功能,开展会员卡、优惠券、红包等促销活动。

(4)微信群营销:建立微信群组,与粉丝进行更直接、更私密的互动。

(二)微博营销

微博是中国最大的社交媒体平台之一,拥有庞大的用户群体。微博营销主要包括以下几种模式。

(1)原创内容推广:通过发布有趣、有价值的内容吸引粉丝关注,并增加品牌曝光。

(2)微博活动营销:通过线上线下结合的方式,开展互动活动,提高用户参与度。

(3)KOL合作:与知名微博大V合作,借助其影响力传播品牌信息。

(4)微博广告投放:利用微博的广告平台,进行精准定向投放,提高广告效果。

(三)小程序营销

小程序是微信生态圈中的一种应用形式,具有便捷、轻量级的特点,可以提供丰富的功能和服务。小程序营销的主要模式包括以下几种。

(1)品牌展示:通过小程序介绍企业品牌、产品、服务等信息,提高品牌认知度。

(2)电商营销:通过小程序提供在线购物、优惠券、积分等功能,增加销售额。

(3)社交分享:通过小程序提供社交分享功能,增加用户黏性和裂变效应。

(4)小程序广告:利用小程序的广告平台,进行精准投放,提高广告效果。

(四)社群营销

在互联网行业高速发展期间,大众经历了搜索广告、社交广告、信息流广告等不同的广告形式。不同的广告形式有着不同的信息分发机制。人主动去找信息是搜索广告,信息去找人为信息流广告,而社交广告是人找人。与信息找人和人找信息的营销方式相比,较为独特的是以人为核心思维模式的社群营销。社群营销是在社群中进行品牌宣传、产品推广等活动,以提高用户转化率。

社群裂变

社群营销是基于人的信任基础的新商业生态,其本质是转化和裂变,社群开辟了以人为中心、以信任为基础的人格魅力商业价值开发,并对传统商业产生深远的影响和改变。

以上是微营销的主要模式,企业可以根据需求和目标选择合适的组合。微营销的核心在于精准定位用户群体,提供有价值的内容和互动,通过与用户的深度互动,提高其参与度,从而提高品牌知名度、用户黏性和转化率。

四、微营销的发展现状和前景

(一)微营销的发展现状

1. 社交媒体的普及

随着智能手机的普及和互联网的快速发展,社交媒体成为人们获取信息、交流和互动的主要渠道。微信、微博等平台拥有庞大的用户基础,为企业和个人提供了广阔的推广和营销机会。

2. 个人账号的崛起

在微营销中,个人账号扮演着重要的角色。通过内容创作和粉丝运营,个人账号可以积累一定的影响力和粉丝基础,成为品牌推广和产品销售的有效渠道。不少个人账号通过微营销实现了商业化运作,取得了可观的经济效益。

3. 品牌营销的转变

微营销使传统的品牌营销方式受到了挑战,并成为许多品牌宣传和推广的主要手段。通过微信公众号、微博账号等,品牌可以与用户进行直接互动,提供个性化的内容和服务,增强用户黏性和品牌认知度。

4. 小程序的崛起

小程序是微信生态系统中的一种应用形式,为企业提供了开展微营销的新途径。小程序可以直接在微信中使用,无须下载安装,用户使用便捷。许多企业利用小程序提供线上购物、服务预约、优惠券领取等功能,通过微信社交网络进行推广和营销。

5. 数据驱动的精细化运营

微营销通过社交媒体平台提供的数据分析工具,对用户行为和兴趣进行深入分析。企业可以根据数据进行精准营销,制订个性化的推广方案,提高广告投放的效果和转化率。

(二)微营销的前景

1. 市场规模的扩大

我国的互联网用户规模仍在不断增长,移动互联网的普及率也在提高。这为微营销提供了广阔的市场空间。预计未来几年,微营销市场规模将持续扩大。

2. 用户需求的变化

随着社交媒体的发展,用户对内容的需求也在不断变化。用户更加注重个性化和定制化的服务和推广内容。微营销通过提供个性化的内容和服务,满足了用户的需求,有望获得更多用户的关注和支持。

3. 技术的创新

随着科技的不断进步，微营销的技术和工具也在不断创新。例如，人工智能、大数据分析等技术的应用，为微营销提供了更加精准和高效的推广方式。未来，技术的创新将进一步推动微营销的发展。

4. 跨界合作的机会

微营销为企业和个人提供了跨界合作的机会。例如，品牌可以与明星、网红等进行合作，通过其影响力和粉丝基础实现产品推广和销售。跨界合作可以为微营销带来更多的曝光和增长空间。

5. 地域拓展的潜力

目前微营销主要集中在大城市和发达地区，但随着互联网的普及和进一步推进，地域拓展的潜力巨大。未来，微营销有望在更广泛的地域范围内发展，为中小企业和个体经济提供更多的机会。总而言之，微营销作为一种基于社交媒体平台的推广和营销方式，已经取得了显著的发展成果。随着移动互联网的普及和技术的创新，微营销的前景非常乐观。未来，微营销市场规模将进一步扩大，技术将不断创新，用户需求将不断变化，跨界合作的机会将增多，地域拓展的潜力巨大。企业和个人在微营销领域抓住机遇，积极创新和运营，将能够获得更大的商业成功和发展机会。

任务描述：在互联网上搜索近三年来某一企业开展微营销的成功案例，分析该企业开展微营销的方式方法，并尝试分析该模式能够成功的原因。

任务要求：能对互联网上的信息进行辨别和筛选，确保案例和相关信息的真实性和时效性。

第二节 微信营销

微信营销的火爆带动了越来越多的企业与个人参与其中，相较于其他的社交媒体，微信的特点和优势更为突出，那么利用微信开展营销活动是不是开通企业微信

账号就可以了？微信还有哪些营销模式可以帮助企业高效触达消费者呢？

一、微信营销的概念

微信是由腾讯公司于2011年推出的一款即时通信软件，它快速发展并成为中国最受欢迎的社交媒体平台之一。腾讯控股发布的2023年第二季度财报显示，截至2023年6月30日，微信及WeChat的合并月活跃账户数达13.27亿，在中国社交媒体市场中占据重要地位。

微信营销是指在微信平台上利用各种营销手段和策略，以推广产品或服务，增加品牌曝光度，吸引目标受众并提高销售业绩的一种营销方式。作为中国最大的社交媒体平台之一，微信拥有庞大的用户群体和多样的功能，为企业和品牌提供了广阔的营销机会。

二、微信营销的常见模式

（一）微信公众号

微信公众号是微信平台上最重要的营销工具之一。企业及品牌可以通过注册和管理微信公众号，向用户提供定制化的内容和服务，建立品牌形象，吸引粉丝并推广产品。通过发布图文、音频、视频等多样化的内容形式，微信公众号能够有效传播信息并与用户进行互动。

初识微信公众号营销

微信公众号分为服务号、订阅号、企业微信和小程序，如图4-1所示。

账号分类

服务号
给企业和组织提供更强大的业务服务与用户管理能力，帮助企业快速实现全新的公众号服务平台。

订阅号
为媒体和个人提供一种新的信息传播方式，构建与读者之间更好的沟通与管理模式。

小程序
一种新的开放能力，可以在微信内被便捷地获取和传播，同时具有出色的使用体验。

企业微信 原企业号
企业的专业办公管理工具。与微信一致的沟通体验，提供丰富免费的办公应用，并与微信消息、小程序、微信支付等互通，助力企业高效办公和管理。

图4-1 微信公众号分类

（1）服务号：偏向于服务交互（功能类似12315、114、银行，提供绑定信息，服务交互），每月可群发4条消息；订阅号不支持变更为服务号，同样，服务号也不可变更成订阅号。

（2）订阅号：偏向于为用户传达资讯（功能类似报纸、杂志，为用户提供新闻信息或娱乐趣事），每天可群发1条消息。

（3）企业微信：主要是企业管理内部员工时使用，如要关注，需要先录入成员的信息。

企业微信不仅具有强大的OA功能，而且在微信生态私域运营的整个过程中，都有各种强大的功能支持，以满足企业的需求。

（4）小程序：小程序是一种不需要下载安装即可使用的应用，它实现了应用"触手可及"的梦想，用户扫描二维码或搜一下即可打开应用，适合企业、政府、媒体、其他组织或个人开发者使用。企业和品牌可以利用微信小程序提供丰富的功能和服务，如电商购物、预约服务、在线支付等，为用户提供便捷的体验。微信小程序也可以通过场景化的推广和营销活动增加用户黏性，提高转化率。

在微信公众号申请标准上，同一个邮箱只能申请1个公众号；同一个手机号码可绑定5个公众号；同一身份证注册个人类型公众号数量上限为1个；同一企业、个体工商户、其他组织注册公众号数量上限为2个；同一政府、媒体类型可注册和认证50个公众号。

如果想利用微信公众号平台简单推送消息，做宣传推广服务，可选择订阅号；如果想利用微信公众号平台进行商品销售，可选择服务号，后续可认证再申请微信支付商户（订阅号只支持已认证媒体和政府申请微信支付）；如果只想用来管理企业内部员工、团队，不对外使用，可选择企业微信。

此外，考虑到开发成本的问题，订阅号凭借简单的申请流程以及特有的折叠模式，成为每个开展微信营销企业的必由之路。

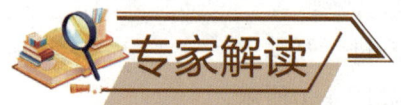

运营企业订阅号的技巧

有效运营企业订阅号的技巧有以下九点。

1. 利用好"阅读原文"

在订阅号中，有这样一个很容易被忽略的小技巧，即在"阅读原文"中可以插入超链接。将微信用户引导到有自己公司产品信息的网站上。

2. 设置关键词自动回复

由于订阅号每天都可以发送一条群发消息，长此以往，数据库里必然会积累大量信息，这就为订阅号的客服效率提升造成了困扰。

订阅号可以为自己发送的每条推送消息设置一个关键词，如文章目录的关键词是"目录"，微营销的关键词是"wyx"。这样，当用户发送问题时，就可以根据平时的关键词设置为用户迅速推送相关信息，提升客服的效率。

3. 进行二次开发

企业订阅号想要利用微信营销推广自己的企业或产品，就不能只立足于微信平台，必须对微信订阅号进行二次开发。订阅号可以将微信与企业网站结合起来，如用户发送"企业介绍"时，订阅号就可以将网站信息推送给用户。另外，企业也需要建立自己的CRM系统，从而对用户进行细致化的管理，为用户提供更具针对性的服务。

4. 图文消息不要超过三条

由于订阅号每天只能发送一次群发消息,有些企业就想要将更多的信息填充其中。但微信营销成功的一个关键在于内容的质量,高质量的内容才会被大量转发,从而给企业带来更多的流量。

因此,订阅号在消息中要控制图文信息,如果要推送的重要内容只有一项,那么就只发一条图文信息。另外,消息中的图片也不宜过多,图片在三张以内比较合适,而图片大小则要控制在50KB以下,以免打开图片的速度影响到用户的阅读体验。

5. 加强互动

订阅号面临的最尴尬的处境就是通过大量的前期宣传,在积累了一定的粉丝后,却又看着粉丝不断流失。其实,"掉粉"是很正常的现象。用户之所以取消关注,大多是因为订阅号无法提供有效的信息,成了单纯的广告平台。在每次发布消息时,订阅号必须明确沟通和推送的对象是谁,他们需要什么样的资讯和内容,这样才能用良好的互动留住粉丝。

6. 让用户主动关注

微信营销的一大难题就是如何吸引用户关注。而订阅号想要在短时间内快速积累大量用户,就必须依靠其他的辅助营销方式,如企业网站、微博、QQ空间和企业杂志等,用一切资源宣传自己的订阅号来赢得用户的关注。

7. 适度模仿

每个人最好的老师就是自己的竞争对手。要完善自己的微信营销策略,不妨多关注同行的订阅号,看看他们是怎么做的,挖掘他们营销策略的内涵,并基于自身的情况进行优化调整,使之服务于自己。

8. 善用数据统计

无论是怎样的营销方式,都离不开数据。通过对各种数据的收集、归纳、处理和总结,企业才能不断完善自己的营销策略,而微信营销同样如此。

微信中有数据统计功能,通过该功能,订阅号可以直观地看到自己的粉丝量、新关注量和"掉粉"量等数据;通过查看用户属性功能,订阅号可以了解粉丝的一些基本信息,包括性别和地区等;通过图文分析功能,订阅号可以了解每次信息推送的情况,如送达人数、阅读人数和分享转发人数等。

9. 分组管理

订阅号下通常有大量的粉丝,而这些粉丝各有不同,订阅号要根据企业、产品的特性,对粉丝进行相应的分组管理,从而为之推送不同的消息,让用户感受到个性化服务的特权。

微信营销立足于微信平台,这种营销方式的本质也如微信一般,在于社交性的互动,通过传递价值来维护老客户、开发新客户。如果订阅号只是把微信当作宣传工具,每天定点发送广告，那么微信营销就失去了其意义，最终只会在不断"掉粉"中退出企业的营销战略。

（二）朋友圈广告

朋友圈广告是微信平台上的一种广告形式，它通过在用户朋友圈中展示广告内容，实现品牌曝光和用户引流。

朋友圈广告具有精准的投放和定位功能，企业和品牌可以根据用户的地理位置、兴趣偏好等信息进行定向投放，提高广告的点击率和转化率。

（三）微信支付

微信支付是微信平台上的一种在线支付工具，用户可以通过微信支付进行线上线下的消费。企业和品牌可以在微信支付中集成自己的支付功能，提供便捷的支付方式，促进用户购买行为的形成，从而提高销售额。

（四）数据分析和用户洞察

微信平台提供了丰富的数据分析工具和功能，企业和品牌可以通过数据分析了解用户的行为习惯、兴趣偏好等信息，以便更好地进行营销活动和策略制定。通过深入了解用户需求和行为，企业和品牌可以实现精准营销和个性化推荐。

三、微信公众号的营销优势

（一）实现精准化营销

微信公众号营销的最大优势是可以瞄准用户的真正需求，所有的消息推送、产品宣传和销售都按照用户的需求进行，以此来精准获取用户，实现精准化营销。传统的营销方式，如报纸、杂志、广播、电视等，都是"撒网式"宣传，只负责发布信息，对于能被多少人看到、被多少人接受则不会有太多的关注。即使是互联网时代比较流行的搜索引擎营销等，也多是单方面的信息传递，企业主动向用户传递信息，而用户只能被动接收企业推送的信息，无法根据自己的需求更好地接收信息，更无法实现消费。很多营销方式在获取用户的能力上是不定时、不定量的，既无法保证数量，又无法保证质量。如果一个企业在营销活动中无法引导用户，那么它所做的一切可能都是无用功。

微信公众号的运营者可以通过后台的管理功能对用户进行数据分析，分析用户的增长情况和用户属性，以此来调整自己的运营策略，不断进行改进和修正，使内容更符合微信公众号的定位、更有针对性、更符合用户的选择和需求，这样其营销活动会开展得更容易。

（二）承载海量信息

微信公众号可以承载大量的、类型多样的信息。虽然系统对微信公众号信息的群发数量有严格的限制，但这丝毫不会弱化用户的阅读需求，而微信公众号的信息是不断累积的，在运营者不删除信息的条件下不会因为时间的推移而消失。例如，一位新用户在2023年关注了一个早在 2018 年就开通的微信公众号，他只需要通过查看历史消息，就可以阅读该微信公众号自 2018 年以来发布的所有信息。

微信公众号的素材形式多样，包括文字、图片、视频、音频等，再加上相互之间的自由组合，运营者可以通过更丰富、更多样化的形式向用户展示信息。

（三）推广形式多元化

微信公众号可以将线上和线下、PC 端和移动端很好地结合起来，大大拓展了营销渠道。营销渠道的拓展使推广形式越来越多样化。微信公众号的推广形式主要有以下几种。

1. 促销活动

促销活动是微信公众号营销的重要表现形式，是吸引用户参与、促成交易的重要手段，有抽奖、赠礼、打折和免单等形式。这些促销活动除了可以吸引用户参与外，还可以提高用户对企业的关注度，为以后的营销活动奠定更加牢固的基础。

2. 投票活动

投票活动是指用户在企业微信公众号设定好的页面进行投票，票数最多者即可获得一定奖励。为了获得奖励，用户会主动为自己拉票，让朋友、同事、亲友和其他微信好友为自己投票，这就在无形中帮助企业进行了推广宣传。

3. 扫描二维码

用户只要扫描二维码并成功关注微信公众号，就可以享受一定的优惠，或者得到赠品。用户对于这种推广形式的接受度较高，因为行动成本很低。对于大多数用户来说，只要企业可以提供适合自己的商品，他们一般都会尝试关注其官方微信公众号。

（四）降低营销成本

对于企业来说，运营微信公众号的成本与经营线下实体店相比要低得多。微信公众号相当于一个简易版的 App 或微网站，微信已经把底层构架与功能设计好，企业一般直接使用即可，所使用的各种功能也不用付费，只要注册一个微信公众号，企业就可以在微信平台上与特定用户群体沟通，而且开展微信公众号营销活动的成本也较低。

（五）与用户的互动更有效

微信是一个社交平台，所以微信公众号的运营要注重互动。良好的互动能不断吸引新用户加入并留住老用户。很多运营者喜欢使用微信公众号的自动回复功能，这是微信公众号平台的一个优势，只要通过后台设置，系统就可以根据用户互动时发送的关键词进行有针对性的回复。但是，自动回复功能也有无法解决的问题，而且类似于机器人回复，会让用户在心理上产生抵触，因此运营者要多采用人工回复的方式进行互动，这样的互动才可以使用户的体验变得更好。

运营者在采用人工回复的方式时，要注意以下几点。

（1）精选互动内容和互动方式，给用户独特的体验，力争做到互动内容和互动方式有差异，深入用户内心，满足用户的实际需求。

（2）把握互动时机，最好每天发一次消息。但运营者要把握分寸，对于发布的内容要严格把关，不能为了完成每天群发一次消息的任务而随意发布内容，这样会使企业的官方账号丧失权威性。

（3）掌握互动频率。不要把微信公众号当作群发内容的管理器，也不要在群发消息时一次推送过多内容，这样只会适得其反，内容的打开率会非常低。

（4）提示分享、转发、收藏。在一篇文章中做一个页脚，引导用户点击该页脚，然后将文章分享到朋友圈。这种文章的发送频率最好控制在一周一篇。

（5）充分利用评论功能与用户互动，以增强用户黏性。

四、微信公众号的基本设置

在正式运营微信公众号前，进行微信公众号的基本设置是一个非常重要的步骤，在名称、头像、欢迎语、自动回复、菜单栏等方面进行精妙的设计是微信公众号吸引用户关注的重要条件。

（一）名称

用户在微信中搜索微信公众号时，一个好的微信公众号名称可以给用户留下深刻的印象，这是企业在正式运营微信公众号之前获取用户关注的一个有效途径。一个好的微信公众号名称可以快速"圈住"目标用户群体，因此在设置时即使没有直接体现目标用户群体，也要体现比较适合哪类群体关注。如果一个新微信公众号设置了一个高搜索率的名称，无异于获得了非常有价值的推广资源，可以极大地降低推广成本。

微信公众号的名称设置方式有：展示企业或产品名称，展现功能和服务，展现区域特征，表明行业内容，冠以"百科"字眼，利用修辞手法，展现令人惊奇的内容。企业、机构或个人在为微信公众号设置名称时，可以任意选取其中一种方式或综合使用其中几种方式。

在设置名称时，运营者要规避以下几个方面的问题。

（1）如果企业自身还没有形成品牌知名度，不应使用生僻词汇，而应使用常见的、搜索率高的词汇，以增强微信公众号的宣传效果。

（2）微信公众号的词汇选取的范围不要太大、过于宽泛，而应在行业、功能等宽泛的词汇前加上地域名称、企业、产品、特征等能具体体现账号运营内容的词汇。一般来说，名称中的词汇越宽泛、重复性越高，微信公众号面临的竞争也会越大。在一些热门领域中，选择在细分领域中深耕反而能另辟蹊径，吸引更精准、更优质的用户。

（3）不要刻意为了追求新奇而选取一些不能被用户所理解和认同的词汇，微信公众号名称要符合道德规范、风俗习惯和文化标准。

（二）头像

微信公众号的头像是体现企业、机构和个人等账号主体特征、功能的重要标志之一，代表了微信公众号的个性和风格，展现了微信公众号的品牌形象，同时方便用户对微信公众号进行认知和识别。一个优秀、吸引眼球的头像可以给用户带来视觉上的冲击，获得文字描述所不能实现的效果。微信公众号的头像主要有以下几种。

（1）品牌Logo。适合于拥有品牌的企业或个人。

（2）个人头像。如很多自媒体人、名人常用的头像。

（3）文字。如设计精美的中文、中英文组合或文字与Logo组合。

（4）卡通形象。很多自媒体人、创意公司、行业名人会为自己设计一个专属的卡通头像，这样的头像具有极高的辨识度。

一个好的头像应具备的特点：清晰、辨识度高，适合微信公众号平台，符合微信公众号主打的风格和主题。

（三）欢迎语

在微信公众号平台上，欢迎语是指用户首次关注微信公众号时系统自动回复的一段文字，是运营者通过微信公众号后台的自动回复功能设置的，属于被关注回复。欢迎语是用户关注微信公众号后给其留下第一印象的内容，因此运营者设置一段别出心裁的欢迎语，可以有效地提高用户对微信公众号的好感度，从而增强用户黏性。欢迎语一般要符合以下要求。

（1）体现热情和重视用户的态度。选择关注微信公众号的用户一般对该微信公众号提供的信息和服务有一定的兴趣，所以当他们点击关注以后，运营者要在欢迎语中体现热情和重视用户的态度，让用户充分感受到被尊重和受欢迎，这样会增加用户对公众号的好感，最终促进用户进一步阅读文章。

（2）做行动提示。用户在关注微信公众号后，首先要做的可能是了解更多有关微信公众号和与遇到的问题有关的内容，所以运营者要在欢迎语中进一步引导用户接下来要如何做，帮助用户更快地了解微信公众号。

（3）设置相关链接。运营者要在欢迎语中设置常见问题解决办法的相关链接，积极帮助用户解决遇到的问题。

（四）自动回复

自动回复除了被关注回复外，还有关键词回复和收到消息回复。

（1）关键词回复。关键词回复是一种在一定规则内限定关键词的自动回复功能，只有当用户发送的信息包含运营者设定的关键词时，系统才能产生回复。关键词回复必须遵守以下规则：设置规则的数量上限为200条，每条规则的名称不可超出60个汉字，每条规则内的关键词不能超过10个，每条关键词不能超过30个汉字，每条规则的回复不能超过5条，每条回复不可超过300个汉字。

（2）收到消息回复。收到消息回复是一项能对用户发出的信息进行自动回应的功能设置，其表现形式往往包括文字、语音、图片等。通过设置这项功能，运营者可以即时回应用户，从而增加用户与微信公众号的互动。

（五）菜单栏

微信公众号拥有设置自定义菜单的功能，运营者在微信公众号后台左侧的"功能"选区中，单击"自定义菜单"按钮，即可在右侧区域查看并编辑微信公众号的自定义菜单，如图4-2所示。运营者可以根据需要设置自定义菜单、拟定菜单名称，并设置相应的响应动作，即设置用户通过点击菜单按钮收到的系统反馈，包括发送消息、跳转网页或小程序。

公众号注册和框架搭建

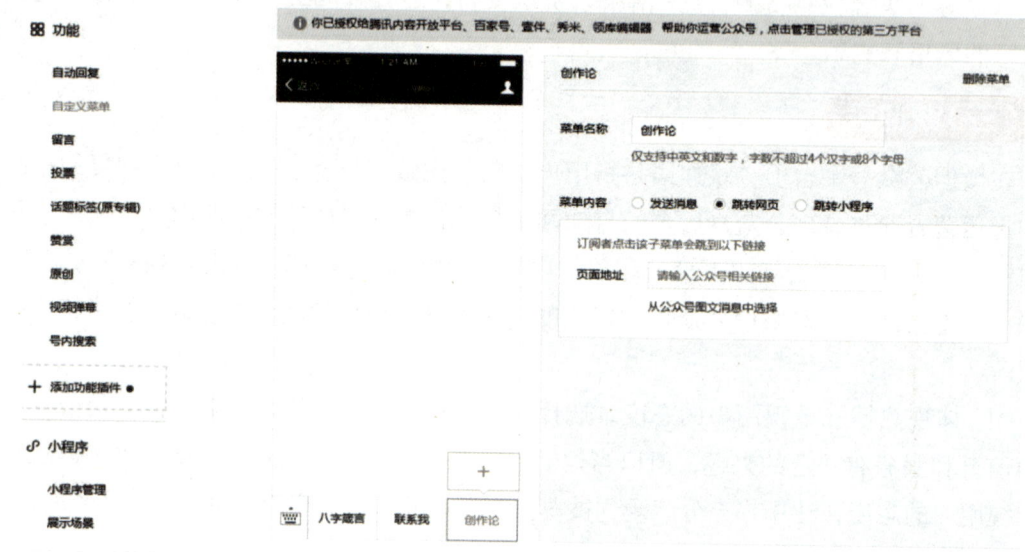

图4-2　微信公众号菜单栏

五、微信营销策略

（一）线下活动增加交流

组织线下活动意在打造企业形象，扩大品牌影响力，并推广企业新研发的产品，加强企业与客户的联系，而这一切都是在扩大本企业的知名度。很多企业将线下活动当成另一个"战场"，把线上交流和线下活动结合起来，对巩固活动效果有很大的作用。

公众号运营策略

线下活动分为很多种，如把企业近期的重要活动"呈现"在用户眼前，介绍新产品或通过活动将试用装分发出去，通过线下活动组织客户交流分享会和答谢会，举办企业所处领域的论坛或是聚会，举行企业或是部门的各类庆典、企业年会或是大型活动等。虽然组织方式一样，但商家可以通过不同形式来呈现。值得一提的是，越新颖的活动越受到大家的欢迎，如举办座谈会和联欢会等。活动形式多样化是吸引客户参加的重要因素，有些人注重内容，有些人乐于享受活动带来的感觉，有些人比较随意……在活动经费允许的情况下，也可以考虑请名人到场，以活跃活动的气氛。

可以将线下活动看成线上活动的延伸,将其分成不同类别进行。例如,新浪微博将线下活动分为同城、线上和有奖活动三大类,其中同城活动指有具体时间和地点的"聚会",可以组织很多人参加,让大家有面对面交流的机会。

除了谈话交流,组织者还需要在活动现场准备一些小礼品和试用装,也可以设计抽奖活动,这些对于参与者来说,都是具有极大吸引力的。

(二)粉丝运营和互动

建立和维护粉丝关系是微信营销的重要策略之一。企业和品牌可以通过定期发布有价值的内容、回复用户留言和评论等方式,与粉丝进行互动和沟通,提高粉丝的参与度和忠诚度。

(三)优惠活动和促销

微信平台提供了丰富的促销和营销活动工具,如折扣券、红包、限时特价等。通过在微信上进行优惠活动和促销,企业和品牌可以吸引用户的关注并提高购买转化率。

(四)KOL合作和影响力营销

在微信平台上与有影响力的KOL进行合作是一种常见的微信营销策略。通过与KOL合作,企业和品牌可以借助其影响力和粉丝基础,提高品牌曝光度和影响力。

(五)地理位置营销

利用顾客所处的位置点做精准营销。精准营销是建立在精准定位的基础上的,也就是现在流行的GPS定位和客户定位。同时,精准营销依托现代信息技术手段来建立个性化的顾客沟通服务体系。

微信平台提供了地理位置定位和基于位置服务(Location Based Services,LBS)功能,企业和品牌可以根据用户的地理位置信息进行精准的推送和营销活动。例如,通过向用户发送附近商家的优惠信息和推广活动,提高用户到店消费的可能性。

(六)社群运营和UGC内容

微信平台上的社群运营是一种有效的营销策略。企业和品牌可以建立自己的社群群组,与用户进行交流和互动。UGC也是微信营销的重要组成部分,通过鼓励用户分享和参与UGC内容创作,企业和品牌可以提高用户参与度和品牌传播力。

六、微信营销的发展现状和前景

(一)激烈的竞争环境

微信作为中国最大的社交媒体平台之一,也面临着激烈的竞争。企业和品牌需要在众多的微信公众号和推文中脱颖而出,为用户提供有价值的内容和服务,从而吸引用户的关注和参与。

（二）隐私和安全问题

随着个人信息保护意识的提高，用户对于个人隐私和数据安全的关注度也日益提高。企业和品牌在进行微信营销时，需要妥善处理用户的个人信息，并确保数据安全和合规。

（三）技术和创新需求

随着微信平台不断更新和升级，企业和品牌也需要紧跟技术和创新的发展，利用新功能和工具进行营销活动，同时投入足够的人力和资源进行技术研发和创新。

微信营销在我国市场上有着广阔的前景。随着智能手机普及率的提高和移动支付的发展，微信已经成为人们日常生活和消费中重要的一环。企业和品牌如果善于利用微信平台的优势，结合精准的营销策略和创新内容与形式，必将能够获得更多的用户关注和市场份额。

洋河的微信营销策略分析

在酒类行业，洋河是勇做第一个吃螃蟹的企业，在微信营销上其也同样先人一步：入驻微信，开创了中国酒业第一家掌上购酒平台；向新媒体迈出重要的一步，大胆创新，创建了行业最大的粉丝社群；成为微信朋友圈广告的第一家酒企，并且成为腾讯官方微信公开课上的经典案例。

继宝马中国、vivo和可口可乐首批朋友圈广告上线后，洋河微分子成为第一个出现在朋友圈的酒类品牌。网络传播方面的专业人士认为，在微信朋友圈投放广告，一方面可以宣传、展示企业形象，另一方面也是对企业能力、实力的展示。另外，微信朋友圈因为其极高的关注度，很容易形成社会性的热点话题，并引发二三次传播。所以，洋河此举不仅能率先在数十亿微信用户中传播新产品，还获得了一举多得的效果。

在粉丝平台的搭建上，洋河还有一个秘密武器，那就是微信服务号"洋河1号"。这是目前中国酒业粉丝规模最大的微信服务号。通过这个平台，粉丝能够更方便地买到酒。订单生成后，洋河将订单直接交给距离粉丝最近的"洋河1号快递哥"，实现上门配送，30分钟内完成配送服务。

资料来源：任文青.BC一体化案例：洋河如何让90%＋门店，80%＋消费者完成手机扫码.新浪财经头条，2021-12-27.有改动

任务描述：开通个人微信公众号，完成账号定位、菜单设置和关键词回复，并发布一篇文章。

任务要求：能根据实际情况选择开通订阅号或服务号，能够根据账号定位发布内容垂直的文字，并在发布之后观察公众号后台数据。

第三节 微博营销

在推特引爆微博这一概念后，微博在中国获得了爆炸式的发展，成为中国互联网最耀眼的明星。与此同时，中国企业也进入了微博营销时代，一些有远见的企业已经意识到并利用微博推动着它们的事业。那么微博营销如何助推企业实现营销目标呢？

一、初识微博营销

微博是一个基于用户关系的信息获取、分享以及传播的平台，允许用户通过Web、Wap、Mail、App、IM、SMS以及各种客户端，以简短的文本更新和发布消息。随着网络的发展，这些消息可以被很多种方式传送，也可以发布多媒体内容，如图片、影音和出版物等，字数通常限制在140个字以内。

虽然2016年11月14日微博取消此限制，但最初的140个字的限制将普通人和各行业大佬拉到了同一水平线上，这一点导致大量原创内容爆发性地被生产出来。微博的出现具有划时代的意义，标志着个人互联网时代的真正到来。

据新浪微博2023年第一季度财报，2023年3月微博月活跃用户为5.93亿，同比净增约1 100万用户。移动端用户占月活跃用户数的95%，平均日活跃用户数为2.55亿，同比净增约300万。净收入为4.138亿美元，广告及营销收入为3.553亿美元，增值服务收入为5 850万美元，同比增长2%，经营利润为9 650万美元，经营利润率为23%。这些数据表明，微博在中国社交媒体市场中具有较高的用户规模、用户活跃度和盈利能力。作为重要的社交媒体平台，微博用户的每一次互动行为背后都潜藏着有待挖掘的商业价值，而各类"刷屏"事件也彰显着微博强大的热点聚合能力。因此，通过微博营销接触用户，已经成为企业或品牌商的常见做法。

微博是用来沟通的，一个人说，其他人听，然后彼此反复讨论。微博的出现使信息的书写、人际信息的传播更加及时，使人们能够更方便地表达自己，更方便地获取信息，这

打破了以往媒体更新的时间、地域限制，因此微博被称为"永不落幕的新闻发布会"。在微博上，每个人都是新闻记者，每个人都可以"现场直播"。

微博营销是指通过微博平台为商家、个人等创造价值而执行的一种营销方式，也指商家或个人通过微博平台发现并满足用户的各类需求的商业行为方式。微博营销以微博作为营销平台，每一个听众（粉丝）都是潜在的营销对象，企业利用更新自己的微博向网友传播企业信息、产品信息，树立良好的企业形象和产品形象。每天更新内容就可以跟大家交流互动，或者发布大家感兴趣的话题，以达到营销的目的，这样的方式就是互联网新推出的微博营销。该营销方式注重价值的传递、内容的互动、系统的布局、准确的定位，微博的火热发展也使得其营销效果尤为显著。

微博营销涉及的范围包括认证、有效粉丝、朋友、话题、名博、开放平台、整体运营等。

二、微博营销的特点

微营销成为营销创新的主要趋势，微博就是其中一个性能优异的营销平台。由于使用方便快捷、进入门槛低、应用丰富多彩、能够快速获得信息并与他人交流，微博聚集了巨大的人气，成为移动互联网社交网络的主流。在网络营销时代，微博凭借其巨大的商业价值属性成为企业重要的网络营销推广工具。微博营销的特点主要体现在以下几个方面。

（一）立体化

微博营销可以借助先进的多媒体技术手段，从文字、图片、视频等展现形式对产品进行描述，从而使潜在消费者更形象、更直接地接收信息。

（二）便捷性

微博营销优于传统的广告行业，发布信息的主体无须经过繁杂的行政审批，从而节约了大量的时间和成本。

（三）高速度

微博营销最显著的特征之一就是传播迅速。一条关注度较高的微博在互联网及与之关联的手机平台上发出后，短时间内通过互动性转发就可以抵达微博世界的每一个角落，达到短时间内拥有最多的目击人数。

（四）广泛性

微博营销通过粉丝关注的形式进行病毒式的传播，影响面非常广泛。同时，名人效应能够使事件的传播量呈几何级放大。

三、微博营销的步骤

随着微博的发展，微博营销成为企业常用的营销方式之一。在竞争日益激烈的微博营销中，如何实施微博营销才能成功？下面介绍微博营销的三个主要步骤。

（一）沟通

微博营销的第一步是沟通。在沟通中找出目标受众、确定品牌观念、诠释产品差异、建立核心话题、确立目标指标，如图4-3所示。

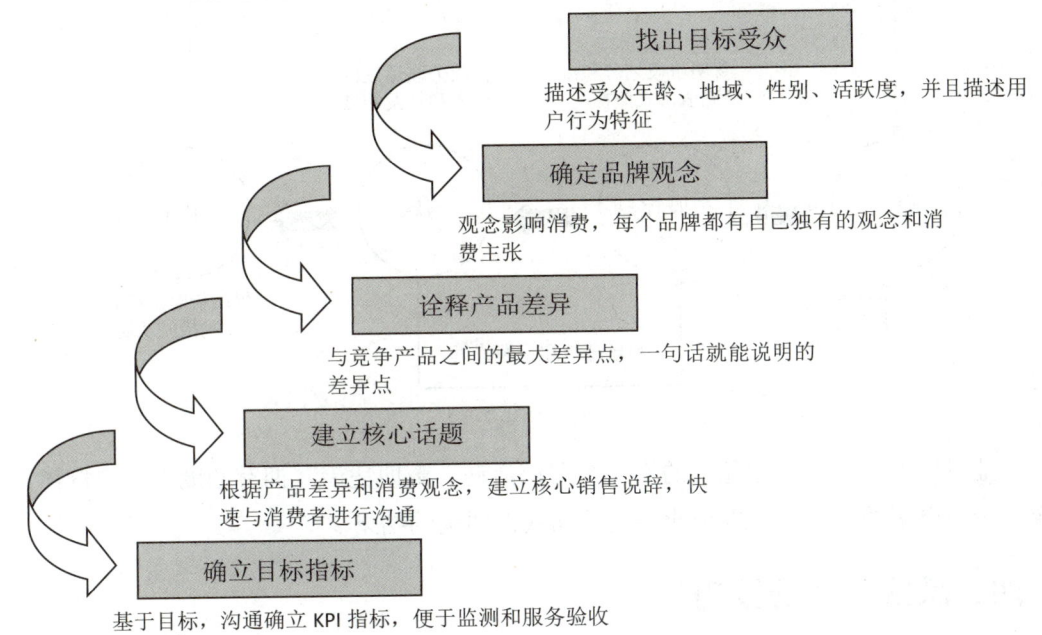

图 4-3　微博营销第一步——沟通

（二）准备

微博营销的第二步是准备。目前大部分微博营销主要以微博活动为主，要做好微博营销活动，有六项准备工作是必须做的，如图4-4所示。

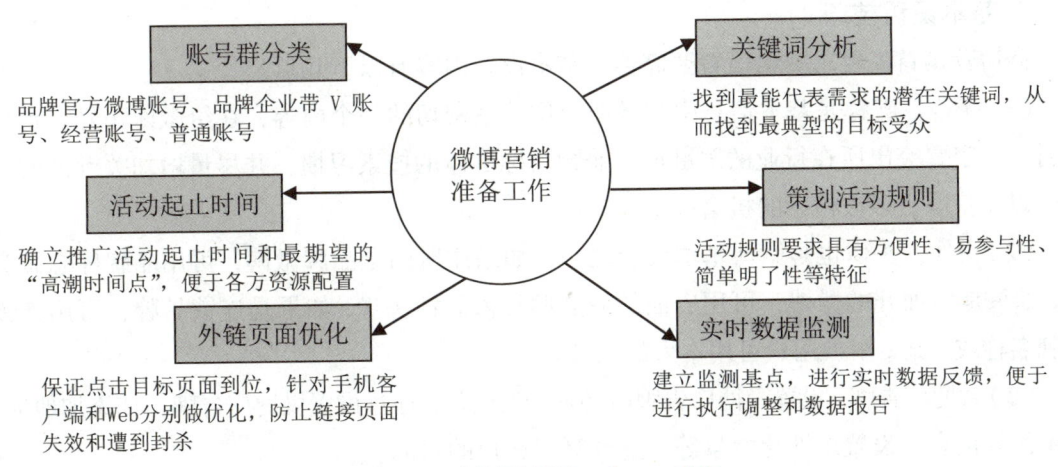

图 4-4　微博营销第二步——准备

（三）实施

微博营销的第三步是实施。当做好微博营销的准备工作后，便可开始实施微博营销活动，其过程如图 4-5 所示。

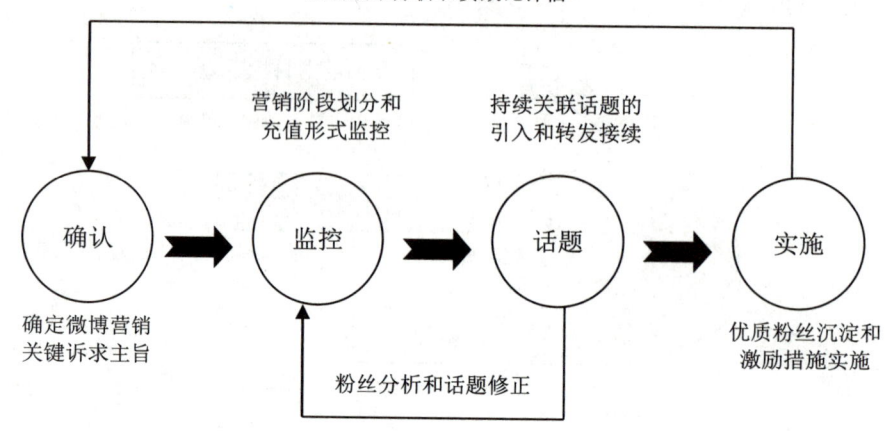

图 4-5　微博营销第三步——实施

企业可以在微博平台做免费的推广与促销活动。微博凭借其拥有的庞大用户群体，能为企业带来更多的用户，促进企业促销活动获得圆满的结果。

四、微博营销的技巧

微博营销有成本低、贴近消费者、传播快等传统营销方式不具备的优势，但微博营销是把双刃剑，如果利用不善，也会伤及企业自身，最终导致企业受损。因此，微博营销特有的技巧和思路是企业必须了解并灵活运用的。

（一）基础运营技巧

1. 基本设置技巧

微博营销首先要求资料设置要完善。基本设置内容有以下几点。

（1）昵称。昵称是基本信息中和微博定位关系密切的一个内容，在给微博账号设置昵称时，一定要突出所在行业的关键词，兼顾目标群体的搜索习惯，并尽量增加关键词的密度，以便获取更多被检索的机会。

（2）头像。头像也是微博基本设置之一，如果注册的是品牌微博，可用品牌标志做头像；如果是店面开的微博，可用店面的商品照片做微博头像；如果是连锁品牌，可用连锁品牌名称或标志；个人用户可用本人的头像。

（3）微博广告牌。设置微博广告牌前必须开通会员。通过设置微博广告牌，如添加地址、二维码等信息，设置个性化背景等，达到吸引客户的目的。

（4）个人微博要完善基本资料。在个人微博的基本信息中，个人标签、个人介绍、头像等内容一定要填写完善，工作信息、职业信息也要完善，这样用户才能根据其中的关键词搜索到个人，以增加用户的信任感。

（5）简介。填写简介时要考虑搜索概率。需要注意的是，词语之间要用空格隔开，不要用任何标点符号，可在简介最后添加联系方式。

2. 推广内容技巧

微博营销内容的推广技巧如下。

（1）坚持原创内容建设，设定适合的转发热门内容的比例。

（2）内容要贴近生活和现实，比如一些新闻热点、事件；热门排行话题内容更受用户关注，可以适当转发和参与。

（3）图文并茂的内容更受欢迎；在图片上添加企业水印，有利于微博进行推广。

（4）适当利用热搜时光机可以降低工作量、增加发布频率、提升微博活跃度。

（5）重视突发事件的直播报道和现场直播，更容易受到网友关注。

3. 标签设置技巧

微博个人标签的作用不仅是让用户搜索时能快速找到账号，还能够增加账号在搜索结果中排名靠前的概率。个人标签设定的匹配度越高，被用户搜索并曝光的概率就越高。

4. 提高粉丝传播技巧

微博营销是一种基于信任的用户自主传播营销手段。企业在发布微博营销信息时，只有取得用户的信任，用户才可能帮企业转发、评论信息，使信息产生较大的传播效果与营销效果。微博营销提高粉丝传播技巧的内容如下。

（1）坚持原创内容建设，吸引有相同兴趣的人的关注。

（2）勤更新，循序渐进，耐心经营，持之以恒。

（3）积极向知名微博投稿，推荐自己；利用微博积极推广自己，寻求活跃粉丝支持和关注。

（4）多和粉丝以及其他博主互动，积极参与转发、回复、评论。

（5）多搞活动，吸引粉丝加入，提升微博传播力，并在实践中不断提升自己的话题策划能力。

5. 品牌营销技巧

微博为企业提供了一个服务平台。在微博平台，企业可以对用户进行实时跟踪，从而快速了解用户对企业产品或服务所发出的质疑或请求帮助等信息。企业还可以利用微博服务平台快速解决用户的问题，有效提高客户的满意度，并实现品牌忠诚度的累积。

很多微博都开发了品牌频道，以帮助企业进行品牌营销。企业对微博的关注反映了新社会化媒体在"消费者对品牌进行公开讨论"方面的力量，对品牌的真正话语权已经转移到消费者手中，这是技术发展使然。

6. 互动营销技巧

进行微博营销，最主要的一点就是要主动与用户进行互动。当用户点评了企业微博后，运营者就可以和他们进行对话，还可以主动创办一些活动，邀请用户参与，这样才会挖掘出潜在客户。

例如，抽奖活动或者促销活动，都能吸引用户的眼球，使企业达到比较不错的营销效果。企业的抽奖活动可以规定，只要用户按一定格式对营销信息进行转发和评论，就有中奖的机会（奖品要迎合用户需求，才能充分调动用户的互动积极性）。如果是促销活动，就一定要有足够大的折扣和优惠，这样才能够引发用户的病毒式传播。

7. 话题营销技巧

微博话题营销是一个用自己运营的品牌微博与当天热门话题发生关系的过程，微博运营者希望借势营销。用户的眼睛看到哪里，价值便在哪里。所以不管是线下、线上，还是在门户网站，论坛中的热门话题都备受关注。

总而言之，"话题"是微博话题营销的核心和灵魂。企业只有选择准确的话题，并结合品牌和产品的实际情况进行把握、提炼和升华，才能取得话题营销的成功。

（二）数据分析

微博数据分析包括微博基本数据分析、微博粉丝数据分析、微博博文数据分析、微博互动数据分析、微博相关账号分析、微博文章数据分析、微博视频数据分析等。

微博账号主页的管理中心提供了丰富的数据分析模块，有些数据分析模块需要运营者付费查看，但大部分模块为运营者提供了免费试用期，便于运营者分析微博数据的基本情况。运营者进入个人微博主页，单击"管理中心—数据助手—数据概览"，就可以对微博基本数据进行整体分析。微博基本数据分析指标见表4-1。

表 4-1 微博基本数据分析指标

微博基本数据分析指标	说明
昨日关键指标	在昨日关键指标中，运营者需要留意净增粉丝数、阅读数、转评赞数、发博数、文章发布数、文章阅读数、视频发布数、视频播放量等
粉丝变化数据	粉丝变化数据主要有净增粉丝数、新增粉丝数、减少粉丝数(包含主动取消对账号关注的粉丝数和账号主动移除的粉丝数)
博文数据	博文数据主要有微博阅读数、转评赞数、点击数
我发布的内容数据	我发布的内容数据包括发博数、发出评论数、原创微博数
视频数据	视频数据包括视频发布数、播放量和视频转评赞数
文章数据	文章数据包括文章发布数(账号发出头条文章的篇数)、文章阅读数、文章转评赞数

微博粉丝数据分析主要包括粉丝趋势分析、近7日粉丝活跃分布、近7日取关粉丝列表、粉丝来源、粉丝类型、粉丝性别和年龄、粉丝地区分布、关注我的人的粉丝量级、粉丝兴趣标签等。运营者可以对这些数据进行详细分析，以提高运营效率。

1. 粉丝趋势分析

粉丝趋势分析包括粉丝总数、粉丝净增数、当前粉丝数、粉丝增加总数、粉丝减少总数、粉丝净增总数、主动取关粉丝总数和平均粉丝增长率。其中，平均粉丝增长率用公式表示如下：

平均粉丝增长率=（当天粉丝总数—前一日粉丝总数）÷前一日粉丝总数×100%

运营者可以选择任意两个指标进行数据分析。通过数据趋势分析（图4-6），运营者可以快速掌握粉丝增长和减少的情况，从而对当天内容进行细致分析，找出数据变化的原因。

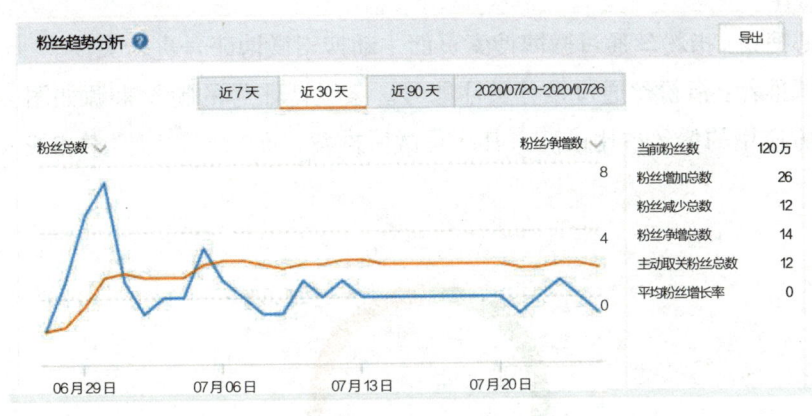

图4-6　数据趋势分析

2.近7日粉丝活跃分布

近7日粉丝活跃分布可用于查看账号的粉丝在最近7日内，在哪天的什么时间段活跃度比较高，分析粉丝的活跃行为，从而选择合适的营销时间。某账号的粉丝活跃分布如图4-7所示，可以看出其活跃粉丝集中在12时到23时之间，尤其在22时，活跃粉丝数达到最高峰。因此，运营者应尽量在接近22时时发布微博。

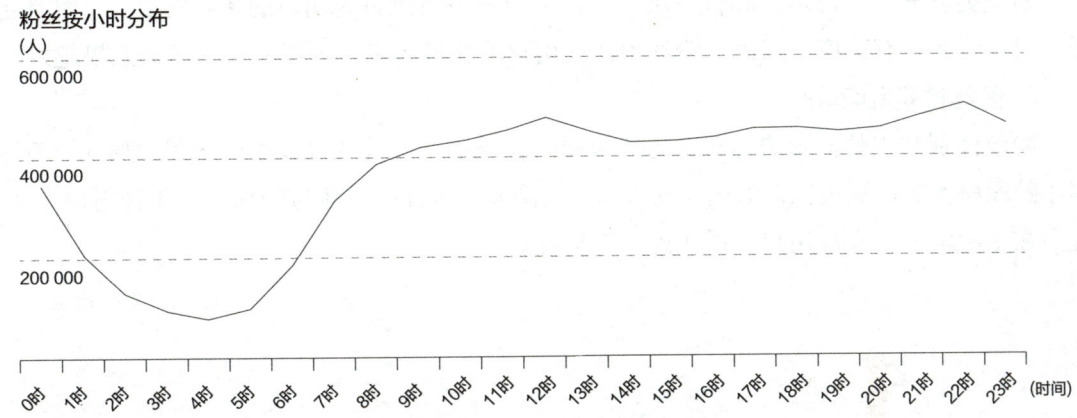

图4-7　某账号的粉丝活跃分布

3.近7日取关粉丝列表

在这一模块中，运营者可以对近7日内取消关注的粉丝进行统计分析，查看取消关注的粉丝的信息，包括取消关注时间、最近关注时长和粉丝数。运营者可以根据粉丝取消关注的时间研究当天的内容是否引起粉丝的反感，或者去取消关注的粉丝的微博主页查看其兴趣范围，并对微博内容进行适当调整，以避免同类粉丝的流失。

4.粉丝来源

通过了解粉丝来源，运营者可以分析粉丝主要通过哪些渠道关注自己的账号，从而优化来源比例低的渠道。粉丝来源主要包括找人、第三方应用、微博搜索、微博推荐。

（1）找人：指粉丝通过微博App发现页的"找人"频道关注账号。

（2）第三方应用：指粉丝通过第三方应用关注账号，如通过简书、今日头条等渠道关注账号。

（3）微博搜索：指粉丝通过微博搜索页面主动搜索微博账号进行关注。

（4）微博推荐：指粉丝通过推荐关注账号。某微博账号的粉丝来源如图4-8所示，其中来自第三方应用的粉丝占比最高，其次是微博推荐，而来自微博搜索和找人的粉丝数量为0。

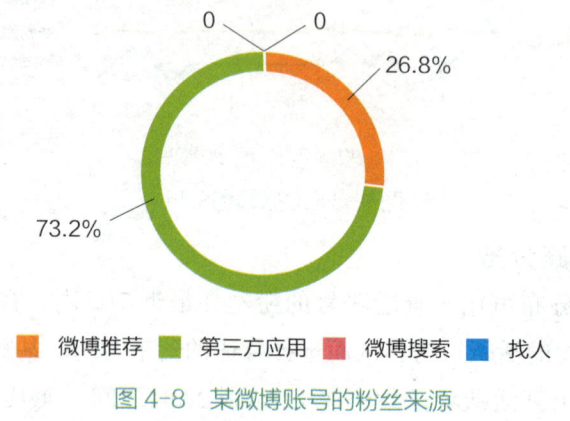

图 4-8　某微博账号的粉丝来源

5. 粉丝类型

粉丝类型分为认证用户和普通用户。认证用户一般比普通用户的活跃度更高、黏性更强，对运营者更有价值。因此，粉丝中认证用户的比例越高，说明账号的运营效果越好。

6. 粉丝性别和年龄

粉丝性别和年龄会影响运营者的选题和内容风格，运营者可以用柱状图的形式查看不同年龄段粉丝的性别占比，如图4-9所示。由图4-9可知，该账号的粉丝以年轻用户为主，集中在18~24岁，女性用户的占比远高于男性。

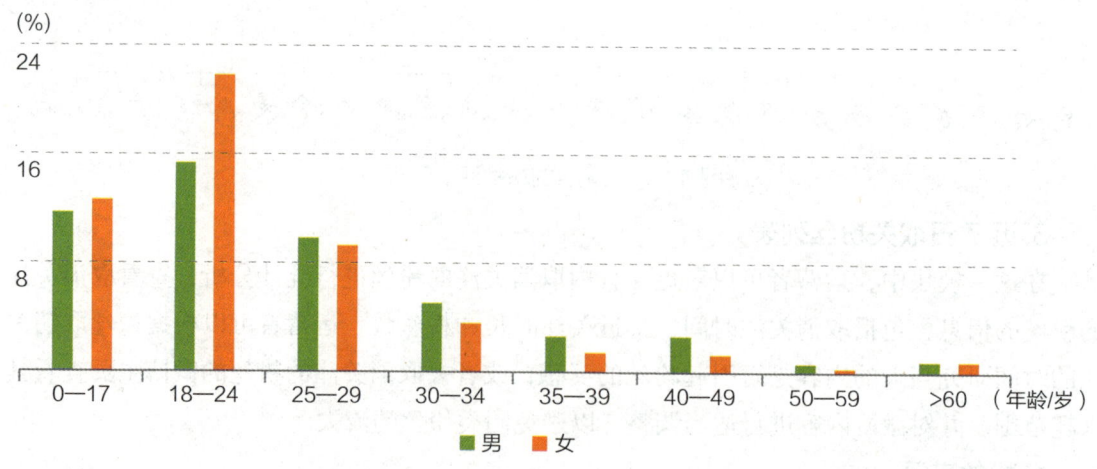

图 4-9　某账号粉丝性别和年龄占比

7.粉丝地区分布

运营者可以通过"粉丝地区分布"模块查看粉丝来自哪些地区,这更有利于运营者策划线下活动,并规划运营内容。

8.关注我的人的粉丝量级

"关注我的人的粉丝量级"模块可以展示粉丝数分布在哪个数量区间,可以帮助运营者更好地了解粉丝的质量。

9.粉丝兴趣标签

"粉丝兴趣标签"模块可以帮助运营者洞察粉丝的社交偏好和兴趣爱好,根据粉丝的关注、浏览、评论、转发、搜索等行为,通过数据挖掘算法判断粉丝的兴趣,进而根据粉丝的兴趣提供合适的内容,以增强粉丝黏性。

(三)微博数据分析

微博数据分析包括微博阅读趋势,微博转发、评论、点赞数,微博阅读人数,单条微博分析。

1.微博阅读趋势

微博阅读趋势包括两个数据指标:阅读数和发博数。阅读数展示近7天、近30天、近90天或选定时间段内发布的微博的被阅读次数,一条微博可以被同一用户阅读多次。发博数是账号发布微博的条数。微博阅读趋势以折线图展示阅读数和发博数,如图4-10所示。由图4-10可知,阅读数和发博数呈正相关关系,因此运营者要想增加阅读数,就要想办法多发优质微博。

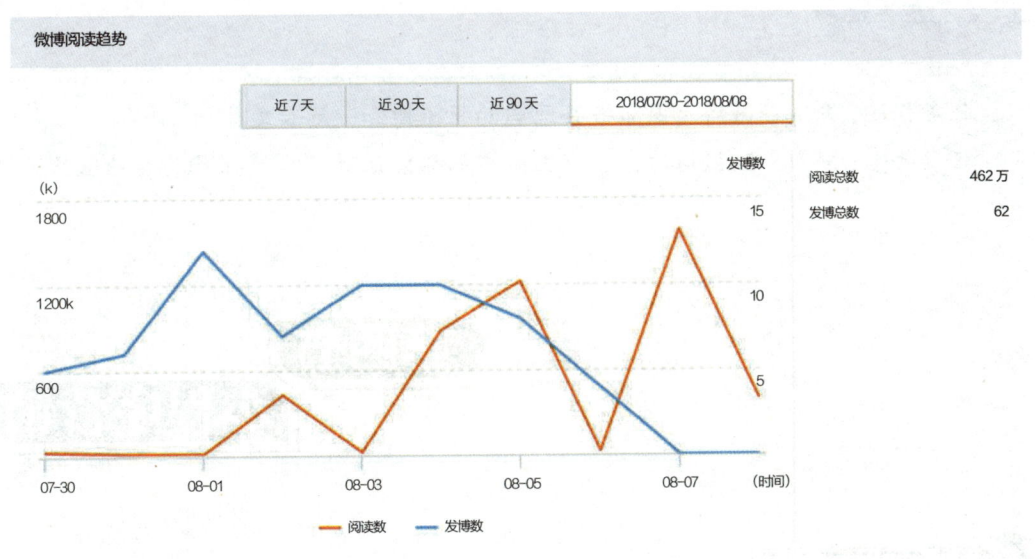

图4-10 某账号的微博阅读趋势

2.微博转发、评论、点赞数

微博转发、评论、点赞数是指账号发布的微博被转发、评论和点赞的累加次数。该模块以折线图展示总数趋势,以柱状图分别展示转发、评论和点赞数。该模块可以反映账号发布的内容获得的用户互动量，转发、评论、点赞数越多，说明用户互动越活跃，内容越能引起用户的共鸣。如果转发、评论、点赞数很少，就说明博文内容没有引起用户的互动欲望，运营者要及时调整内容策略。

3.微博阅读人数

微博阅读人数可以让运营者了解微博覆盖的人数，每日每个阅读过微博的用户只统计一次。微博阅读人数以折线图展示特定时间段内的微博阅读人数，并可以计算平均阅读人数。

4.单条微博分析

单条微博分析包括单条微博阅读趋势，单条微博转发、评论和点赞，单条微博阅读来源分析，单条微博粉丝阅读分析。

（1）单条微博阅读趋势：可以帮助运营者详细分析一条微博发出后的阅读趋势，阅读人数是指当日阅读过微博的人数。

（2）单条微博转发、评论和点赞：分析一条微博发出后的转发、评论和点赞趋势，让运营者了解微博的互动效果。

（3）单条微博阅读来源分析：按照主关注流、分组关注流、热门流、搜索页、个人主页和其他来源展示一条微博发出后在特定时间段内不同阅读来源的分布情况。

（4）单条微博粉丝阅读分析：统计一条微博发出后的某一时间段内粉丝和非粉丝用户阅读该条微博的占比情况，可以帮助运营者分析微博的传播效果。

任务描述：分别在微博上发布一条配图的短微博和一篇长文章。

任务要求：发布上述微博时，要带上微博的热门话题标签并@相关企业微博。

第四节 小程序营销

随着智能手机的普及和移动互联网的快速发展，小程序作为一种新型的移动应用形式，实现了迅速崛起并得到广泛的应用。小程序不仅具有跨平台、便捷、灵活

等特点，更是成为企业进行营销的重要工具之一。那么小程序有哪些优势可以用于企业营销呢？

一、小程序营销的优势

小程序在移动应用领域的兴起，不仅意味着一种新型技术形态的出现，同时也带来了诸多的优势。在企业营销中，小程序作为一种重要的工具，其优势主要体现在以下两个方面。

微信小程序运营

首先，微信小程序具有便捷的使用方式。与App相比，小程序作为一种轻量级应用，在使用时无须下载和安装，用户只需打开即可使用。相比之下，App需要用户进行应用商店下载、安装和登录等一系列步骤，使用起来要麻烦得多。小程序无须用户进行保存和更新，用户使用起来更加便捷和流畅。

其次，小程序具有更加灵活的开发模式。与App相比，小程序开发成本低，开发周期短，甚至可以在短时间内完成，这为企业提供了更加灵活的开发和定制化的能力。相较于传统的营销方式，小程序可以根据企业的具体需求，灵活设计各种功能和页面，有效提升用户体验和转化率。

二、小程序营销的场景

小程序由于其便捷、高效的特点，被广泛应用于各种企业营销场景中。

（一）电商营销

随着网络消费的兴盛，越来越多的企业将目光转向了电商领域。小程序以其便捷的使用和自然的推荐，成为电商营销中重要的一环。电商平台可以通过小程序方便地进行商品展示和交易，并通过小程序提供的拼团、秒杀等促销手段吸引用户。同时，小程序还可以实现智能推荐、个性化推送等功能，提高用户的购买体验和转化率。

（二）品牌推广

品牌推广一直是企业营销中的重点和难点。小程序以其自然的曝光和便捷的传播，成为品牌推广的重要途径。通过小程序，企业可以进行品牌宣传、新品推广、品牌故事讲述等，有效提升品牌形象和知名度。同时，小程序还可以通过各种互动活动、精准推送等方式拉近与用户的距离，提升用户的黏性和活跃度。

（三）地推活动

企业常常通过地推等方式进行推广活动，而小程序则成为地推活动的重要补充。通过小程序，企业可以提供优惠券、抽奖、签到等活动引流，同时可以通过小程序进行门店导航、预约服务等方便用户消费体验的功能。在地推活动中，小程序能够为企业带来更高的便捷性，吸纳更精准的用户，有效提高活动的激励效果。

（四）客户服务

客户服务一直是企业营销的关键环节，而小程序则成为客户服务的重要途径。在小程序中，可以定制各种客户服务功能，为用户提供便捷的咨询、反馈、投诉等服务。同时，小程序还具有客户维护、客户满意度测评等功能，可以为企业提供更优质的客户服务，提升企业的品牌形象和客户信任度。

以上四个应用场景仅仅是小程序营销应用的冰山一角。随着小程序技术的不断升级和丰富，小程序营销的应用场景将更加多样和创新，企业将有更多的机会把小程序应用于营销。

三、小程序营销的实施方法

虽然小程序的应用场景十分丰富，但是想要取得明显的营销效果，还需要一些具体的实施方法。

（一）精准定位目标用户

一个成功的营销类小程序首先需要精准定位目标用户。通过充分了解目标用户的需求、喜好以及行为习惯，可以更好地制定推广策略，并提供符合用户期望的产品和服务。根据用户的兴趣和偏好，向他们推荐最符合其需求的产品和服务，从而提高用户的购买意愿和满意度。用户体验是一个小程序能否获得成功的关键。通过简洁清晰的界面设计、流畅的交互操作和快速的加载速度，给用户提供一个流畅、愉快的使用体验，从而提高用户的留存率和转化率。

（二）优质内容运营

在开发小程序的过程中，企业需要注重精细化运营，提供高质量的内容和服务，从而提高用户黏性和转化率。可以考虑增加原创内容，如文章、视频、音频等，来吸引用户关注和转发。通过微信推送或朋友圈互动等方式，将优质内容推送给用户，建立品牌影响力和信任度。

（三）定制化功能

小程序具有高度的可定制性，企业可以根据自身情况开发出适合自己的功能。比如，在电商营销中，可以增加拼团、秒杀、砍价等促销功能；在客户服务中，可以增加在线咨询、投诉、售后等定制化服务功能。这些定制化的功能，能够充分满足用户的需求，提升用户体验和互动性。为了吸引用户的眼球，小程序需要不断引入创新的营销手段。可以结合AR技术来展示产品效果，或者利用VR技术来提供身临其境的购物体验。通过创新的营销手段，企业可以在激烈的竞争中脱颖而出。

（四）数据分析与监控

数据分析是小程序营销的重要组成部分，通过对用户行为和趋势的分析，企业可以更好地了解用户需求，优化营销策略。小程序可以通过智能化、大数据分析等手段，对用户的行为路径、转化路径、停留时间等数据进行监控和分析，以此来指导营销策略的调整和推广效果的提升。

越来越多的企业开始尝试将小程序应用于营销推广。如安踏体育利用小程序建立起"跑步助手"平台，通过定位、历史记录、数据分析等多个功能，为用户提供一站式的跑步体验。这个小程序不仅与安踏品牌紧密绑定，还提供实用的工具和运动社交互动。通过加强用户黏性，提升品牌影响力，安踏体育大大提高了安踏的市场竞争力。又如，在新冠肺炎疫情暴发的背景下，网上购买口罩已经成为人们的必要措施之一。百度外卖的小程序推出了"口罩预约"功能，用户只需选择预约时间和地点，然后在线下店铺取货即可。这个方便快捷的功能，吸引了大量用户的关注和使用，有力地促进了其品牌的快速普及。

这些优势和实践案例表明，小程序将成为未来营销工具中的主要形式之一。通过AI技术和社交营销创新的实践，小程序将继续发挥其优势，为企业的营销工作带来更加广阔的前景。

小程序作为一种新兴的营销工具，具备诸多优势和应用场景，未来将会成为营销工具的重要形式。因此，企业应当及时转型，以小程序为载体开展营销活动，着力将小程序营销工作做得更加精细化、深度化。只有这样，才能在竞争日趋激烈的营销领域中立于不败之地。

任务描述：登录你近期使用过的一个小程序，描述一下这个小程序有哪些功能和服务模块。

任务要求：对该小程序的各个模块，以及相关模块的功能和服务能为用户提供什么帮助进行分析，并列出有什么需要进行提升和改进的地方。

第五节 社群营销

对于社群，大家应该都不陌生，我们无时无刻不生活在社群当中。社群营销是

> 一种新型的营销模式，它的核心是与用户建立情感上的联结，我们通常也称它为情感营销。社群营销的本质不是硬广，而是先和用户成为朋友，在此基础上再去进行产品销售。目前你加入了哪些社群？说说它们在运营方面有什么样的特点。

一、社群基础认知

（一）社群的定义

社群是指有共同爱好、共同需求的人组成的群体，有内容、有互动，由多种形式组成。

从 0 到 1 构建优质社群

（二）社群三大要素

（1）社群成员的爱好：拥有共同的爱好是社群形成的基础，也是社群稳固的保证。

（2）圈子和场合：有一个可以沟通的小圈子，规定一个主要话题的范围。

（3）社交属性：社群带有人与人社交的属性，以人与人之间的交流作为存在方式。

（三）社群的本质

社群是便于人与人之间更快捷实现信息交流的存在方式，实现资源匹配、信息共享。按照六度分割理论，在人际交往的脉络中，联系世界上任何两个陌生人只需要不超过六个中间人。

社群成员与信息具有广泛性和精准性。社群具备群体特征，信息总数是参与交流人群的总和，这远远大于一个人所收集的信息。同时，社群总有一定话题范围，因此信息更加精准。广告能够精准投放到目标群体的视线中，从而降低广告成本。

（四）社群内部的构造

1.社群内容

（1）话题交流：针对一个特定主题，社群成员可以畅所欲言，积极讨论。

（2）垂直课程：采用课程教学的方法，社群成员都能参与学习。

（3）内容分享：社群内成员将有价值的内容分享出来，实现信息共享。

2.社群内部交互

（1）交流：群员之间的交互。

（2）合作：群员之间达成合作。

（3）共赢：群员与运营人员的交互。

3.关系链

（1）人力：人员品牌推广，人力资源优化分配。

（2）资金：资金流动与周转。

（3）同行：基于一个行业的社群，同行之间能够实现更加深入的了解。

（4）合作伙伴：社群有助于产业链的上下游合作伙伴关系的形成。

（五）社群运营的法则

（1）社群中的人是运营的关键。社群运营的对象就是社群的组成部分，社群内容的提供来源都是人。

（2）共同目标是社群运营的前提。基于共同目标，社群才能实现稳定存在与运行。

（3）运营人员是社群的维系者。运营人员在社群的维系中起到重大作用，负责拉新、促活等有助于社群稳定运行的工作。

（4）活跃群员是社群内容的主要贡献者，旁观群员是社群的重点关注者，潜水群员是社群的重要组成部分。

（六）社群的相关工具

社群载体有微信群、QQ群、App、社区等。社群辅助工具包括社群小助手、社群空间等。

二、社群营销的关键点

（一）明确社群建立的原因

社群建立的原因足够明确，后面的营销工作才会更好地开展。所以一个优质的社群在建立时的定位要非常清晰。

（二）制定社群运营目标

社群的运营目标最好是有长期目标和短期目标，短期目标为长期目标服务。只有有了清晰的运营目标，社群团队成员才能团结一心，运营效果自然会更好。

（三）打造社群的价值

持续输出有价值的内容是保证社群持久生命力的重要指标，所以打造群价值才是重点。能够提供真正有价值、有干货的内容才是用户所期待的。能让大家在群内有所成长、有所收获、有所改变，才是根本。

（四）持续社群运营

运营决定社群的寿命。输出有价值的内容是指标，而如何将这个指标长此运营下去，是一个很重要的点。

（五）正确地引导消费

社群的使命必然是要不断吸收粉丝，但对于这些粉丝而言，仍旧有退群的可能，因此社群的运营者必须对此加以重视。

（六）接入社群工具帮助管理

社群发展到一定规模后，群内事务会越来越多，因为一个人的精力往往有限，所以这个时候，群主可以找管理员来帮忙管理，也可以接入一些社群工具分担一些日常工作，从而让群主把更多的精力放在社群的运营上，避免出现工作重心偏离的情况。

三、社群的创建与管理

很多刚接触运营的小伙伴往往容易混淆"社群运营"和"社区运营"，它们是很相似的，只不过社群运营是将服务的内容和用户迁至各个微信或者QQ群组中，而社区运营的内容和人群是在一个特定的社区类产品中，如豆瓣、知乎。然而，社群运营和社区运营在相似的同时，运营方法却有所不同。

下面以"英语流利说"微信学习群为例，分析如何做好社群运营。

（一）创建社群

在创建社群之前，运营者要先确定好社群的主题、社群的成员，以及社群能提供什么样的价值。

例如，英语流利说的社群主题就是监督大家学习付费课程，社群价值是能提供英语学习干货，群成员都是已经购买了付费课程的学员。

创建好社群后，运营者要准备好进群话术，以活跃群气氛。

英语流利说"懂你英语"班级群的进群话术简洁明了（图4-11），包括欢迎语和促使立即行动的话语。

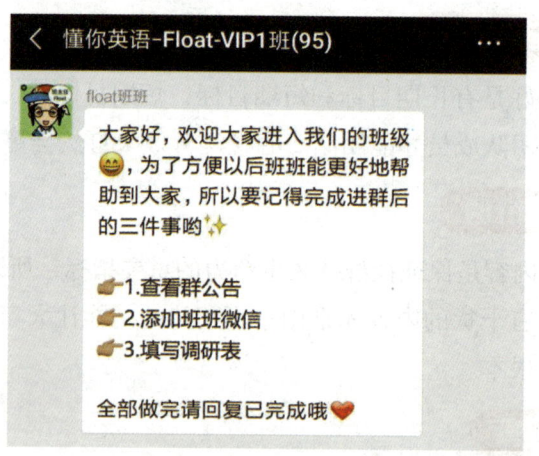

图 4-11　英语流利说"懂你英语"班级群的进群话术

运营者在创建社群之前，应先打造好群主形象，群主头像和群主的朋友圈都需要和社群的基调相吻合。

例如，英语流利说微信群班主任的头像是规范的卡通形象，并且有"懂你英语"的标志和"班主任Float"的介绍。同时，班主任的朋友圈也都是一些英语相关的歌曲、小知识分享，或者是提醒群成员按时学习，以及其他一些相关付费课程的推广，如图4-12所示。这样就很符合学习群的基调，能让群成员产生信任感，营造良好的社群氛围。

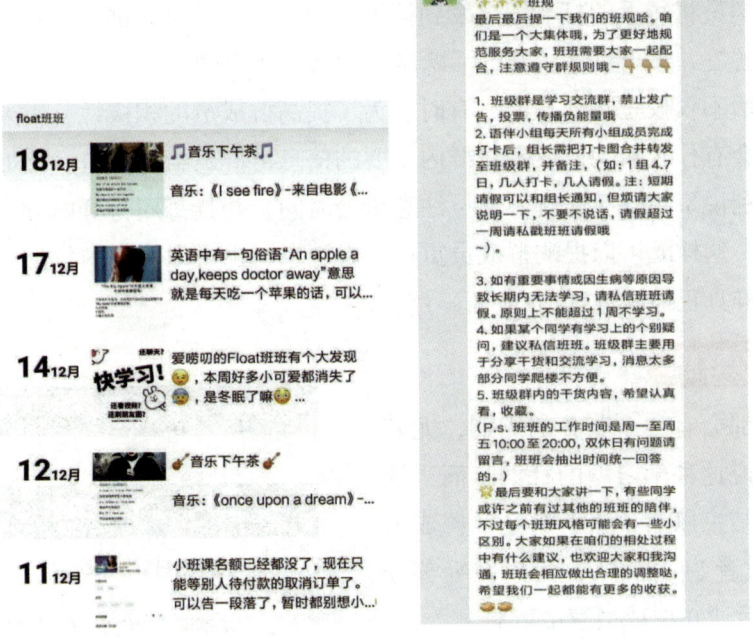

图 4-12 英语流利说班主任朋友圈和群规

（二）维护群内秩序——群规则

有的社群经常发布大量广告，这样的社群无疑是发挥不了价值的，或者说能发挥的价值很小。为了杜绝类似情况发生，让社群发挥它本来应有的作用，就需要设置群规则。

群规则一般包括四个部分：规则、规则解释、特殊问题出口和个性化的表达。规则就是说明在社群里能做什么、不能做什么，并有相应的违规惩罚措施。规则解释就是说明制定规则的合理性，一般可以从用户的痛点切入，说明问题，最后发出号召。特殊问题出口就是各种特殊情况的解决方法，并且要说明相关人员的工作时间。个性化的表达就是要体现出群主是一个活生生的人，可以通过感叹词、表情和祝福语等来体现。

图 4-12 中的"懂你英语"班级群的规则就是"语伴小组的打卡""禁止发广告、投票、传播负能量"。规则解释是"班级群是学习交流群，为了更好地规范服务大家，班班需要大家一起配合，注意遵守群规则哦"。特殊问题出口就是"请假要通知组长和班班""有问题建议私信班班，而不是在群里问""班班工作时间……"。个性化的表达就是一些体现班主任活泼、友爱的性格的语气词，如"哈""哒""哦"等，以及最后的祝福语和感言。

（三）活跃群气氛

当群建立起来并且制定好群规则以后，最重要的就是活跃群气氛了。而社群能保持活跃的根本就在于，社群能够为群成员提供某种价值。首先，管理员方面，可以通过在群内发布一些有价值的干货内容活跃群气氛。例如，英语流利说每天发布各种"早安问候""每日跟读""听力课堂""翻译小课堂"等与英语相关的小知识，以及英文歌曲的分享，以供群成员学习。

其次，群成员方面，可以通过定期打卡或者做题的方式使群成员参与群聊。例如，英语流利说要求学员将每天的打卡记录发到群里，同时班主任每天都会出一道填空或者选择题，让群成员解答并做出点评，群的活跃度自然就有所提升。

最后，促活不仅仅是在社群内，有时候为了提高群成员的积极性，需要群主私聊群成员，通知群内会有什么活动，或者将群内重要的信息再群发给群成员。比如，当有班会的时候，英语流利说班主任会私聊群成员注意班会时间，并且每周将群内分享的知识点集锦私发给群成员。这样既可以提醒群成员重视群聊消息，也可以将群内信息的价值发挥到最大，从而使社群真正地服务好用户。

（四）解散群聊

一般社群都会有一个服务的周期，尤其类似英语流利说这种学习型的社群。而当社群的服务周期结束以后，为了避免社群成为一个"死群"或者"广告群"，可以在妥善处理好相关事情后通知群成员解散群聊。

英语流利说的另一个课程的学习群，解散后群聊名称改为"26班已解散-返费&续课请私信"，既突出群已解散的本质，又把后续需要处理的事情加在了群名里，非常巧妙（图4-13）。而群主也会将解散的消息私信通知每一位群成员，并告知学员后续事情如何处理。同时，群主的头像也由之前的彩色变成灰白，暗示群成员班主任已经"下线"了，非常人性化。

综上所述，社群从创建到解散的过程，其实是运营者最贴近用户的时候，这也是社群运营最为可贵的地方。运营社群看似简单，其实非常考验同理心。而一旦运营好了，社群就能为企业的产品迭代、转化和传播带来很大价值。

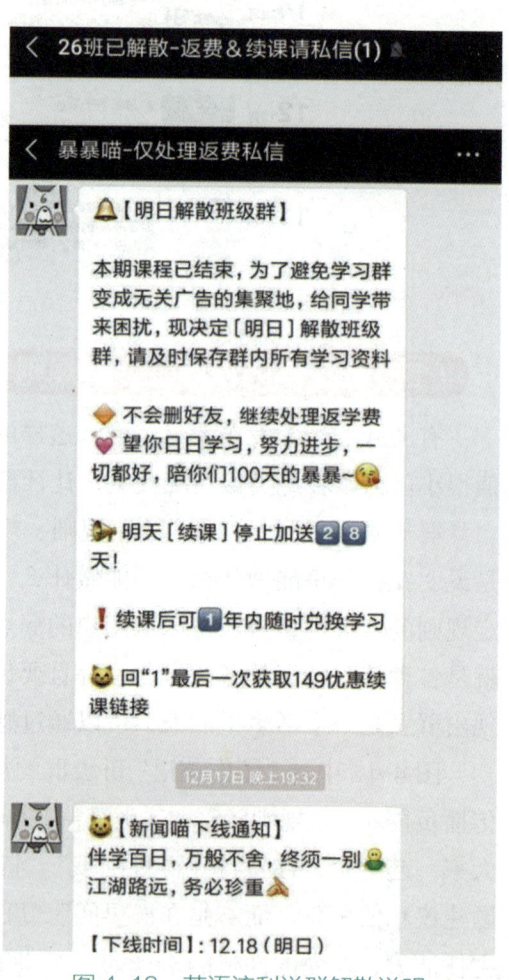

图4-13 英语流利说群解散说明

社群的五大构成元素

（1）同好——成立前提。

（2）结构——决定存活。

（3）输出——决定价值。

（4）运营——决定寿命。

（5）复制——决定规模。

四、社群营销的策略

（一）定期活动吸引客户

社群营销的关键在于客户，怎样增加客户的黏度、怎样提升客户的复购率是很关键的问题。客户为什么会增加黏度？因为社群存在价值，这个价值可以是帮助客户解决购买需求，也可以是帮助客户获得知识等。

作为商家，定期举办活动可以成功地吸引客户，如抽奖活动、分享活动、半价购物活动等，各种新奇的活动能够提升客户对社群的兴趣。在这种营销模式下，客户会增强购买欲望。

（二）用奖励激励老客户不断拓展新客户

很多商家总是会忽视老客户，这是不明智的做法。毕竟老客户作为商家的精准客户，对商家的商品给予了很大肯定。那么要想挖掘老客户的价值，就需要采取各种有利于老客户的奖励机制，激励老客户自觉去挖掘新客户。老客户对商家的商品有良好的口碑，自然也是一个好的广告模式。如商家推出老客户拉新奖，只要老客户拉新客户消费，便可以获得新客户消费的抽成奖励。在这一活动的激励下，老客户对商家会更加感兴趣，黏性也会增加。

（三）拼团模式引导客户消费

如今，拼团是大家都很熟悉的营销模式，社群营销也可以采取拼团的模式来提升客户的黏性和复购率。拼团团购模式本身也有多种玩法，可以采取一般拼团，也可以采取抽奖拼团等。不管是哪种拼团模式，便宜的商品价格加上这种创新的营销模式自然会博得客户的好感。

拼团是一种大众化的营销模式，其优势在于通过集合众人实现一同购物。商家可以节省物流的费用，客户可以购买到批发价格的商品，这样的营销模式当然会被大家所喜欢，客户对商家这种社群营销也会更有黏性，提升复购率自然是没问题的。

总之，做社群营销有很多技巧，但商家也要找好着力点，顺应自己的发展，不能东施效颦、照搬原样。商家要灵活运用各类营销策略，从中找出重点，这样才会让商品销量有所提升。

在进行微营销时，需要注意以下个人信息保护法规。

（1）个人信息保护法：2020年10月1日起施行的《中华人民共和国个人信息保护法》对个人信息的收集、使用、处理、传输和保护等方面做出了规定，企业需要按照法律要求，保护用户的个人信息安全和隐私。

（2）微信公众平台服务协议：微信公众平台服务协议中规定了企业在使用微信公众号服务时应该遵守的规则，包括不得收集、存储、使用用户的个人信息等。

（3）微信广告规范：微信广告规范中规定了企业在进行微信广告投放时应该遵守的规则，包括不得收集、存储、使用用户的个人信息等。

（4）用户授权：企业在进行微信群营销时，需要获得用户的明确授权，告知用户收集、存储、使用个人信息的目的和范围，以及保护用户个人信息的措施。

（5）信息安全措施：企业需要采取安全措施保护用户的个人信息安全，包括加密传输、防止数据泄露、限制权限等。

（6）数据安全管理：企业需要建立完善的数据安全管理制度，包括数据分类、备份、存储、处理等方面，保障用户个人信息的安全。

总之，在进行微信群营销时，企业需要遵守相关的个人信息保护法规，保障用户个人信息的安全和隐私，以及营销活动的合规性和可持续性。

任务描述：创建一个学习类社群，做好社群定位，起好社群名称，明确社群口号和社群Logo。

任务要求：在创建社群之前，首先需要对社群进行定位，明确社群要吸引哪一类人群。设置社群名称时，可以根据目标用户的需求和特定的知识领域来命名，如"侃侃英语"等，也可以按照"机构＋地域"的方式来命名，如"××北京英语口语"。针对社群的不同发展阶段，社群口号可以进行相应的修改。

一、单项选择题

1.微信公众号分为服务号、订阅号、企业微信和（　　　）。

A.小程序　　　　B.个人微信　　　　C.朋友圈　　　　D.视频号

2.同一个邮箱只能申请1个公众号,同一个手机号码可绑定( )个公众号,同一身份证注册个人类型公众号数量上限为1个。

A.5　　　　　B.4　　　　　C.3　　　　　D.1

3.微博的个人标签可以设置( )个词。

A.3　　　　　B.5　　　　　C.36　　　　　D.10

4.服务号每月可群发( )条消息。

A.4　　　　　B.5　　　　　C.10　　　　　D.30

5.小程序的便捷、灵活、( )以及跨平台等优势使它成为营销活动的有力推手。

A.高成本　　　B.低成本　　　C.零成本　　　D.强互动

二、判断题

1.微营销不是具体指某一种营销方式,而是一种营销的思维模式。　（　）

2.App作为一种轻量级应用,在使用时无须下载和安装,用户只需在微信内打开即可使用。　（　）

3.微信公众号的信息是不断累积的,在运营者不删除信息的条件下不会因为时间的推移而消失。　（　）

4.微信公众号是群发内容的管理器,群发消息时一次推送的内容越多越好。　（　）

5.微博标签词的匹配度越高,被用户搜索并曝光的概率就越高。　（　）

三、实训题

实训目的:培养小程序搭建能力和营销思维。

实训要求:4~6人一组,以小组为单位分工合作,利用凡科轻站平台(图4-14)搭建具有读书打卡、好书荐读、购书商城等模块的小程序。

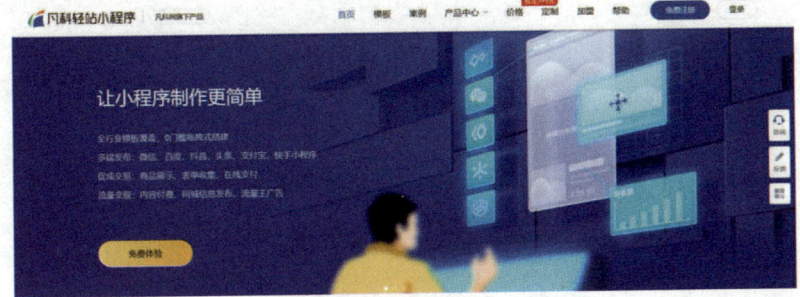

图4-14　凡科轻站小程序PC端界面

操作步骤:

(1)免费注册凡科轻站小程序。

（2）选择符合读书打卡的小程序模板。

（3）对模板进行个性化设置和修改。

实训提示：凡科轻站小程序是一款轻巧高效的小程序开发制作产品，提供海量小程序模板，只需进行简单、便捷、直观的拖拽操作即可轻松打造个性化的专属小程序。在练习的过程中需选取免费模板。

音频营销 / 第五章

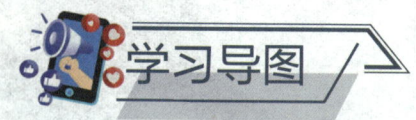

学习导图

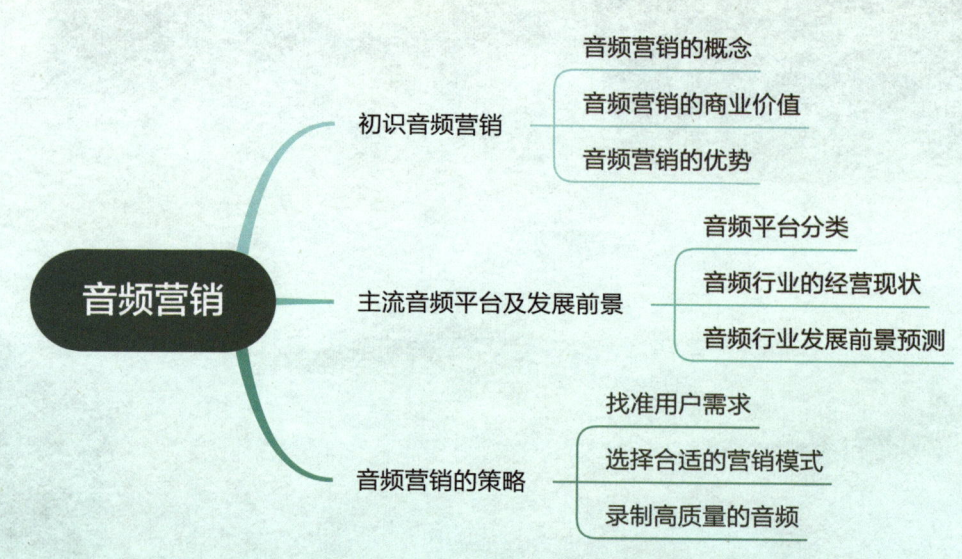

知识目标

1. 了解音频营销的优势。
2. 了解主流音频平台及其特点。
3. 了解主流音频营销的模式。

技能目标

1. 掌握音频营销的策略。
2. 具备音频数据分析的能力。

思政目标

1. 培养新媒体从业者视角的互联网敏感度。
2. 培养新媒体工作岗位的专业素养和职业精神。

第一节 初识音频营销

情境导入

目前，我国音频市场已经进入自传统音频、数字音频之后的音频生态发展阶段。生态发展较为完善的平台不仅能吸引更多主播入驻，还更容易获得用户认可，最终获得广告主青睐，实现商业价值的增加。假设你是一家公司的营销人员，请你利用音频营销为企业和消费者建立一条紧密联系的纽带。

一、音频营销的概念

随着移动互联网的日益普及和社交媒体的不断壮大，不少公司和品牌纷纷投身音频营销这片蓝海。音频营销，顾名思义，是借助音频内容这一媒介，有效提升品牌知名度及转化率的一种营销策略。它不仅具有极高的传播价值，还能触动人们的感官神经，激发人们内心深处的情感共鸣。在这个信息爆炸的时代，音频营销正以其独特的魅力，逐渐成为品牌与消费者之间建立紧密联系的重要纽带。

音频传媒作为一个专门内容领域，在国内生长和发展已有10余年历史，经历了传统广播与网络音频界限明显的泾渭分明期、传统电台广播数字转型期、传统广播与网络音频发展融合期，如今已进入4.0时代蓬勃扩容期。

与此同时，大众的音频收听习惯从传统广播转向网络音频的趋势明显。尼尔森IQ《入耳更入心，润物细无声——网络音频媒体价值研究》报告显示，在调研样本中，广播用户占48%，网络音频用户占88%，网络音频用户基数更大。另外，传统广播与网络音频兼听的用户中，常听在线音频的用户占绝大多数。从行业视角看，易观智库发布的报告《中国在线音频内容消费市场分析2022》显示，2021年1月至11月，国内包括音乐、音频等行业的在线"耳朵经济"市场月活跃人数均超过8亿人次，活跃人数全网渗透率从2021年4月开始稳定保持在80%以上。在用户黏性上，整个"耳朵经济"市场中的App月人均使用时长均超过3小时，月人均启动次数均达到33次以上。

进一步来看，数据分析显示，超六成用户接受广告植入，并有近六成用户关注运营活动，用户呈现消费欲望强且消费音频内容类型丰富等特点。

二、音频营销的商业价值

从市场的角度来看，综合类音频对于品牌的商业价值更为凸显。其一，声音所代表的连接感、亲密感、陪伴感，区别于其他媒介类型，有望深挖出不小的潜力，综合类音频平台收听场景广泛多样，音频需求不断释放，由此为品牌带来不少营销机会；其二，在用户量与用户活跃持续高增长用户体量上，大平台的成熟产品占绝对优势，如图5-1所示。

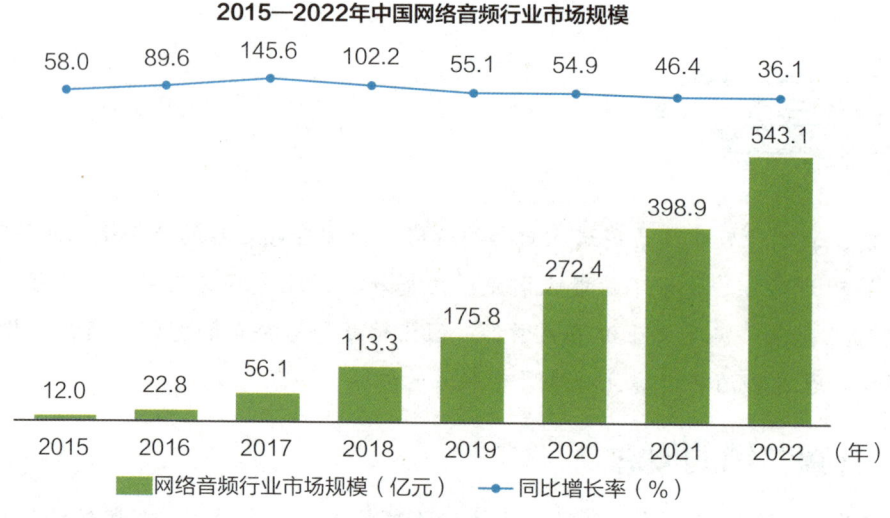

图 5-1　音频市场增长趋势

庞大的用户基数意味着市场有着较深的下沉空间，企业在其中保持获利性增长的机会更多。而喜马拉雅正是国内综合类音频平台的头部企业之一，其内容创作机制多元，覆盖领域多样化，打造出丰富的内容池，应用场景和用户覆盖面尤为广泛。

在线音频价值显著，具备营销不可替代性。在这个"无品牌不营销"的时代，用户每天需要面对数量庞大的品牌信息，在用户心中留下深刻的印象是每个品牌都在思考的问题。易观分析发布的《2022年中国在线音频内容消费市场分析》报告显示，品牌联动音频平台的数量相较以往呈现出明显的上升态势，同比涨幅达到55%以上，相比短视频和直播音频营销有其不可替代性。

（一）声音价值：闭屏易触达，部分场景独占性凸显

声音对人而言有天然的接近性，更多时候是一种陪伴。随着技术的发展，音频不再是转瞬即逝的声音，网络音频媒体可覆盖用户全时段的生活。如今，音频可以不受时间和空间的限制，可以反反复复地、随时随地地根据用户的需要来抚慰用户的内心，如图5-2所示。

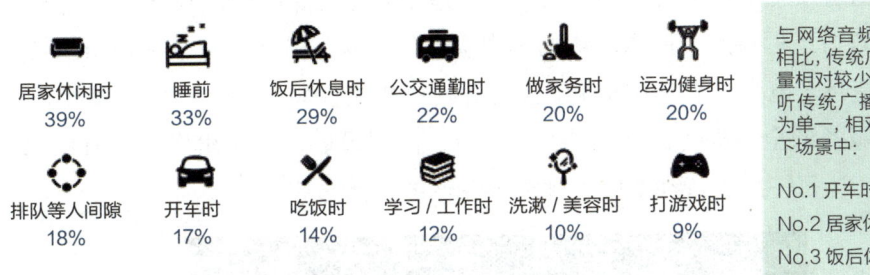

图 5-2　音频使用场景

在一些场景里，音频作为主角，具有一定的独占性。例如，在开放性办公区，大部分人戴上耳机寻求一个相对隔离的环境；乘坐交通工具时，很多人有晕动症，在没有办法看书、看视频的情况下，听音频是个很好的选择。音频的闭屏特点，配合上可通过多种设备和平台进行播放的方式，能够更有效地让信息触达用户。

（二）传播价值：借声音入心，打造最小记忆单位

在线音频内容可以通过音乐、声音、语音等与听众产生共振与记忆，用声音打造出信息的最小记忆单位，从而更好地实现信息传播。与此同时，在线音频能满足不同年龄段的多项需求，通过不同场景完成不同圈层针对性触达，结合圈层用户特性选择最能触动共鸣的传播方式，在用户的生活中刷足存在感。就像一些信息通过视觉形象打造出专属"视觉锤"，从而深深印刻在大众脑海里一样，通过声音也可以打造出独特的"听觉针"，拓展信息触达的深度。

（三）人群价值：受众基础广泛，兼具消费能力和消费意愿

相比传统广播用户，网络音频用户呈现出年轻、高学历且居住在大城市的基本特征，他们职业发展稳定、有前景，更具消费力，收听移动音频App的人群拥有更大的消费潜力。

（四）场景价值：强伴随属性，满足多场景需求

在线音频收听便捷和伴随的特性使得用户在不同时间、场景都能收听到音频节目，也使其成为用户在自我放松、自我提升甚至结识朋友的诉求下的重要选择项目。

凭借"伴随性"优势，音频几乎覆盖了人们日常生活的全部场景，并形成强绑定，提供了多样化的场景价值，最典型的场景包含出行场景、睡眠场景、亲子场景等。

1. 出行场景

车载场景中用户不能使用眼睛看视频，听便成了获取信息的唯一渠道。随着汽车保有量的增长、车联网市场的扩大，智能汽车领域在近年来获得广泛关注，而音频也在这样的趋势之下，借由车载信息娱乐系统，实现了向车载端更进一步的渗透，为品牌营销提供了有利的环境。在此趋势下，越来越多的网络音频平台布局硬件终端，和多家汽车、家电及互联网企业合作，塑造更丰富的应用场景。

如喜马拉雅联合五菱星辰打造沉浸式"东方意境生态座舱"，让"手可摘星辰"成为一种生活常态，邀请独立音乐人为五菱星辰倾心打造四首主题车机乐曲——《森》《海》《空》《野》，为用户营造亲近自然、惬意舒适的车内空间。同时，搭载五菱全新LING OS灵犀系统，为车主打造行车电台和喜马拉雅VIP会员等内容和权益福利（图5-3）。从车机听觉体验到车主内容服务的全面提升，探索"听海看山、仰望星辰，轻松出发、藏有山水"的有氧出行新体验，让每一次出行都变成一种绿意盎然的自然之旅。

图5-3　五菱联合喜马拉雅音频平台推出的营销活动

此外，定制音频内容也深受品牌方青睐，如喜马拉雅与红旗通过体育事件节目定制《詹俊说奥运》、车主故事节目定制《军旅旗遇》等提升车主身份的价值感和认同感，定制化的内容瞄准车主圈层渗透，深化品牌和车主之间的连接，完成汽车品牌精神的信息传达转化。

2. 睡眠场景

在"宅"经济的大潮下，更多人感受到情绪解压的重要性，"耳朵经济"以从未有过的"被需要"速度兴起，音频陪伴逐渐成为年轻人选择的解压以及舒缓方式，具备伴随性的音频成为夜间收听活跃度最高的互联网产品之一。调查研究发现，我国超3亿人存在睡眠障碍。针对这一现象，喜马拉雅精准满足特定场景用户需求，联合慕思首创睡眠新场景，共同打造"助眠频道"，触达夜间活跃人群，实现睡前用户的全面渗透。精准睡前活跃用户持续沟通540多个日夜，总计实现慕思寝具品牌曝光达25亿余次（图5-4）。这一营销活动用最适合声音的传播形式为广大用户提供功能性、可持续的助眠服务，将品牌传播成为一种日常生活陪伴。

图 5-4　慕斯寝具联合喜马拉雅推出的营销活动

3. 亲子场景

经济的发展使得脑力劳动越来越被人们重视，而人们在学习、工作、生活中，忽略了对眼睛的保护，长时间盯着电脑或手机屏幕会影响视力健康，而通过接收声音获取知识可以有效地避免这种情况。在音频的天然陪伴属性下，儿童可以在优质音频内容里认知世界、快乐成长。针对这一现象，健达巧克力与国家宝藏推出微博话题"#阅享亲子时光#"，并携手喜马拉雅，布局亲子内容生态，通过声音陪伴减少儿童用眼过度现象。

音频本身的声音价值、传播价值、人群价值、场景价值为品牌营销创造更宽泛和美好的想象空间，其价值以及营销潜力正被越来越多的品牌方所关注。随之而来的是音频媒体商业化日益成熟，根据不同行业积累的营销方案，从众多合作商的实际使用效果来看，音频想象空间巨大，营销效果理想。

近年来，在线音频迅速崛起，给声音传播应用场景带来更加多样化的可能性，越来越多的品牌在依托核心价值打造专属的声音品牌化模式，声音传播已然成为提高品牌记忆和品牌影响力的有效营销模式。

三、音频营销的优势

相比"霸占眼睛"的方式,"释放耳朵"的形式更讨巧,所以声音在品牌营销中,将发挥越来越重要的作用。

(一)创作门槛、制作成本低,但植入空间大

音频打破了对视频内容制作高要求的限制,素材要求相对简易,通过轻体量、轻资产、数字化的制作手段,能够有效降低制作成本。

比如,在车载环境中,车主无法全程通过眼睛接收其他信息,更多的是使用耳朵。由此,音频成为车载场景中品牌信息触达的重要方式,具有不错的营销效果。巧借场景进行营销,将适合的产品植入特定的场景中,轻松实现品牌宣传,对于品牌来说入场友好度较高。

(二)接收形式轻松自然,营销"侵入感"弱

如今,消费者的选择更加多元,更加重视个人感受,对营销信息的接受度逐渐降低。因此,品牌方在进行营销时,需采取对消费者侵入感最低的方式将产品与服务推送给他们,避免消费者产生反感心理。而音频营销作为一种软性的营销方式,信息传达轻松、自然,最终能为品牌带来精准高效的用户触达。

(三)强内容输出属性,深化用户记忆点

相较视频、直播等形式来说,音频节目的收听场景、收听内容具有延续性,可推动用户养成收听习惯,具有良好覆盖性的音频为品牌广告内容实现广度传播提供了条件。其通过持续不断的内容输出,实现多维度、立体化与用户互动,达到系统性的内容渗透。

音频节目中主播的声音给人以亲切感和陪伴感,促使用户跟随自己喜欢的主播和节目,高频次、长期性地收听节目,进一步加强信息记忆,对于品牌信息宣传来说,能达到"润物细无声"的效果。

(四)音频是营销媒体的补点,且具有不可替代性

音频对于信息接收来说是一种碎片化的补点,其伴随性特征,使品牌信息得以广泛、深度覆盖,在陪伴与互动中创造特殊的用户体验。

但目前仅有很少部分品牌植入或定制化推出音频节目,表明这一市场尚处在蓝海阶段,相较于其他成熟的营销方式,音频营销还有很大的发展空间。

(五)打造品牌资产,呈现品牌的听觉符号

品牌符号可以是声音、颜色、图形、味道、气味等,它是品牌概念的基础,也是一个品牌成长过程中的重要资产。

声音Logo的设定往往是一个品牌个性的展现,传递品牌的主张和价值观。简介、有记忆度的广告语配上适当的语调、节奏、音阶,合成一支极具辨识度的声音Logo,感染力十

足，可以很好地展现出品牌的形象。

概括来说，音频营销具有极大的营销红利空间，但大部分品牌方还停留在以前的传统营销方法，即在声音中植入一段广告，实际上音频营销的玩法已经进阶得很多元和丰富。通过干货节目、直播间、车载音效、快闪活动等，音频在帮助品牌做大势能，影响消费者的过程中，发挥着越来越重要的作用。

在线音频市场已经形成以内容消费建构"种草—拔草"的商业价值点。未来可以预见的是，音频营销的商业能量将持续爆发。

> 任务描述：在电脑端用相关软件完成一条音频的录制。
>
> 任务要求：借助迅捷音频转换器进行音频录制，打开软件，确认麦克风是否已连接到计算机，单击首页的"音频录制"功能，然后点击"开始录制"即可进行音频录制，录制完成后输出 MP3 格式的文件。

第二节　主流音频平台及发展前景

> 　　上下班路上听电台、健身时听音乐、睡前听有声书……无论是纯粹的音乐软件，还是包罗万象的在线音频平台，以声音为载体的"耳朵经济"已在很多人的日常生活中如影随形。你知道有哪些音频平台吗？音频营销的未来又将如何呢？
>
> 　　随着互联网技术和智能手机的普及，音频自媒体逐渐崛起。音频自媒体平台为广大的音频爱好者和创作者创造了更多的机会和平台，让声音得到更多的传播和分享。音频平台已成为人们获取音乐、电台和有声书等音频内容的主要渠道之一。人们既可以在音频平台听音乐，又可以收听新闻、电子书。对企业而言，则可以充分利用音频平台做好品牌传播。

一、音频平台分类

按照音频内容分类，音频平台有以下九类：以音乐为主，如网易云音乐、QQ音乐等；以有声读物为主，如喜马拉雅、得到App等；以广播电台为主，如荔枝FM、蜻蜓FM等；以语音社交为主，如Soul、赫兹等；以教育培训为主，如小猿搜题、作业帮等；以电台直播为主，如全民K歌、猫耳FM等；以专业音乐人服务为主，如一听音乐、酷狗音乐等；以自制音频内容为主，如Podcast、喊吧等；以音频剧为主，如草莓听书、懒人听书等。

在以上的九类音频平台中，目前已经开展营销的平台有喜马拉雅、蜻蜓FM、荔枝FM、网易云音乐等。

（一）喜马拉雅

作为国内最早一批音频自媒体平台，喜马拉雅已经成为许多人的首选。这个平台汇聚了众多原创内容，无论是读书笔记、音乐、情感，还是知识普及，都可以在喜马拉雅上找到对应的声音。同时，喜马拉雅的审核制度相对较为严格，确保了平台内容的高质量。

（二）蜻蜓FM

蜻蜓FM上线于2011年9月，是国内首家网络音频应用，以"更多的世界，用听的"为口号，为用户和内容生产者共建生态平台，汇聚广播电台、版权内容、人格主播等优质音频IP。平台收录全国1 500家广播电台，认证主播数超35万，内容覆盖文化、财经、科技、音乐、有声书等多种类型。2020年3月6日，蜻蜓FM宣布获得小米战略投资，双方将建立更加紧密的战略协同关系，共同探索打造AIoT时代的智能音频生态。

（三）荔枝FM

荔枝FM是国内较为知名的音频自媒体平台之一，拥有丰富的原创内容和用户基础。在荔枝FM上，用户可以听到各类有趣、有料、有思考的节目。在这里，人们可以找到同好，分享自己的声音和经验，成为一名崭露头角的自媒体创作者。

（四）网易云音乐

作为国内最大的音乐平台之一，网易云音乐也开始了音频自媒体的相关业务，拥有了丰富的原创内容和粉丝基础。在这里，用户可以找到最新的音乐专辑，分享音乐想法，更可以成为自己的DJ，推出自己的节目，吸引更多的粉丝关注。

总之，随着互联网的发展，音频自媒体变得越来越受欢迎。音频自媒体给了更多人一个平台，他们在这里展示自己的声音和才华，让声音传递得更远。不同的音频自媒体平台有着不同的特点和优势，每个人都可以根据自己的喜好和需求选择自己喜欢的音频自媒体平台。

二、音频行业的经营现状

（一）市场规模扩大

我国在线音频行业近年来呈现快速增长的趋势。根据共研产业咨询提供的数据，2022年我国音频用户规模达 10.4 亿人，预计未来几年，随着移动互联网的普及和用户需求的增加，市场规模将进一步扩大。

（二）流媒体平台竞争加剧

在我国在线音频行业中，流媒体平台是主要的参与者。目前，腾讯音乐、网易云音乐、酷狗音乐等平台是市场的主要竞争者，它们通过与音乐版权方合作，提供大量的音乐内容和个性化推荐服务。同时，国内外巨头，如阿里巴巴、百度、字节跳动等也纷纷进入在线音频领域，加剧了市场的竞争。

（三）广告和付费模式并存

在在线音频行业中，广告和付费模式是主要的商业模式。一方面，平台通过在音频内容中插播广告获取收入；另一方面，平台提供订阅或付费下载音频内容的服务，用户可以通过付费获得无广告、高音质的音频体验。目前，付费用户数量逐渐增加，但广告仍然是主要的收入来源。

（四）内容多样化和个性化

在线音频平台提供了丰富多样的音频内容，用户可以根据自己的兴趣和需求选择收听。同时，平台通过算法和用户行为分析，向用户推荐符合其兴趣和偏好的音频内容，提供个性化的服务。

三、音频行业发展前景预测

（一）增长势头持续

在线音频行业将继续保持快速增长的势头。随着更多的用户加入和更多的内容供应商进入市场，在线音频行业的规模和影响力将进一步扩大。

（二）内容多样化

随着在线音频平台的竞争加剧，内容的多样化将成为关键。用户对于不同类型的音频内容的需求不断增加，包括音乐、播客、有声读物等，因此在线音频平台需要不断创新和提供多样化的内容，以吸引和留住用户。

（三）技术创新

技术创新将推动在线音频行业的发展。例如，人工智能和语音识别技术的进步将改善用户体验，为用户提供更智能化和个性化的音频服务。虚拟现实和增强现实技术的应用也有望为在线音频行业带来新的发展机遇。

（四）地域扩张

在线音频行业的发展不仅限于国内市场，还有巨大的国际市场潜力。随着互联网的全球化和跨境支付便利性的提升，在线音频平台可以通过拓展国际市场来实现更大的增长。

总体而言，在线音频行业具有巨大的投资机会和发展前景。随着用户需求的增加和技术的进步，该行业有望继续保持快速增长。

任务描述：对比、选择市场主流音频平台，并完成注册。

任务要求：对比三个以上主流音频平台的注册规则和平台粉丝活跃度，选择其中一个完成注册，并说明你选择该平台的原因。

第三节 音频营销的策略

在移动互联网时代，音频营销独有的优势决定了音频相对于其他媒介形式而言，有更多的新玩法和想象空间。那么音频营销是不是就是利用音频平台直接叫卖产品呢？假设你是一家公司的营销人员，你所在的企业要进行音频营销，你将如何开展工作呢？

一、找准用户需求

洞察用户需求是新媒体运营者的"职业本能"，只有了解什么是用户真正的需求，才能在这个时代实现营销制胜。因此，就音频新媒体而言，主播及新媒体运营者首先要挖掘在线音频用户真正的需求，这样才能有的放矢。艾媒数据中心发布的2023年我国在线音频用户偏好收听内容类型的调查结果如图5-5所示。该调查显示，在线音频用户主要收听的内容类型为娱乐内容，然后是知识学习、生活内容、有声阅读、资讯内容和音乐电台等。这在一定程度上反映出我国在线音频用户的泛娱乐化休闲需求较大。

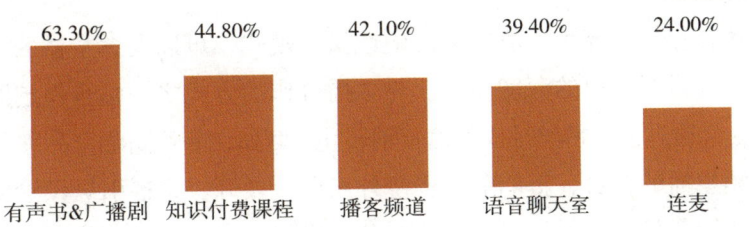

图 5-5　2023 年我国在线音频用户偏好收听内容类型

要想促进音频行业发展，行业人士需要进行内容生态的建设，如今喜马拉雅、蜻蜓FM和荔枝FM等在线音频平台通过品牌营销等方式积极开拓付费市场，促进音频行业内容的消费升级。随着用户对品质化、功能性内容的需求不断增强，其付费意愿也将逐渐增强。在音频付费内容方面，以前平台以提供知识类内容为主。随着在线音频市场的发展，伴随用户年轻化、休闲方式碎片化的特点，除了知识类内容以外，用户对情感节目、脱口秀等泛娱乐化节目的需求不断增加，泛娱乐在线音频付费市场有望进一步扩大。

二、选择合适的营销模式

随着科技的发展和娱乐方式的多样化，很多独具特色的音频平台不断出现，其在丰富人们生活的同时，也成为广大企业或商家开展内容电商营销的重要渠道。在各种移动场景中，单纯的视频节目很难完全满足用户的碎片化需求，而伴随属性较强的音频节目恰好能满足用户的碎片化需求。与传统广播不同，在线音频的营销不是纯粹建立在声音媒介上，而是依托于智能交互设备与互联网传播媒体，这也意味着在线音频的营销手段更加丰富。音频营销的核心在于打造适合用户的产品场景及增强用户黏性，其强互动性和内容的多元性可以让广告投放变得更加智能、有效且可追踪，这正是音频营销的价值。

音频营销模式主要有以下几种。

（一）插入广告

在音频中插入广告是利用音频内容进行营销推广的方式之一，与在视频中植入广告相似，在音频中插入广告通常会选取目标受众集中的音频节目进行广告植入。例如，以年轻女性群体为主的音频节目内容往往会插入美妆类产品、女装类产品的广告。这类营销模式将产品推广内容与音频内容巧妙结合在一起，从而取得精准的传播推广效果。以喜马拉雅为例，喜马拉雅将这类广告称为声音流广告。用户在听音频时，很难跳过音频节目中的广告，这样一来，在用户独占场景中插入的广告的触达率较高。此外，声音流广告的时长只有15~30秒，时间短，不容易引起用户的反感，而且喜马拉雅可以根据产品的属性挑选音色与之匹配的配音演员录制广告，这在无形中也为产品增添了魅力。

（二）与主播合作

品牌与主播合作，摒弃了一般广告的硬性植入模式，可以发挥主播的个人影响力和号召力，强化品牌与目标用户的深度沟通。与主播合作的方式之一是合作定制节目，根据品牌和产品的特点，通过设定粉丝特权加速营销转化。例如，专业防晒伞品牌蕉下的"小黑伞"就曾植入某音频主播的节目，整期节目围绕外出游玩展开，主播引导没涂防晒霜的用户去购买防晒伞。这期节目是主播专门创作的，节目风格延续该主播以往的风格，主播介绍了"小黑伞"的特性、优惠活动、购买方式等信息。

要想通过与特定主播合作定制节目、植入节目的方式实现营销转化，品牌方就要设定用户特权。例如，在"小黑伞"的广告植入中，用户找到客服，说明自己是主播的粉丝后有额外赠品，这就展现了用户的专属感。

（三）IP营销

IP营销是指采用IP整合营销、品牌开课、IP共建的方式发挥IP在品牌营销活动中的作用。这种以针对品牌定制的优质音频IP节目为媒介，在潜移默化中传递品牌价值的方式，减少了品牌营销活动与用户的疏离感，更容易被用户接受。

1. IP整合营销

IP整合营销是指品牌IP通过音频IP的粉丝效应实现品牌曝光，而音频IP通过品牌IP的赞助支持给粉丝发放福利，以增强粉丝的黏性。IP整合营销主要涉及冠名、植入、互动和衍生等形式。

（1）冠名：主要有口播冠名、专辑文字描述、配套硬广等。

（2）植入：根据品牌信息、调性及需求与节目内容实现深度绑定。

（3）互动：制作线上的具有创意的H5内容，也可以定制线下主题活动。

（4）衍生：根据品牌需求及节目内容进行创意延展，授权企业使用合作冠名节目的冠名称号和节目宣传素材，用于站外线上线下宣传。

2. 品牌开课

品牌开课是指围绕品牌主题邀请名人、专家开课，或在平台上挑选与品牌调性契合的付费专辑，然后购买一定数量的听课券或优惠券，通过节目赠送给品牌的目标用户。而平台会在各类高曝光、高点击的流量入口展示活动广告。用户通过集赞、抽奖、社交分享等方式传播音频节目，获取听课券或优惠券以后才能免费或低价收听付费节目。这种方式能够有效地达成传播品牌信息的目的，为品牌在站外带来二次曝光。

3. IP共建

IP共建是指品牌根据自身的主题调性与音频平台强强联合，双方共同孵化IP。

（四）打造音频自媒体

品牌可以直接进入音频平台，打造属于自己的音频自媒体，这是一种很好的拓展营销渠道的方式，对于推广品牌、增强粉丝黏性具有积极效果。当然，企业在打造音频自媒体时要结合自身特点，选择精准的定位和发展方向，如知识攻略型、达人互动型、幽默搞笑型、活动传播型、情感美文型等。

以喜马拉雅为例，喜马拉雅推出了品牌电台功能，这是基于广告主建设品牌的需求，运用音频节目的组织形式打造的音频营销模式。品牌方打造好品牌电台后，既可以自行负责音频内容的制作，也可以选择由喜马拉雅邀请合适的主播制作相关内容。而在宣传推广层面，喜马拉雅利用大数据算法生成的用户画像信息，可以实现精准推荐和投放，并推动品牌和喜马拉雅用户之间进行沟通交流。

（五）平台活动

各大音频平台都会推出相应的平台活动来吸引流量，为品牌赋能。例如，喜马拉雅一年一度的内容消费狂欢节——"123狂欢节"已成为声音内容的行业盛会，品牌只要成为"123狂欢节"的赞助人，就可以享受巨大的流量红利，进一步提升品牌形象。

经典案例

喜马拉雅的音频营销策略分析

由中国移动首席冠名、中国人保行业赞助的喜马拉雅"声动冰雪纪"大型主题活动（图5-6）于2022年2月4日上线，并持续至2月23日，在冬奥会期间持续为用户带来了最有料的现场报道与深度解读。喜马拉雅大数据显示，超过2 000万人次参与了"声动冰雪纪"主题活动。体育内容的音频表达方式与商业化路径，通过"声动冰雪纪"得到了进一步探索。

图5-6 "声动冰雪纪"主题活动

此次"声动冰雪纪"活动期间，《冬奥＋邮》《冬奥"捷"报》《南都·逐梦冰雪》《冬奥背后的气象"密码"》《双奥之城 北京时刻》《界外编辑部｜冰雪冠军连线》《冰雪巅峰，论剑北京》《2022，羊晚带你燃情北京！》等上百个冬奥专辑全新上架喜马拉雅，助力广大体育迷从各个视角了解全景赛事。

《冰雪直播间》根据每日热点话题给听众带来兼具时效与深度的内容，解析赛事背后不为人知的故事；而运动员空降直播间，也进一步拉近了奥运选手与观众的距离，让更多用户成为冰雪运动的拥趸。此外，"观詹 | 詹俊电台""杨侃 | 杨毅电台""金相凯电台""克韩电台""译男：很'男'说""解说 | 苏东电台""申思己见""帆看世界 | 武一帆电台""锋言锋语""林良锋电台""体坛热搜研究所"等60多档体育播客，也加入喜马拉雅"声动冰雪纪"冬奥特别专题，为听众提供更丰富的冬奥音频大餐。

在音频体育营销方面，喜马拉雅先后与沃尔沃、中国移动、东风日产等头部品牌展开合作，不仅为品牌带来千万级乃至亿级的品牌曝光，还精准触达体育爱好群体，帮助品牌与用户进行深度的情感联结，补足了以往体育营销矩阵中音频流量的缺口。

资料来源：李俐.冬奥会开幕日，喜马拉雅上线"声动冰雪纪"大型主题活动[N].北京日报，2022-02-04.有改动

音频运营人员应该对知识产权法律有一定的了解。了解著作权保护期限、署名要求和合理使用的概念等，有助于运营者合法使用他人的作品。运营者也可以选择使用免版权的素材或自己创作素材，以避免侵权问题。免版权素材可以在免费版权图片网站、创意共享平台或专门提供免版权音乐的网站上找到。此外，也可以自己学习录制音频，创作出自己的素材，确保原创性和避免侵权风险。

三、录制高质量的音频

音频新媒体内容的主打特色是声音优势，因此主播要录制高质量的音频。为了做到这一点，主播可以从以下几个方面出发，以提升音频节目的品质。

（一）备好稿子

主播应备好稿子，以保证录制音频的过程流利、顺畅。主播最好提前看一遍甚至几遍稿子，而不是粗略浏览，且把不确定的字音核查清楚，这样就不至于在正式录制时出现停顿、一句话读不通顺、断句过多等情况。

（二）投入感情

为了避免让听众产生冷冰冰、严肃和刻板的感觉，主播在录制音频时要投入感情，这样可以提高音频质量。

（三）放松身心

主播在讲话时不要带有浓厚的背诵痕迹，而要放松身心，让自己保持身心愉悦，尝试用自然的方式讲话。

（四）控制语速

很多新手主播会出现拖音的问题，其原因有很多，如眼睛跟不上嘴巴、嘴巴跟不上眼睛、自认为读得太快等。主播可以在录制完成以后将其与自己喜欢的节目做对比，调整语速，让自己渐入佳境，自然发挥。

（五）避免"喷麦"

"喷麦"也叫"爆麦""炸麦"，一般出现在主播读爆破音时。录制音频时出现"喷麦"现象一般是由于主播的嘴巴距离录音设备太近，控制好距离即可避免该问题。主播可以使用耳麦录制音频，这样音频的音质会更好。主播的音量不能过大或过小。如果音量过大，震耳欲聋，主播就要有意识地压低嗓门，渐渐形成习惯；如果音量过小，声若蚊蚋，主播就要在录制音频之前放声朗读五分钟以上，以打开喉咙。

（六）减少噪声

录音设备非常灵敏，如果旁边有人说话、附近的道路上有车开过，或者有任何比较大的响动，这些情况下产生的噪声都有可能被录入。主播可以采用以下措施来减少噪声。

（1）录音时关闭门窗，同时不要在太狭窄或太空旷的地方录音。在过于狭窄的地方录音会让声音听起来很闷，在过于空旷的地方录音会使声音听起来自带混响效果。

（2）在录制过程中如果遇到杂音，要先停下来，等杂音过去以后重录一遍，录完以后剪辑即可。

（3）录音时身体不要有太大幅度的移动，以避免出现杂音。

（4）不要穿摩擦声太大的衣服录音，否则不经意的动作发出的声响就会被录入。

（5）耳机线不要触碰到手机。主播可以握住耳机线，或者待在耳机线碰撞不到其他东西的地方，从而避免杂音的出现。如果设备自带杂音，可能是设备的听筒存在故障，或者电路有问题，这时主播要及时检查维修设备，或者重新购买更适合录音的设备来录制音频。

（七）避免口水音

主播要注意让口腔的湿润度处于合适的水平，有经验的主播经常采用以下小妙招：吃苹果、多喝温开水、打开口腔、注意保持嘴巴与话筒之间的距离、观察自己容易发出口水音的字词并尽量规避它们，或者调整舌头的位置来避免口水音。

任务描述：用不同的手机进行音频录制，体验操作方法的差异，对比录制效果。

任务要求：借助手机自带的录音机进行音频录制，每个手机型号和品牌的录音机功能不尽相同，因此具体的使用方法和操作界面可能有所不同，录制时要注意保证音频质量，避免出现杂音。

思考与实践

一、单项选择题

1.IP营销是指采用IP整合营销、品牌开课、（　　）的方式发挥IP在品牌营销活动中的作用。

　　A.IP共建　　　　B.明星合作　　　　C.达人代言　　　　D.意见领袖

2.音频行业的经营现状包括市场规模扩大、流媒体平台竞争加剧、（　　）、内容多样化和个性化。

　　A.低成本运营　　　　　　　　　　B.免费引流

　　C.广告和付费模式并存　　　　　　D.软文广告

3.音频平台通过算法和（　　），向用户推荐符合其兴趣和偏好的音频内容，提供个性化的服务。

　　A.用户行为分析　　B.广告收费　　　C.数据分析　　　　D.运营经验

4.音频IP整合营销主要涉及冠名、植入、互动和（　　）等形式。

　　A.分析　　　　　　B.广告　　　　　C.反馈　　　　　　D.衍生

5.音频营销的核心在于打造适合用户的产品场景及（　　）。

　　A.音频产品　　　　B.收费广告　　　C.增强用户黏性　　D.销售数据

二、判断题

1.音频本身的声音价值、传播价值、人群价值、场景价值为品牌营销创造了更宽泛和美好的想象空间。（　　）

2.音频接收形式轻松自然，营销"侵入感"强。（　　）

3.相较于视频、直播等形式来说，音频节目的收听场景、收听内容缺乏延续性。（　　）

4.品牌符号可以是声音、颜色、图形、味道、气味等。（　　）

5.在线音频行业中，广告和付费模式是主要的商业模式。（　　）

三、实训题

实训目的：通过在音频平台发布作品，观测相关数据，培养平台思维和数据思维。

实训要求：选择喜马拉雅音频平台，录制音频并分析各项数据。

操作步骤：

（1）选择平台。选择喜马拉雅平台，注册账号，取一个合适的昵称。

（2）录制音频。备好稿子，投入感情、放松身心地说话，保持语速和音量适中，嘴巴与话筒保持合适的距离，同时布置一个安静的环境，以减少噪声。

（3）分析数据。观察作品的各项数据，如总体概览（核心数据、来源分布、播放趋势、我的排名），专辑数据（核心指标、专辑排名、收听时段、留存分析），声音数据（发布时间、播放量、评论数、完播率和跳出分析），听众分析（地域分布、性别比例）。通过数据，找出自己的不足，发现自己的优势，扬长避短，不断提升作品质量，以吸引更多的粉丝。

实训提示：录制音频的文稿要避免出现违禁词、敏感词等触犯平台规则的内容，否则会无法通过审核。

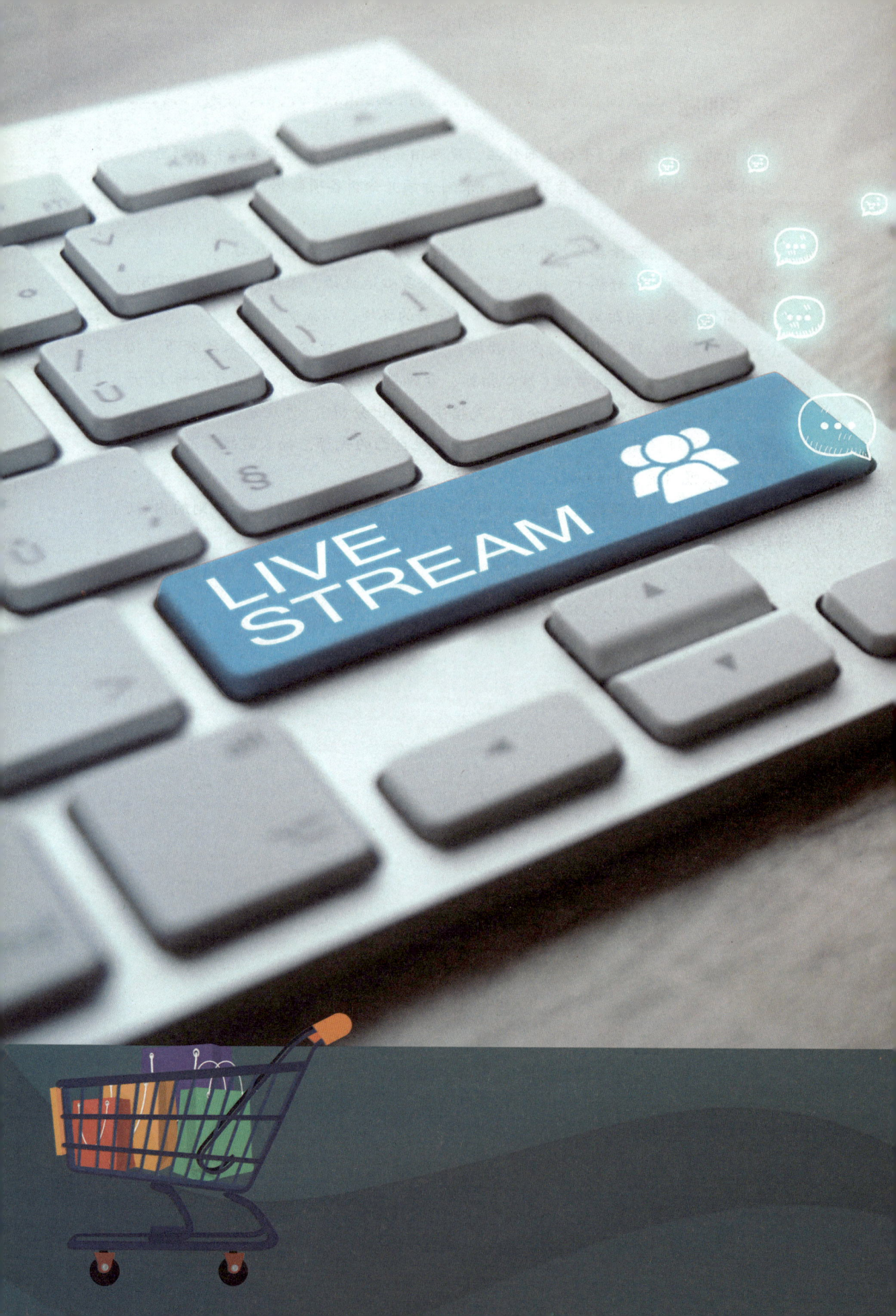

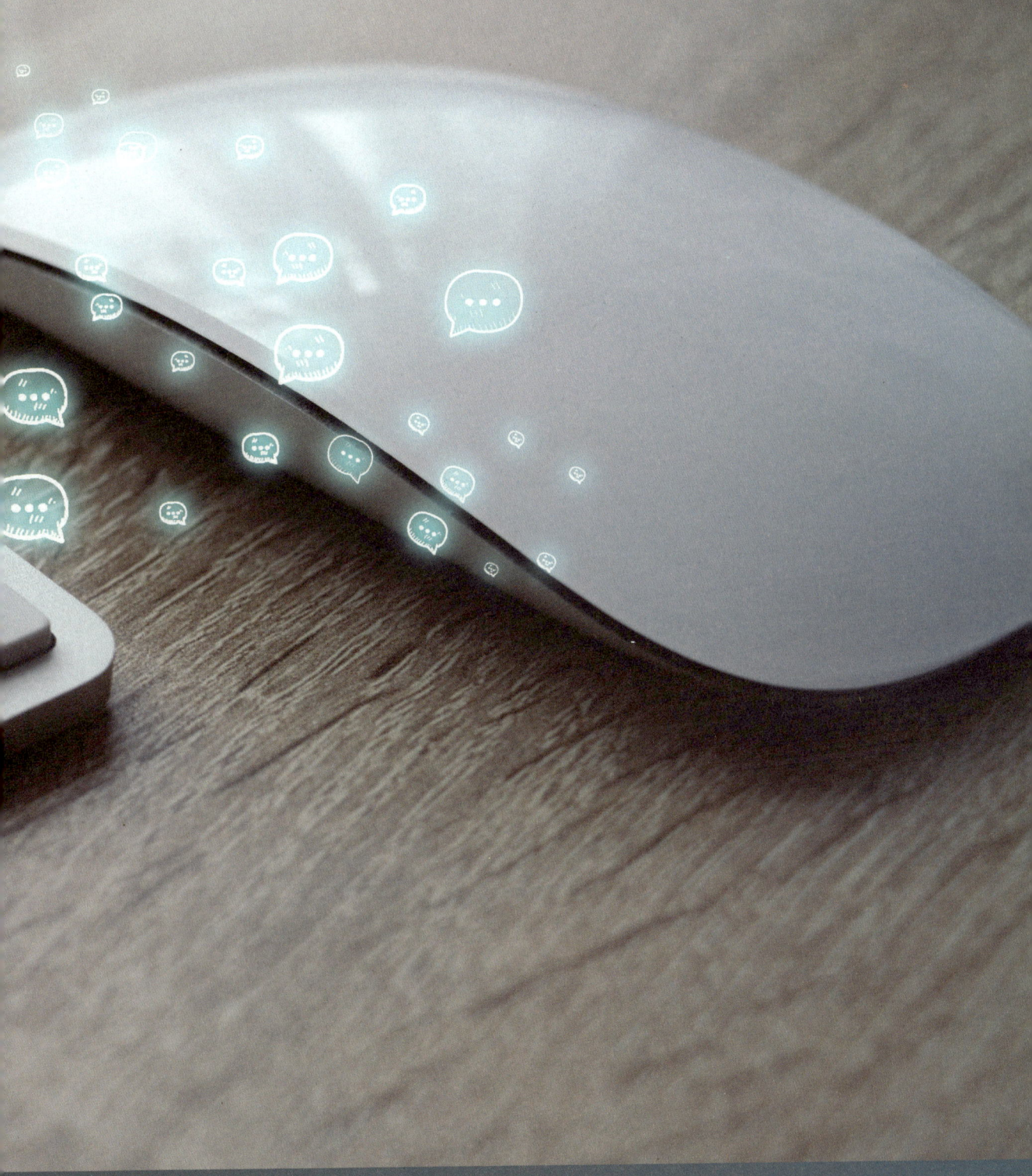

短视频营销 / 第六章

学习导图

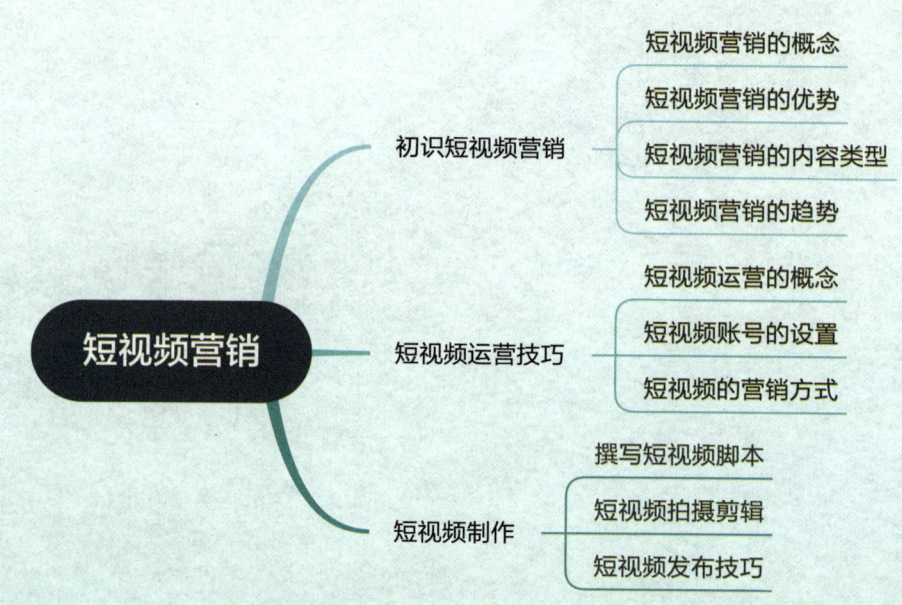

学习目标

知识目标

1. 了解短视频营销的优势。
2. 了解短视频营销的内容类型。
3. 了解主流短视频营销平台。

技能目标

1. 掌握短视频账号的设置方法。
2. 掌握短视频选题策划、内容策划和整体优化的方法。
3. 掌握短视频营销推广的方法。

思政目标

1. 培养创新意识和创业精神。
2. 培养版权意识和法律意识。
3. 培养精益求精的工匠精神。

第一节 初识短视频营销

情境导入

在日常生活、工作中，有的人一有空闲时间，就会去刷短视频。根据这一现象，如何利用用户的各种空闲时间，让产品、品牌能够更多地出现在用户的视野中呢？假如你是一家公司的营销人员，请你完成一次有效的短视频营销。

一、短视频营销的概念

传统视频包含电视广告、网络视频、宣传片等，而短视频的出现，带给大众的是随时随地且随意的视频享受。视频营销的发展历程如图6-1所示。

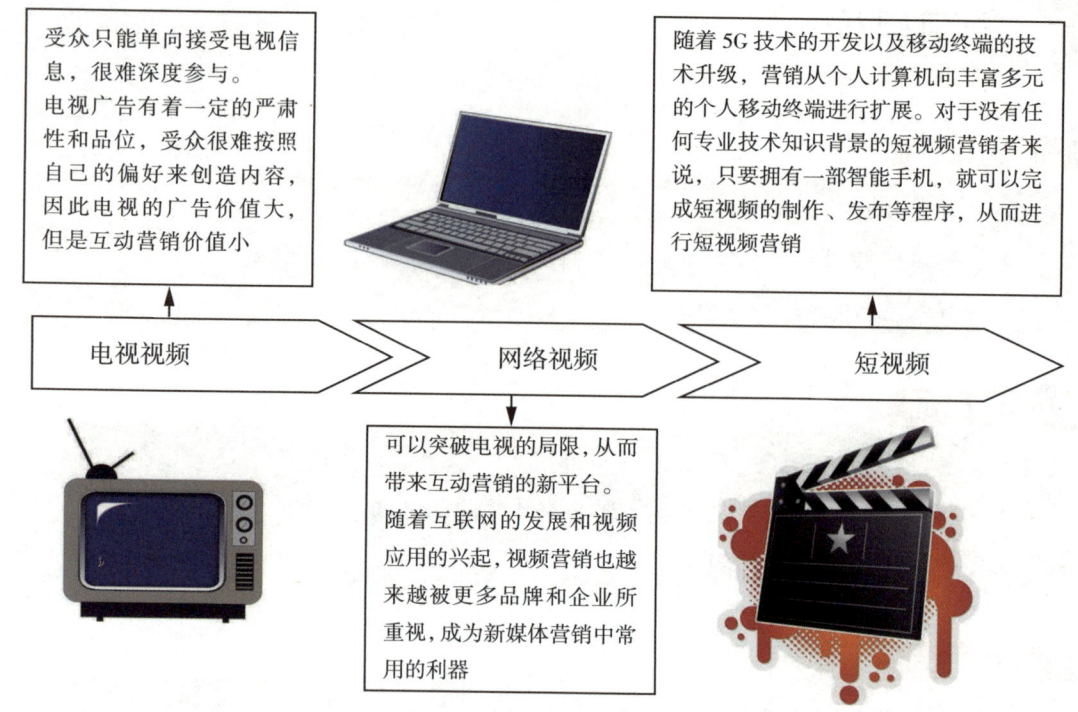

图6-1 视频营销的发展历程

视频营销是指主要以视频网站为核心的网络平台，其以内容为核心、创意为导向，利用精细策划的视频内容实现产品营销与品牌传播的目的；是"视频"和"互联网"的结合，具备二者的优点；既具有电视短片的优点，如感染力强、形式内容多样、创意新颖等，又有互联网营销的优势，如互动性强、主动传播性强、传播速度快、成本低廉等。

短视频营销

随着移动互联网的飞速发展，短视频逐渐走入人们的日常生活。它的出现让人们能够在碎片化的时间里，快速汲取信息、享受娱乐、获取知识。短视频的起源可以追溯到2005年，那一年美国的YouTube诞生，成为世界上第一家在线视频分享网站。不过在那个时代，受限于网络的速度和带宽，短视频并未像现在这样风靡全球。2011年，我国推出了"秒拍"应用，这是我国首款短视频应用，它允许用户拍摄15秒的短视频并与朋友分享。2014年，中国正式进入4G时代，以移动网络为基础的短视频开始兴起与发展，并在短时间内成为家喻户晓的产品，像中国现阶段最火的抖音、快手等短视频App，都是在此基础上应运而生的。2019年是中国的5G元年，科技的发展让短视频的发展走上了快车道，相关应用越来越受到人们的青睐，成为许多人生活中不可或缺的一部分。短视频营销逐渐成为企业营销的重要手段之一。

短视频营销是指在短视频平台上发布有关企业产品和服务的宣传视频，通过有趣、创新的形式向目标用户展示企业的产品和服务，从而挖掘潜在客户、提高品牌知名度和销售额。

二、短视频营销的优势

（一）趣味性强

短视频利用的是人们的碎片化时间，相较于图文的宣传方式，它更有趣一些，能更好地吸引、留住用户。

（二）互动性强

短视频的互动性强，实现了明星和粉丝、政府和民众、公司和客户的直接沟通。客户在短视频下面留言，短视频发布者可以第一时间收到并且回复，直接回答客户的各种问题，更容易增加客户的信任度，从而提升交易成功率。

（三）成本低

相比于电视广告，短视频的制作成本更低，几个人、简单的设备就可以拍摄出来，且有很多平台可以选择。

（四）流量大

短视频还有一个优势是其他的营销方式无法比拟的，即它拥有的用户流量是不可估量的，并且包含的用户类型广泛。

三、短视频营销的内容类型

短视频营销内容的多样性和创新性，使其成为各行业企业推广产品、增加品牌曝光度的重要手段。短视频营销的内容类型主要有以下几种。

（一）品牌宣传类短视频

品牌宣传类短视频是企业最常见的短视频营销内容之一。通过短视频，企业可以向消费者展示自己的品牌形象、产品特点和核心价值，从而提升品牌知名度和美誉度。这类短视频通常以故事性、情感性为主，通过生动的画面和精彩的剧情吸引观众的关注，并在视频结尾处巧妙地融入品牌标志和口号，以达到品牌宣传的效果。

（二）产品介绍类短视频

产品介绍类短视频是企业推广产品的重要方式之一。通过短视频，企业可以直观地展示产品的外观、功能和使用方法，吸引消费者的兴趣，激发其购买欲望。这类短视频通常以简洁明了的语言和画面展示产品的特点和优势，同时结合一些创意元素和幽默感，以增加观众的记忆点和共鸣感。

（三）用户体验类短视频

用户体验类短视频是企业通过展示用户使用产品的场景和感受，来增加消费者对产品的信任和购买欲望的一种方式。这类短视频通常以真实的用户故事为基础，通过展示用户在使用产品时的场景、反馈和感受，向消费者传递产品的实用性和价值。这种方式可以有效地增加消费者对产品的信任感，提高购买转化率。

（四）行业知识类短视频

行业知识类短视频是企业通过向消费者传递行业知识和技能，来提升自身专业形象和影响力的一种方式。这类短视频通常以专业的语言和图表展示行业知识和技能，通过简洁明了的解说和案例分析，向消费者传递专业性和权威性。这种方式可以帮助企业树立专业形象，吸引目标受众的关注和信任。

（五）品牌合作类短视频

品牌合作类短视频是企业通过与其他品牌合作，共同推广产品和增加品牌曝光度的一种方式。这类短视频通常以品牌合作的故事为主线，通过展示两个品牌的互补性和合作关系，向消费者传递品牌的价值和优势。这种方式可以借助其他品牌的影响力和资源，提升自身品牌的知名度和美誉度。

（六）互动营销类短视频

互动营销类短视频是企业通过与消费者互动，提高消费者参与度和增强黏性的一种方式。这类短视频通常以趣味性和创意性为主，通过设置问题、游戏或挑战，引导消费者参与和分享。这种方式可以提高消费者的参与感和忠诚度，提升视频的传播效果和品牌曝光度。

短视频营销内容分类多样，每一种类型都有其独特的特点和应用场景。企业在制作短视频营销内容时，需要根据自身品牌定位和目标受众的需求，选择合适的短视频类型，并结合创意和创新元素，吸引消费者的关注。同时，企业还需要关注短视频的时效性和传播渠道，以确保短视频营销策略的有效性和成功度。通过合理运用短视频营销内容，企业可以有效提升品牌知名度、增加产品销量，实现营销目标的最大化。

四、短视频营销的趋势

在移动互联网营销时代，硬广告营销处于短板期，而短视频的出现，恰好迎合了用户的情感和心理需求，为企业带来了更多的营销机会。对于企业来说，在广阔的互联网与移动互联网营销世界，短视频营销拥有更大的发展前景。

（一）品牌视频化

如今，很多企业都开始将品牌广告通过视频展示出来，这种趋势非常明显。例如，999感冒灵在2022年3月上线了一支由真实故事改编的短片《种春天》，在勾起大众内心共鸣情绪的同时，进一步赋予品牌暖心的形象，形成了良好的品牌效应。

（二）视频电商化

用户一直想拥有自己的特权产品和购物体验，企业也一直努力去满足用户的个性化消费需求。在短视频营销时代，用户可以在短视频的终端向企业提出自己的需求，而企业则可以根据用户的需求变化，为其定制相应的产品及服务。这样的营销变革可以使企业省去无数的中间环节和市场费用，而用户则能获得最实惠、最优质、最及时的商品和服务。

（三）从UGC向AIGC转化

UGC模式就是以普通用户生成内容为主，每个人都可以在平台上发布内容，发布后经过系统或人工审核后，即可在平台上展示。随着短视频的普及和用户数量的暴增，受众对短视频的需求逐渐侧重在内容方面。用户对低质量的UGC内容已经审美疲劳，随着外界的推动和行业自身的发展需求，平台逐渐走向PGC、PUGC的专业化道路，而AI技术的发展，尤其是ChatGPT的出现，加速了AIGC技术及其应用的发展。AIGC能够生成文本、图像、视频、音频等多种形式的内容。随着技术的发展，AIGC已经被广泛应用于新闻、娱乐、教育、医疗、金融和广告等领域，其应用范围还在不断扩大。

（四）广告内容化

将广告转化为短视频中的一个重要组成元素，或者一个剧情纽带，间接地吸引用户，起到润物无声、潜移默化、细水长流般的作用，不仅能够排除企业自卖自夸之嫌，而且可以对用户产生更大的吸引力。

（五）客服视频化

视频客服系统的到来，标志着短视频营销时代的到来。尽管在短视频客服系统之前，在线文字系统、在线会议系统已经有一定的历史了，但它们都不属于真正的短视频营销范畴。视频客服系统真正地让网站产品以短视频的形式展示，其转化率是文字与图片远远不能比拟的。

> 任务描述：在网上收集一个2020年后发布的品牌宣传类短视频，分析它使用了什么样的方式来展示自己的品牌形象、产品特点和核心价值，从而吸引消费者关注。
>
> 任务要求：以小组为单位，将收集的案例制作成PPT，并在班级里作为案例进行分析。

第二节 短视频运营技巧

随着移动互联网时代的到来，越来越多的用户喜欢通过短视频来获取信息。同时，对于企业而言，通过短视频来进行品牌推广也变得越来越重要。于是短视频运营成为新媒体运营工作的一个重要部分，也成为企业运营部门的一项重要工作，那么如何开展短视频运营工作呢？

一、短视频运营的概念

所谓短视频运营，是指通过制作、发布、传播和管理短视频内容，实现品牌推广、用户增长和商业变现等目标的过程。具体来说，它主要包括确定目标受众、短视频平台选择、短视频内容创作、短视频传播渠道选择、短视频数据分析。

（一）确定目标受众

在开始运营短视频账号之前，要确定企业的目标受众是谁。了解目标受众的年龄、性别、兴趣爱好和消费习惯等信息，可以帮助运营者创作有针对性的内容，更好地吸引观众。

（二）短视频平台选择

目前市场上有很多短视频平台，如抖音、快手、视频号等。抖音是一款专注于吸引年轻人的音乐短视频社区平台，是一个集合了短视频拍摄和音乐创意的短视频社交软件，是一个迅速崛起的娱乐营销流量池。相较于抖音，快手的特点是真实，这也表明了两个平台的不同定位。要想在快手平台做好短视频营销，最重要的是做到真实、接地气，直观反映生活原貌。视频号背靠着微信生态，有着超过13亿的月活。其内容以图片和视频为主，可以发布长度不超过1分钟的视频，或者不超过9张的图片，还能带上文字和公众号文章链接，而且不需要PC端后台，可以直接在手机上发布。视频号支持用户点赞、评论等互动，也可以转发到朋友圈、聊天场景，与好友分享。

企业选择适合自己的短视频平台时应注意三个方面，即根据目标用户选择，根据内容类型选择，以及根据商业变现能力选择。

（三）短视频内容创作

短视频平台上竞争激烈，要想引起观众的关注，企业需要创作独特、有创意的内容；

寻找与企业的目标受众相关的热门话题、潮流和时事；结合企业的特点和创意，制作吸引人的短视频内容。

运营者可以运用剪辑技巧、音效、字幕等元素，提升视频质量和吸引力。同时，保持内容的多样性和频繁更新，使观众保持对其账号的兴趣和关注。

短视频的内容是短视频运营的核心。因此，企业需要有一支优秀的内容制作团队，根据目标用户的需求和喜好，制作高质量、有吸引力的内容。同时，要注意内容的持续更新和优化。那么，优质的短视频内容应该具备哪些特点呢？

（1）短小精悍：时间不宜过长，一般控制在1分钟以内。
（2）独特有趣：要有新鲜感和趣味性，能够吸引用户。
（3）视觉冲击力强：画面要清晰明亮、色彩鲜艳，给人以视觉冲击。
（4）与品牌相关：要与品牌相关联，能够有效地提升品牌知名度。

（四）短视频传播渠道选择

除了在短视频平台上发布内容之外，运营者还可以通过以下渠道进行传播。
（1）社交媒体：通过微信、微博等社交媒体进行传播。
（2）网站嵌入：将短视频嵌入公司网站进行传播。
（3）视频广告：通过投放短视频广告进行传播。

（五）短视频数据分析

数据分析是短视频运营里非常重要的一环，关系到账号能否持续输出用户喜闻乐见的内容。所以，运营者要定期通过数据，对视频的播放量、点赞量、收藏量、评论量、发布时间、受观众喜爱度及粉丝增长情况进行分析，然后根据分析结果做出相应的优化调整。

二、短视频账号的设置

（一）账号定位

定位是个比较宽泛的概念，在商业上，"定位之父"杰克·特劳特（Jack Trout）说过，所谓定位，就是令你的企业和产品与众不同，形成核心竞争力；对受众而言，即鲜明地建立品牌。抛去复杂的理论，定位，简单来说，就是：你是谁？你要做什么？你和别人有什么不同？而在短视频上的定位，则可以再深入思考两点：用户为什么要看你？你这样做有自己的优势吗？

俗话说，"先谋而后动"，只有前期做好了详细的规划，后期才会产生事半功倍的效果。账号定位的主要目的就是确定账号的主攻领域。短视频账号定位越明确、领域越垂直，粉丝就会越精准，商业变现也就越轻松。

对于刚开始做内容的短视频新手来说，可参照以下公式进行定位：

$$短视频账号＝表现形式＋表现领域$$

运营者应在第一步就做好账号定位，这样做的好处有以下几点。

1. 给用户一个明确的第一印象

我们可以在第一时间看到身边的某个人的外貌特征，如高矮胖瘦等。而账号的定位，则是让用户能够快速地了解企业及企业产品。

2. 通过差异化进行突围

通过差异化进行突围包括两个方面：一是让平台认识到账号的差异化，二是让用户认识到账号的差异化。差异化能够有效提升用户的关注度。

3. 明确账号内容生产和变现的方向

结合用户需求、内容生产能力、变现方式去做好账号定位，才能保证后续内容的持续产出，保证账号能持续化运营。

4. 迎合平台的喜好，持续获得流量扶持

当下，平台都希望能有更多持续在特定领域产出垂直内容的账号，比如各种达人账号，这样的账号和内容对平台来说更有价值，平台才会不断地给予流量支持。

短视频审核机制与流程

经典案例

返乡青年的短视频运营策略分析

2021年12月16日，《新华每日电讯》发表题为"两个月吸粉1 600多万，争议、模仿、围观也纷至沓来，张同学是谁？一个返乡青年用短视频建构的家乡"的报道。

伴着魔性的音乐，"张同学"从东北大炕上一跃而起，拉开粉色印花窗帘，穿起披在枕头下的袜子，下床喂狗、养鸡、"嘎肉"、做饭……开始了看似粗糙，实则飘逸、洒脱的一天。

凭借高频快剪的视频风格，"张同学"在抖音平台两个月内就迅速吸粉1 600多万。与他相关的话题屡屡登上热搜榜，许多网民留言说，在"张同学"的视频中，看到了乡愁。

随着我国经济社会的快速发展，城镇化进程不断加快，越来越多的农民变成市民，曾经炊烟袅袅、小桥流水的乡村生活成为美好的回忆。在短视频平台，"张同学"营造的略带怀旧风的乡村生活场景中，人们找到了记忆里的乡愁和心灵的慰藉。

除了看到乡愁，人们还从"张同学"的视频里，看到正在老去的乡村的缩影。随着越来越多的年轻人外出求学、务工，进城安家，部分乡村空心化、老龄化等问题随之产生。在这里，更多的是老旧的房屋、老去的人们、留守的妇女儿童。乡村要振兴、要发展，力量在哪里？这些深层次的问题，不由得让我们去深思。

"张同学"在网络上火爆之后，很多粉丝从全国各地到他的家乡去"求合影""打卡"，也增加了"张同学"生活的村庄——松树村的曝光率。从现实角度考虑，这种被

"看见"是有意义的,在乡村振兴的大背景下,乡村该怎样去振兴、怎样去发展,未来农民的生活该往何处去,我们的精神原乡该如何安放……这些都是值得思考的问题。

采访中,"张同学"也告诉记者,未来,他希望借助自己的人气,帮助家乡的乡亲们推销农产品,改变自己村庄的面貌。这种朴素的愿望无疑是好的,但实现乡村振兴,仅靠"张同学"还远远不够,需要我们每个人透过热闹的视频去深思,去行动,去守望我们共同的美丽乡愁。

资料来源:于力,孙仁斌,武江民.两个月吸粉1 600多万,争议、模仿、围观也纷至沓来,张同学是谁?一个返乡青年用短视频建构的家乡.新华每日电讯,2021-12-16.有改动

(二)账号搭建

除了做好短视频账号定位外,短视频的账号设置,封面、标签、文案等的设计都影响着短视频的营销效果。账号搭建过程中必须注意三个步骤,分别是取名字、做图片、写介绍。

1.取名字

账号取名字要遵循昵称"三好"原则,即好懂、好记、好传播。

2.做图片

账号中有三个地方需要用到图片,分别是头像、背景图、作品封面图。

(1)头像。头像的制作需要遵循这样的原则:简洁清晰,避免出现局部或者远景人像;尽量用大头照,避免硬性广告;禁止使用国旗、国徽等一切和政府机关单位有关的图案;文字类头像最好不要超过六个字;头像和背景最好有关联,给用户一个统一的印象。

(2)背景图。设置背景图的原则是颜色要与头像的颜色相呼应,给人一种统一的风格;最好把想要表达的信息放在背景图的中间偏上位置,因为软件会有一部分遮挡。

在背景图内容上可以打造个人形象,或者利用背景图做二次介绍,深化粉丝对账号的了解,也可以利用话术起到引导用户关注的作用。

(3)作品封面图。作品封面图有五种类型:个人品牌型、文字标题型、贴片模板型、图片诱惑型、三分切割型。

①个人品牌型通过走深度人格化的路线,将作品封面设置为某一个画面的截图,从而凸显人物,突出效果。

②文字标题型是把文字直接添加在封面上,变成封面标题的形式,这样可以让用户一眼就看到视频的重点。使用偏红、偏蓝、整齐规范的字体更能吸引用户的注意。

③贴片模板型是设计好贴片模板,每次只需替换内容即可,这样不仅操作方便、成本低,还会在潜移默化中让用户加深对账号的印象。

④图片诱惑型被用得最多的是美食账号。利用美食图片做封面,可以达到刺激眼球的效果。

⑤三分切割型是把封面图片分成三、六、九部分,将系列作品排列形成完整的图片,

常常用于影视推荐账号,如图6-2所示。

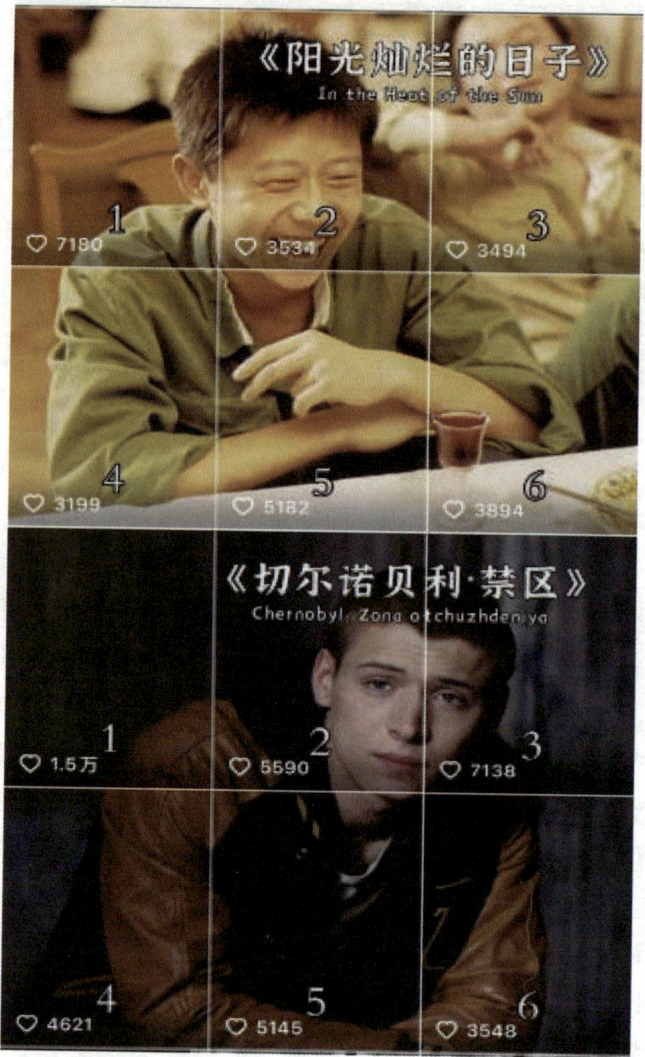

图6-2 三分切割型作品封面

3.写介绍

写介绍就是根据账号的定位,突出介绍账号的2~3个特点,要求简短、精练。

(三)短视频选题策划

抖音流量分配机制

创作短视频的时候,选题策划就是在做赛道的选择,不同的赛道有着不同的天花板(粉丝量、变现值)和不同的运营机制。但无论是什么领域的选题,以下几个原则都必须遵守。

1.贴近生活

贴近生活,也就是要以人为本。展开来说,短视频的选题内容要坚持用户导向,以用户粉丝需求为前提，不能脱离用户粉丝，要考虑到用户粉丝的喜好和痛点需求，这样才能有一个好的播放量。

2. 垂直定位

选题内容要和账号的定位有关联、有匹配、有垂直度，这样才有利于提升账号在专业领域的影响力，更有利于塑造IP，打造优质账号，增强粉丝黏性。

3. 有价值

简单来说，有价值就是对用户有用，能解决用户的实际需求或情感需求。这就要求账号的选题内容要以输出有价值、有干货的内容为目标，满足用户粉丝的需求，解决用户粉丝的痛点，这样才能达到裂变传播的效果。

此外，还可以围绕领域类的关键词进行扩展与细化，形成系列化选题。例如，美妆类账号可以选择"化妆和护肤"领域内的关键词进行扩展，如如何美白和保湿，如何画眼影、画腮红，选择哪个色号的口红好看，敷面膜的注意事项等。在为用户普及"变美技巧"的同时还能"种草带货"，收效会不错。知识分享类账号可以结合用户的成长路径，选择领域内关键词进行扩展和细化。例如，理财类账号可以从投资避坑指南、理财产品分析、行业资讯、理财建议等方面展开。剧情类账号则可以围绕"人物背景或者事件背景"打造系列化主题，如过年回家系列、面试系列、职场趣闻系列等。

（四）短视频选题维度

1. 频率

选题的内容要考虑在用户粉丝的需求和痛点上是不是存在高频发生率。换言之，就是是否属于目标用户粉丝群体的大众话题。只有用户粉丝高频关注点击，才能带来更多播放量。

2. 难易

创作者还应该考虑选题的制作难易程度，自己或团队的创作能力是否能够支撑起选题背后的内容生产和内容运营。由于用户粉丝现在对内容的质量要求越来越高，选题、内容、形式都是要考虑的因素。

3. 差异

无论是哪一种类别的选题或者哪一种话题，在短视频领域都有着不少的竞品账号，可以说是红海一片，甚至一些垂直细分领域已经有了头部大号。此时我们需要考虑到我们和竞品账号的差异化如何建立，以便于用户粉丝识别。

4. 视角

选题的视角关系到能给用户粉丝带来什么样的感受。创作者要考察站在哪个角度来看待选题，是站在用户粉丝的第一视角的"运动员角色"，还是站在第二视角的"裁判角色"，抑或站在第三视角的"观众席角色"？不同的选题需要根据实际情况来变换视角。

5. 行动成本

行动成本针对用户粉丝在接收到选题内容之后的动作，选题内容是否能够让用户粉丝一看就知、一学就会是非常重要的。只有真正满足用户粉丝的需求和痛点，才能触发用户粉丝的更多动作。

三、短视频的营销方式

（一）简单植入

简单植入是指将品标志直接呈现在短视频中。例如，在短视频中简单展示品牌Logo、品牌名称等。简单植入的营销方式大多表现为冠名、赞助等。由于使用该方式植入的品牌可以随意替换，品牌与短视频本身的联系并不紧密，所以营销效果一般。

（二）整合植入

整合植入是指将产品或品牌信息融入短视频内容中，使用户在观看短视频的过程中自然而然地看到品牌信息，甚至可以借此引起关注和讨论，从而达到品牌传播的目的。整合植入的营销方式比较含蓄，但营销效果通常比简单植入更好。

（三）焦点植入

焦点植入的层次在整合植入之上，它要求产品文化、品牌精神与短视频的内容十分契合，这些内容可以完美地通过短视频的情节展示出来，也可以把产品诉求同步表达出来，让用户深刻感知产品文化或品牌内涵。焦点植入不仅营销效果比简单植入和整合植入都更好，还有利于培养用户对产品和品牌的忠诚度，甚至有些企业会为自己的品牌量身定制品牌宣传片，从而实现营销推广的目的。

做好短视频内容是营销推广的重点和关键，短视频运营者应在保证内容质量的前提下进行产品植入。

专家解读

短视频选题的注意事项

远离敏感词汇。短视频平台都有一些敏感词汇的限制。例如，一段视频在某一个平台有很高的播放量，换到另一个平台就没有多少播放量。创作者应多去关注各平台的动态，了解平台官方发布的一些通知，也可以用句易网或易撰网进行初步的选题内容敏感词汇筛选，避免出现违规、封号、封禁的情况。

避免盲目蹭热点。很多热点、热门内容会涉及一些新闻时事、政治政策等内容，操作不当不但不会带来流量，甚至可能带来违规、封禁、封号的风险。

标题描述要合理。标题字数要适中，有些平台标题超过一定字数后，就会被自动折叠隐藏起来。格式要标准，数字用阿拉伯数字，尽量用中文表述，避免生僻字和网络词汇，方便机器算法获取识别。句式要合理，很多短视频平台，一般会要求标题为三段式结构，表述清晰，避免出现夸大性词组。

任务描述：用你所学的知识搭建一个短视频账号。

任务要求：在做好账号定位的基础上，设置好账号名称、头像、背景图等账号基础搭建所需要的内容。

第三节 短视频制作

做好账号的定位并完成基本设置之后，就要着手短视频的拍摄。在短视频时代，能否输出优秀的内容是一大核心问题。虽然每个短视频仅有短短几十秒或几分钟，但对于一个优秀短视频而言，每一句话、每一个镜头、每一个画面都是精心雕琢过的。那么怎样才能输出优秀的短视频作品呢？

一、撰写短视频脚本

（一）脚本的概念和作用

1. 脚本的概念

对于刚开始做短视频的新人来说，拍摄手法、技巧、拍摄装备等固然重要，但更重要的是视频内容，而做好视频内容的前提就是要有一个完整的视频脚本。

短视频内容准备与脚本设计

短视频脚本是指为短视频制作的一种文本指导，它包含视频中需要呈现的内容、情节和对话等要素。短视频脚本通常由文字描述组成，可以帮助制作人员更好地组织视频内容，提高视频的质量和效果。

脚本是我们拍摄视频的一大依据，前期的准备工作和后续的拍摄、剪辑等都要基于脚本。

简单来说,就是脚本已经设定好在什么时间、什么地点出现什么画面、什么人,镜头如何运用。可以说,脚本把整个短视频所涉及的一切东西都提前计划好了。

2. 脚本的作用

总的来说,提前写好脚本有以下两个作用。

(1)提高视频拍摄效率。脚本是短视频的拍摄框架。有了这个框架,前期的准备和后续的拍摄、剪辑才能有目的、有方向地进行。就像写文章一样,先列文案框架,再根据框架去补充内容,这样写起来思路更清晰,方向不跑偏,效率也更高。

(2)保证视频拍摄质量。虽然短视频时长相对较短,但若要获得高流量、高转化,必须精雕细琢每一个细节,包括背景、人物、道具、台词、拍摄及剪辑技巧、场景转换等。

(二)写短视频脚本的前期准备工作

在开始下笔写短视频脚本前,必须先确定好此次短视频的内容思路。

1. 坚持视频定位

通常,短视频账号都会有明确的账号定位,如美食类、服装穿搭类、职场类、生活小技巧分享类、街头访问类等。所以,我们在策划每个短视频内容之前,都要基于账号定位(大方向)。不管是平台还是用户,都偏向垂直内容,这是毋庸置疑的。

2. 确定视频主题

主题是赋予内容定义的。基于上面的账号定位,我们需要对此次具体的短视频拍摄确定主题。比如,助农带货类账号拍摄一个农产品烹饪方法分享,这就是具体的视频主题。

3. 安排好视频拍摄时间

如果拍摄短视频需要多人或者与他人合作拍摄,就需要提前安排好视频拍摄时间,这样做的好处:一是可以做成可落地的拍摄方案,不会产生拖拉的问题;二是不影响前期准备、后期剪辑工作进度。

4. 选择视频拍摄地点

选择在室内场景拍摄还是室外场景拍摄,再具体一点,是选在某个商场还是某条街道进行拍摄,这些都需要一一确认。因为部分拍摄地点可能需要预约或沟通,这样才不会影响拍摄进度。

5. 参考、借鉴优秀视频

新手刚开始接触短视频制作时,可提前学习一些视频拍摄手法和技巧,或者参考、借鉴对标账号热门视频的拍摄方式。

6. 背景音乐

背景音乐(BGM)是一个短视频拍摄必要的构成部分,配合不同场景选择合适的BGM非常关键。例如,拍摄时尚的青年群体,可以选择流行和嘻哈快节奏的音乐;拍摄中国风,则要选择节奏偏慢的、唯美的音乐;拍摄运动风格的视频,就要选择节奏鼓点清晰的音乐;拍摄育儿和家庭剧,则可以选择轻音乐、暖音乐。

> 无论是个人还是平台，在短视频领域，我们都必须坚持原创，抄袭者是永远都没有办法取得真正的成功的。为了涨粉而去搬运或拼凑别人的作品，不仅会受到平台的处罚，如果涉嫌侵权还会触犯法律，进而受到法律的制裁。只有坚持原创，才能真正获得粉丝的喜爱，为自己后续的发展带来流量。

（三）短视频脚本的制作方法

在拍摄脚本里面，我们要对每一个镜头进行细致的设计，其内容主要包括六个要素：镜头景别、内容、台词、时长、运镜、道具。

1. 镜头景别

镜头是摄影机在一次开机到停机之间所拍摄的连续画面片段。就像是一部小说中的每一个句子、一首乐曲中的每一个音符、一支舞蹈中的每一个动作，镜头就是视频的基本构成单位。在单一镜头中，取景框内能容纳的素材量（景框里所有的内容），决定了用户所能够看到内容的多少。

短视频画面构图

在拍摄中，为了更好地描述取景的素材量，逐渐形成了景别的概念。取景框中素材量的多少直接决定景别的大小。

短视频拍摄技巧

景别划分的依据是以被摄物（人物或物体）在画面中所占比例的大小作为参照的，如图 6-3 所示，一般分为远景、全景、中景、近景、特写。

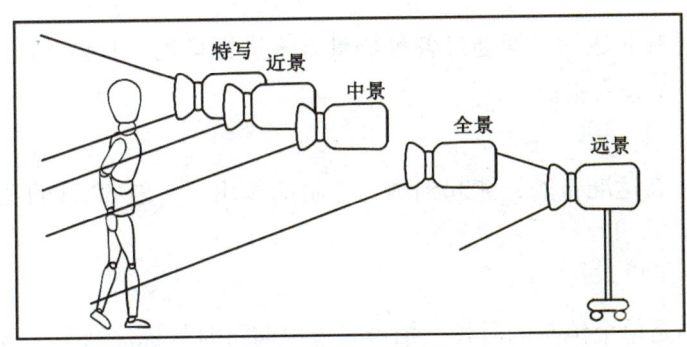

图 6-3　不同景别的镜头距离

（1）远景镜头一般指的是景别最为宽松的镜头，可分为一般远景和大远景。远景镜头多半是外景镜头，用于展现整体环境。许多影片喜欢将这类镜头放置在影片开头，用以建立整体环境概念、确立基调以及为较近的镜头提供空间的参考，所以这类镜头也通常被称为建立镜头。

（2）全景镜头与远景镜头类似，都是景别较为宽松的镜头。两者的区别在于，远景镜头多半是交代环境、抒发情感，一般没有固定被摄物。而全景镜头侧重于交代被摄物（人物或物体）与周遭环境之间的关系，一般这类被摄物（人物或物体）为该情节中较为重要的存在。

（3）中景镜头是指拍摄人物膝盖至头顶的部分，不仅能够使观众看清人物的表情，而且有利于显示人物的形体动作。

（4）近景镜头是介于中景镜头和特写镜头之间的一种镜头，一般指包含人物胸部以上或是物体局部的镜头。近景镜头可以较为清晰地展现人物或物体的细节，补充说明大景别（远景、全景）所不能精细带到的部分，多用于展现人物面部形态及手部动作，用于渲染气氛。

（5）特写镜头是所有镜头景别中最小的。特写镜头多用于展现被摄物（人物或物体）最为重要和突出的细节，也多用于渲染最为强烈的氛围和情绪，起到强调和突出其重要性的作用。特写镜头几乎忽略了环境的概念，而只关注被摄物的局部。

不同景别的画面呈现效果如图6-4所示。

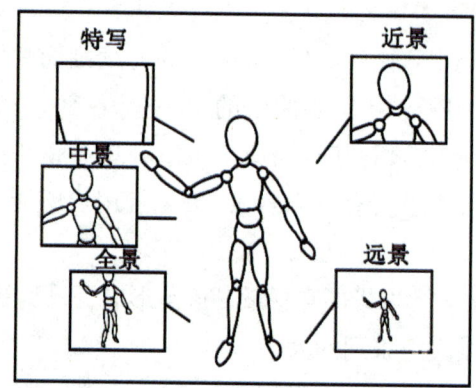

图6-4 不同景别的画面呈现效果

2.内容

内容是指把想要表达的东西通过各种场景方式进行呈现。具体来讲，就是拆分脚本，把内容拆分在每一个镜头里面。

3.台词

台词是为镜头表达准备的，能起到画龙点睛的作用。一般60秒的短视频，台词不超过180个字。

4.时长

脚本时长指的是单个镜头的时长。拍摄时应提前将时长标注清楚，方便在剪辑的时候找到重点，提高剪辑工作效率。

5.运镜

运镜指的是镜头的运动方式，如从近到远、平移推进、旋转推进等。短视频拍摄中常用的运镜技巧有以下几种。

（1）前推后拉。前推后拉是将镜头匀速移近或者远离被摄体。向前推进镜头是通过从远到近的运镜，使景别逐渐从远景、中景到近景，甚至是特写，这种运镜方法容易突出主体，能够让观者的视觉逐步集中。

（2）环绕运镜。拍摄环绕镜头需要保持相机位置不变，通过以被摄体为中心手持稳定器进行旋转移动。环绕运镜犹如巡视一般的视角，能够突出主体、渲染情绪，让整个画面更有张力。

（3）低角度运镜。低角度运镜是通过模拟宠物视角，使镜头以低角度甚至是贴近地面角度进行拍摄，越贴近地面，所呈现的空间感越强烈。低角度拍摄能够更加聚焦于某一部位，最常见的是腿部行走的镜头。

运镜方法还有许多，当能够熟练使用稳定器的时候，就可以在基础的运镜动作上加上其他元素，使镜头看起来更加酷炫，更具有动感。

6. 道具

道具有非常多的种类，玩法也非常多，但需要注意的是，不要过于注重使用道具而忽视了视频主体。

某些多场景视频还要设计拍摄地址，常见的短视频脚本会用到Excel表格，包括镜头序号、拍摄手法、景别、时长、画面内容、机位、BGM、音效、备注等，见表6-1。

表6-1 某短视频脚本节选

主题：抗联煎饼的故事													
场次	镜号	拍摄顺序	氛围	场景	景别	角度	镜头运动	演员	服装	道具	内容/台词	时长	BGM	备注
1	1	1	1934年东北山区小村冬天的清晨	仓房内	全景	俯拍	推	红嫂、红妹	朴素、干净	米袋、鏊子、石磨	红嫂、红妹在仓房内忙着摊煎饼，窗外天色微亮	5 s	窗外风雪声	服装道具要符合历史背景
1	2	1	1934年东北山区小村冬天的清晨	仓房内	中景	平拍	摇	红嫂、红妹	朴素、干净	米袋、鏊子、石磨	红妹：嫂子，我们做了这么多煎饼，应该够战士们吃几天了。红嫂：妹子，你快趁着天没全亮把这些煎饼送进山里	10 s		红嫂边说边向窗外张望
1	3	1	1934年东北山区小村冬天的清晨	仓房内	特写	平拍	推	红嫂	朴素、干净	鏊子上的煎饼	红嫂麻利地摊好最后一张煎饼，装进布袋里交给红妹	5 s		鏊子上的煎饼还冒着热气
2	1	2	冬天的雪山	白雪皑皑的山间小路	特写	俯拍	推	红妹	厚实的棉袄	布袋	红妹走在雪径里，一边警惕地张望，一边裹紧棉袄	5 s	走在雪地里脚步"吱吱"声、风雪声	特写俯拍红妹脚步，深一脚、浅一脚
2	2	2	冬天的雪山	白雪皑皑的山间小路	中景	俯拍	拉	红妹	厚实的棉袄	布袋	红妹走在雪径里，一边警惕地张望，一边裹紧棉袄	3 s	风雪声、东北抗日联军第一路军军歌	镜头拉远至中景
2	3	2	冬天的雪山	白雪皑皑的山间小路	远景	俯拍	拉	红妹	厚实的棉袄	布袋	红妹走在雪径里，后边的脚印很快被风雪覆盖。红妹身影消失在山里	7 s	东北抗日联军第一路军军歌	镜头拉远至远景

二、短视频拍摄剪辑

（一）硬件设备

短视频刚兴起的时候，由于拍摄软件不成熟，想要拍摄出高质量的短视频，都会直接采用带有摄像功能的照相机或摄像机。虽然这类设备有一键智能操作的功能，但对于普通的短视频创作者来说，门槛相对较高，且设备价格较贵。后来，随着手机拍照技术的不断迭代，以及拍摄软件的成熟，这类设备逐渐被高像素手机所替代，短视频拍摄门槛也有所降低，只需一部手机，搭配一个稳定支架或云台就可以拍摄短视频了，而这也是拍摄短视频的最基本要求。

短视频拍摄装备

1. 视频设备

拍摄短视频时，如果预算不多，使用手机就可以，只要能保证画质清晰即可。根据自己的预算，选择录制视频的分辨率支持1080p、30fps或60fps。如果追求高清画质、视频要用作商业用途或者是后期处理较多的，可以考虑单反、摄像机等高端的专业摄录设备。

2. 音频设备

音频设备主要是指麦克风，大致可以分为三类：拍摄设备自录音频、小蜜蜂、录音机。

使用专业麦克风可以获得更加清晰的音频，而手机或相机自带的麦克风往往会受到周围环境的干扰，造成噪声或音频不清晰的情况。因此，在进行短视频拍摄时，专业麦克风是非常有必要配置的一件装备。

如果我们的摄像机自带录制音频的功能，便不用再购买音频设备。新手建议使用小蜜蜂录音（图6-5），比较容易操作。后续也可以使用更加高级的录音设备。

图6-5　小蜜蜂收音设备

3. 稳定设备

稳定设备一般是指三脚架，它是摄影辅助工具的一种，可以用来支撑摄影设备，让其保持稳定，不仅能够起到固定作用，还具有防抖功能，可以保证画面的稳定性。三脚架分为三种：桌面多功能三脚架、户外用的伸缩三脚架以及移动拍摄用的手持云台。一般有了这三种三脚架，就可以满足基本拍摄需求了。

4. 补光灯

补光灯又叫摄影灯，其主要作用是在拍摄时缺乏光线的情况下提供辅助光线，以得到更好的拍摄效果。一般需要两个，一个作为主灯，另一个作为补光或辅灯。

5. 道具

道具能帮助突出摄影的主题，提升画面的美感，选择适当的道具与拍摄主题搭配，可以相互衬托。需要注意的是，道具应起到画龙点睛的作用，而不是画蛇添足，不要让它抢了主题的风采，根据自己拍摄的主题适当选择道具即可。

（二）软件设备

1. 剪辑软件

（1）电脑端剪辑软件。

①Premiere Pro（PR）。PR是一款专业级的、功能十分强大的非线性视频剪辑软件，提供采集、剪辑、调色、美化音频、字幕添加、输出、DVD刻录一整套流程，并和其他Adobe软件高效集成，足以完成在编辑、制作、工作流上遇到的所有挑战，满足创建高质量作品的要求。现在常用的PR软件有CS4、CS5、CS6、CC2014、CC2015、CC2017、CC2018、CC2019、CC2020版本。新版本支持从8K到虚拟现实，编辑任何全新格式的素材；支持VR180，包括经过优化的收录和效果，可以让用户完全投入沉浸式视频的世界。

移动端短视频后期处理

PC端短视频后期处理

②爱剪辑。爱剪辑号称提供最全的视频与音频格式支持，具有最逼真的好莱坞文字特效，最多的风格效果，最多的转场特效，最全的卡拉OK效果，最炫的MTV字幕功能，最专业的加相框、加贴图以及去水印功能。其中，部分功能需要充值才能解锁。

③快剪辑。快剪辑是360公司推出的一款免费视频剪辑软件，功能齐全、操作便捷，可以在线边看边剪，零基础秒变视频剪辑达人。该软件支持录制全网视频，无广告，永久免费，简单易用，操作直观，把视频、音频导入就可以剪辑了。该软件适合初学者，以及对各种功能要求不高的视频编辑人群。

（2）手机端剪辑App。

①剪映。剪映是抖音短视频出品的视频剪辑软件，喜欢用手机剪辑视频的小伙伴，对剪映都不陌生。剪映上面的模板很多，可以快速剪辑，背景音乐曲库丰富，滤镜很多，操作起来也很方便，使用率很高。

②快影。快影是快手短视频旗下的剪辑软件，不仅可以做字幕自动识别，还可以做分屏视频，其功能非常全面。

2. 字幕软件

虽然PR也可以加字幕，但毕竟不是专业的加字幕软件，所以遇到视频字幕很多的时候，就需要更加专业的软件来操作。专业的字幕软件有Arctime和字幕通，它们可以自动识别视频里面的语音，将其直接转化成字幕，非常方便。

3. 设计软件

想要做好一个视频，设计软件也是必不可少的，因为我们需要一个好看的片头和封面图来吸引用户点击。设计好看的片头和封面图可以使用PS、创客贴、可画、稿定设计等软件。

三、短视频发布技巧

（一）短视频发布的渠道

首先，选择合适的发布渠道是短视频创作者成功的关键之一。不同的短视频平台各有特色，目标受众也有所不同。创作者应了解每个平台的特点和用户喜好，有针对性地选择发布渠道，这样就可以提高视频曝光度和观众参与度。同时，关注平台的算法和推荐机制也很重要，这有助于创作者更好地理解如何优化视频内容，提高曝光度和推广效果。

（二）短视频发布时间的选择

除了选择合适的发布渠道，选择合适的视频发布时间也非常重要。不同平台和受众群体在活跃时间上存在差异，因此需要针对性地选择发布时间。观察受众的行为，分析他们在什么时间段更容易上线观看视频。一般来说，晚间和周末是短视频观看的高峰期。选择在这些时间段发布视频，可以增加曝光和分享的机会。同时，也要注意避免与其他热门事件或重大新闻同时发布，以免被淹没在信息的海洋中。

（三）视频发布封面的选择

视频发布封面是吸引观众点击观看的第一要素，因此选择一个吸引人的封面图片是至关重要的。封面应与视频内容相关，并能够引起观众的兴趣。

清晰、鲜明的图片效果和简洁、明了的标题可以增加点击率。在封面上添加适当的文本或图标，可以在一瞬间传达视频的主题和亮点，吸引观众主动点击观看。同时，封面也要注意避免出现过于夸张或误导观众的情况，以保持内容的真实性和可信度。

（四）文案撰写

在发布短视频时，文案撰写是一个经常被忽视但至关重要的环节。一个有吸引力、精准的文案可以激发观众的好奇心，让他们主动点击观看。文案应简洁、明了，突出视频的亮点和关键信息，同时保持一定的神秘感，让观众想要了解更多。避免使用过长或过于技术性的词汇，用简单易懂的语言引导观众打开视频。同时，也要注意避免文案的语法和拼写错误，以确保展示出专业形象。

（五）话题选择

选择合适的话题是提高短视频账号曝光度和吸引力的关键。跟随热门话题、关注流行趋势，并将其与内容相结合，可以吸引更多观众的关注和讨论。

在选择话题时，要与自己的内容定位和受众需求保持一致，确保话题能够引发其共鸣和兴趣。同时，不断关注观众的反馈和评论，根据观众的需求和喜好调整话题选择，保持与观众的互动和沟通。

微任务

任务描述：拍摄一个展现校园风光和大学生精神风貌的短视频。

任务要求：主题积极向上，充满正能量。撰写好短视频脚本，按照脚本内容拍摄短视频，并使用剪辑软件对视频进行剪辑和美化。

思考与实践

一、单项选择题

1. 脚本的要素一般包括（　　）、内容、台词、时长、运镜、道具。
   A. 镜头景别　　　B. 策划目的　　　C. 拍摄设备　　　D. 软件设备
2. 短视频选题的维度包括（　　）、难易、差异、视角、行动成本。
   A. 主演　　　　　B. 预算　　　　　C. 数据　　　　　D. 频率
3. （　　）是指将产品或品牌信息融入短视频内容中，使用户在观看短视频的过程中自然而然地看到品牌信息。
   A. 焦点植入　　　B. 整合植入　　　C. 直接植入　　　D. 隐藏植入
4. 优质内容的短视频一般都短小精悍、独特有趣、视觉冲击力强、（　　）。
   A. 追逐热点　　　B. 去商品化　　　C. 与品牌相关　　D. 有争议性
5. 短视频选题原则包括贴近生活、（　　）、有价值。
   A. 贴近热点　　　B. 热门话题　　　C. 涉猎面广　　　D. 垂直定位

二、判断题

1. 近景是指拍摄人物膝盖至头顶的部分，不仅能够使观众看清人物的表情，而且有利于显示人物的形体动作。（　　）
2. 短视频的选题内容要坚持用户导向，以用户粉丝需求为前提，不能脱离用户粉丝。（　　）
3. 在同一个平台不要用一个手机开多个账号，会被判定为营销号，被降权，甚至封号。（　　）
4. 产品介绍类短视频是企业通过展示用户使用产品的场景和感受，增加消费者对产品的信任和购买欲望的一种方式。（　　）
5. 不管是平台，还是用户，都喜欢垂直内容，这是毋庸置疑的。（　　）

三、实训题

实训目的：为家乡的农产品或文旅产品策划短视频营销方案，并拍摄宣传短视频，以培养笃学报国的情怀和学以致用的能力。

实训要求：以家乡农产品为例，注册抖音短视频账号，确定短视频的营销发展方向，打造品牌账号，吸引用户的注意，提高品牌知名度。注册并完善账号信息，策划短视频营销方案，完成短视频内容创作，并将其发布到抖音平台上。

操作步骤：

（1）首先做好短视频账号的定位，找到合适的营销方向，设计并完善账号名称、头像、简介等内容。

（2）以农产品为例，确定短视频的主题，找好内容的切入点，如农产品的口感、烹饪方式等，角度要新颖，能够抓住用户痛点，引起用户共鸣。

（3）策划内容根据实训背景，选择一种形式进行产品植入，内容要富有创意，既能体现其价值，又能展现短视频创作者的风格，并且该内容能够自然融入抖音平台生态。

（4）完成拍摄并发布。根据策划，完成短视频拍摄，并将短视频发布到抖音平台上，同时做好短视频的整体优化，如设计好短视频的封面、标题、标签和文案内容。

实训提示：在撰写脚本和拍摄视频的过程中，注意不要出现违禁词、敏感词等不符合平台要求和违反相关法律法规的内容。

直播营销 / 第七章

 学习导图

```
直播营销
├── 认识直播营销
│   ├── 直播营销的概念和特点
│   ├── 直播营销的发展趋势和人才需求
│   └── 主流直播平台及其用户画像
├── 直播营销准备
│   ├── 策划直播方案
│   ├── 明确直播目标
│   ├── 做好直播定位
│   ├── 撰写直播脚本
│   ├── 搭建直播间
│   └── 直播前的宣传与"引流"
├── 直播营销活动的开展
│   ├── 直播营销话术的运用
│   ├── 直播营销的互动
│   └── 直播收尾技巧
└── 直播营销活动复盘
    ├── 直播复盘的概念和作用
    ├── 直播营销活动复盘的基本思路
    ├── 直播营销活动数据分析
    └── 直播营销活动经验总结
```

学习目标

知识目标

1. 掌握直播营销的概念和特点。
2. 了解直播营销的行业现状及发展趋势。
3. 了解直播营销的主流平台。

技能目标

1. 具备直播营销行业分析能力。
2. 具备对直播平台用户进行画像的能力。
3. 具备直播平台分析选择的能力。

思政目标

1. 具有笃学报国的高尚情怀。
2. 具有爱岗敬业的良好职业道德。
3. 具有网络安全和网络隐私保护意识。

第一节 认识直播营销

假设你是一家商贸公司的电商专员,你所在的企业想要进一步扩大线上销售渠道,于是你建议经理开展直播营销。经理说:"直播近几年好像很火爆,但直播营销到底是什么呢,就是对着手机卖货吗?我们企业能开展直播营销吗?真能有那么好的效果吗?"你将如何回答经理的一连串疑问呢?

一、直播营销的概念和特点

(一)直播营销的概念

直播是基于互联网以视频、音频、图文等形式向公众持续发布实时信息的活动,是一种内容传播的展现形式,它为所有用户乃至行业提供了一个可以展现自我、展现才艺、展现商品等内容的网络平台,同时可以将用户与内容交互在一起,内容服务于用户,用户又为内容买单。

直播营销的基本流程与直播方式

直播营销(图7-1)是指现场在事件的发生、发展进程中同时制作和播出节目的营销方式,该营销活动以直播平台为载体,以企业获得品牌的提升或是销量增长为目的。

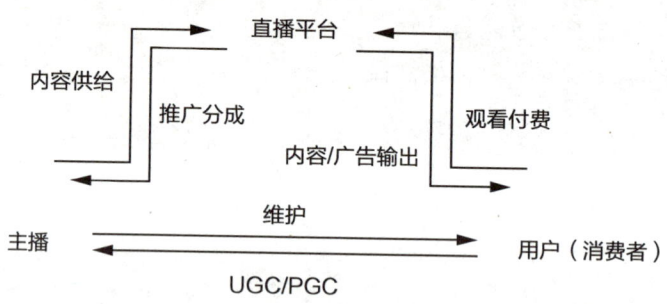

图7-1 直播营销流程

直播营销是以直播的形式搭建新的购物消费场景,使得从内容输出到订单支付更加便捷,创造出新的流量入口,同时直播的强交互性和内容的强互动性,能够刺激用户需求,产生消费,从而实现最大限度的变现。

(二)直播营销的特点

直播营销的内容是有一定目的性的,不管是基于品牌或者产品内容本身的输入还是为了实现商品的售卖,在直播的过程中,借助于互动的形式展示产品并充分介绍产品,比较接近于逛街与导购之间的相互沟通,使用户充分了解产品的基本功能、个性特色、使用方法、使用技巧、注意事项等。因此,直播营销具备以下特点。

1.内容输出

直播营销能够使场景描述的体验感增强,使商品信息的呈现更多维立体。传统电商产品都是通过图文描述、静态视频的方式展示,这些图片和视频都是经过修整和剪辑的,真实的产品和卖家描述的产品会存在一定的偏差,有时甚至存在很大的偏差,买家常常会对产品信息的真实性产生怀疑。

2.即时交互

强交互属性,诱导冲动消费;产生高强临场感,直接感受直播间氛围,亢奋感增强,唤醒消费情绪。直播信息的实时输出营造了一种开放性的场景化的对话方式,商品的介绍不局限于图文和静态视频,而且直播中没有重来,主播的口误或者其他失误都是用户购买商品中真实存在的一部分，给用户一种真实感和现场感，用户通过实时沟通、互动评论可以第一时间对问题进行反馈。

3. 社交分享

主播以人设信任作为背书，通过口播描述，唤醒用户体验感，正如罗永浩所说的"交个朋友卖点货"。直播营销以商品信息推送为主，主播与用户互动来辅助商品信息的推送。直播相比图文更立体直观，内容更丰富，用户在有所怀疑时可以直接提出疑问，打破负面的心理怀疑，用户不仅可以直观地了解产品，还可以看到示范以及一些使用技巧，购物的氛围变得轻松，信任感和体验度都大大地提升。

4. 粉丝效应

头部主播自带流量，站台喊话形成粉丝效应，直播变成了一场大型团购，粉丝可以享受更高性价比的商品，而商家则是薄利多销，同时获得品牌的曝光宣传。在粉丝经济时代，很多消费者消费的不仅仅是一个产品，更多的是一种粉丝效应。明星、商业大佬、网红都来直播带货，换了一个身份成为互联网营销师，就能够直接推动产品的销售。这种消费特征沿袭了明星代言的套路，成为电商零售模式的一种新形态。

5. 沉浸体验

直播营销实际上撷取的是用户的碎片化时间，通过场景氛围的代入，营造直观购物体验，唤醒冲动消费情绪。直播营销为用户提供了可以讨论、点赞的空间，在直播间里，用户可以根据自己的喜恶去发表意见，缩短了与"名人"的接触距离，营造了共存话语权和自愿购买行为的环境。同时，直播可以实现直播平台、主播和围观者的共同参与，实现实时互动，用户从信息的接受者变为生产活动的主体，拥有了话语权，增强了参与者的情感归属感和价值认同感。

在公益扶贫领域，直播营销同样显示出强大号召力。2018年"双12"期间，淘宝直播一晚就帮助贫困县卖出农产品超千万元，带火了砀山梨膏、兴安盟大米等产品。2019年天猫"双11"晚会，多名贫困县县长走进直播间，借助直播平台卖起了当地特产，大大增强了县里农特产的知名度。

2019年11月27日，拼多多首次试水直播，吸引了超10万人观看。腾讯、京东等也都在布局直播营销。当前，直播营销已成业内新标配。

综上所述，直播营销的功能可以简单归结为两点：一是直播营销让"商品与人对话"转变成"人与人对话"；二是让用户为"交流感""参与感"买单。正是这种功能，推动了传统零售业的变革与转型，直播营销也受到了广大消费者的欢迎，成为新的风口。

央视新闻公益直播行动

2020年年初新冠肺炎疫情暴发以来，我国经济在各方面都受到了较大影响，尤其是湖北农副产品走出去存在不少障碍，给农业生产、农民生活带来一定困难。为落实中央"支持湖北经济社会发展"的要求，助推优质湖北农副产品走出去，央视新闻新媒体在2020年4月1日启动"谢谢你为湖北拼单"大型公益活动。4月6日晚，央视新闻"谢谢你为湖北拼单"公益行动首场带货直播在央视新闻客户端、淘宝、微博等平台开播（图7-2）。央视主播在直播间向网友推荐香菇、莲藕、茶叶等湖北待销农副产品。疫情期间为了减少人员聚集，直播通过视频连线的方式进行。

图7-2 央视直播海报

当字正腔圆的央视"主播范儿"遇上潮流先锋的"直播带货"，会擦出怎样的火花？这种组合竟然成为现实，着实让众多网友大呼过瘾。直播间人气爆棚，观众的弹幕、评论情绪高涨，所有推荐的湖北特产上架即"秒光"，称得上"战绩辉煌"。直播约2小时，1 000多万名网友在线收看，累计观看人次达到1.2亿，共售出总价值约4 014万元的湖北商品，许多产品一上架就被网友抢光。

资料来源：编者根据相关资料整理

作为商家"品宣+带货+吸粉"的最佳渠道，直播营销实现了高效率转化，深度了解粉丝画像，对标垂类产品，通过主播人设信任背书、预热"种草"、交互展示、气氛引导，迅速让粉丝获得商品体验感，刺激冲动消费，达到群体效应，实现以需带货、缩短链路。新品发布和新生品牌可以通过头部主播获得营销效果，既宣传产品，又提升销量。流量成本相对较低，可以低成本去除库存，完成尾货出清。通过主播集客，进行定制产品，放大规模效应，实现零库存。

对于消费者而言，通过直播可以直连品牌，获得大幅让利，头部主播议价能力较强，缩短了供应链，商品性价比较高；通过直播导购，现场了解商品的产地和生产过程，甚至可以通过直播进行产品溯源、工厂监工，减少消费者分析、调研和决策的时间成本，快速获取产品信息。

直播营销为产业带发展提供强大的助推力量,降低流通费用和信息沟通成本,提高产业链完善效率,商品让利,拉升下沉市场的电商渗透率,聚焦市场需求,宣传品牌,构建信任背书,加快产业带产品开发。

无数的电商商家已经把直播列为最重要的营销战略之一,走进直播间的不只有网红主播,还有影视明星、品牌方以及来自生产一线的普通人。在过去,一个传统企业一年要成交10亿元销售额,至少需要1 000名员工,一个电商企业一年要完成10亿元销售额,至少需要100名员工,而现在通过直播,要成交10亿元销售额,可能只需要一个由10多人组成的直播团队。

二、直播营销的发展趋势和人才需求

在电商行业有这样一句话,如果你在2008年错过了淘宝红利,2013年错过了网红红利,2017年又错过了短视频红利,那么现在你还想继续错过直播营销的红利吗?

目前,直播营销平台有三种类型:电商平台、短视频平台和社交平台。2020年以来,各平台加大直播扶持力度,通过优化商家入驻流程、开启流量扶持计划、补贴部分商品、进行主播培训等方式,鼓励线下商家开启直播营销。

从长期业态来看,直播营销将逐渐从"粗放式业态渗透"向"稳定商业链路"转化。同时,流量重心向服务重心转移,这也是直播营销渗透率持续提升的核心驱动之一。

目前,直播营销产业链主要由六大部分构成,分别为MCN机构、主播、零售电商、短视频平台、社交平台和服务商。其中,服务商又具体细分为企业直播代运营与直播营销代运营,一站式服务兴起。

MCN模式

多频道网络(Multi-Channel Network,MCN)是一种多频道网络的产品形态,也是一种新的网红经济运作模式。这种模式将不同类型和内容的PGC(专业生产内容)联合起来,在资本的有力支持下,保障内容的持续输出,从而最终实现商业的稳定变现。目前,MCN机构主要以直播带货、广告营销、内容生产业务为主。据克劳锐统计,2022年中国MCN机构数量超24 000家。

除了大众熟知的主播外,直播间还诞生了助播、选品、脚本策划、运营、场控等多种新就业岗位。根据中国演出行业协会等联合编制的《中国网络表演(直播与短视频)行业发展报告(2022—2023)》,截至2022年末,直播、短视频行业直接或间接带动的就业机会超1亿个,主要包括网络表演者(主播、短视频创作者)及其经纪公司、运营团队等方面。

品牌方、商家、运营机构、主播、平台、服务商、用户(消费者)等众多参与者共同构成直播营销的产业生态(图7-3),推动着行业向前发展。

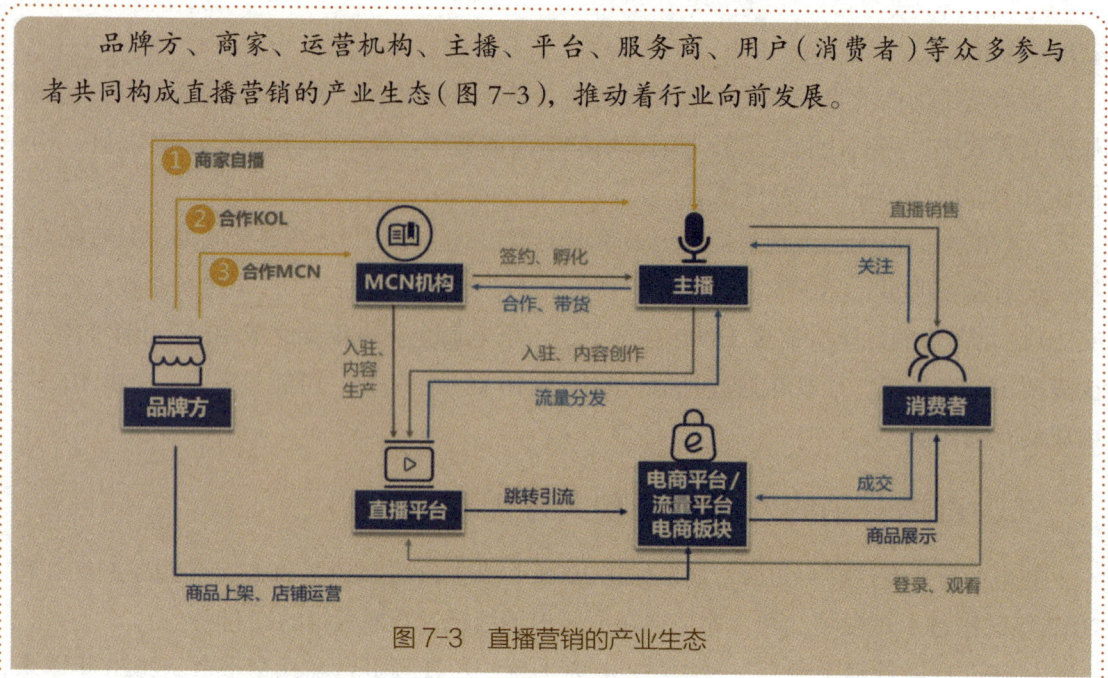

图7-3 直播营销的产业生态

　　直播营销市场规模的迅速扩大与政府的扶持政策是分不开的。一方面,国家鼓励发展平台经济新业态并加大监管力度,引导直播营销市场健康规范化发展。另一方面,多地政府明确提出要打造"电商直播之都""直播经济总部基地",并出台了一系列培养直播营销人才的扶持政策,掀起一波发展直播营销经济的热潮。

(一)直播营销的发展趋势

　　首先,随着科技环境的不断优化,直播营销享受着流量带来的红利,如5G技术的应用,它会直接丰富直播的内容形式。随着VR、AR进入直播间,对新兴科技以及更加真实购物体验的好奇,能够在原有消费者数量的基础上再增加一批流量。从用户体验来看,5G具有更高的速率、更宽的宽带、更低的时延,将极大改善用户体验效果,拓展直播营销应用场景。

　　由此可以预见,直播营销在未来几年的发展趋势有以下几个方面。

1.VR、AR互动直播

　　目前直播间的互动形式主要是通过在评论区发表评论来与主播进行实时沟通,5G发展起来以后,VR与AR互动直播能给观众带来沉浸式的观看及互动,增强真实感和趣味性。例如,售卖服饰与美妆的直播间可以让用户即时进行商品的试穿与试用。新兴的科技不仅能够吸引更多用户进入直播间体验购物乐趣,而且便于客户挑选更匹配自己的产品,相比收到产品后发现不适合自己再进行退货、换货,节省了成本。

2. 超高清 8K 画面直播

当前直播间的直播画面已经达到较高的清晰度,能够为消费者提供一个比较舒适的观看环境。用户能够清晰地看到商品的各个细节。5G 的应用将进一步提高直播清晰度,同时 8K 视频画质为部分高画质要求的场景进行直播提供了可能,拓宽了直播场景的范围,也能让消费者更加清晰、直观地了解产品细节。

3. 多视角全景直播

当前直播间的直播范围非常有限,主播坐在镜头前有利于更清晰地展示商品,但最多只能同时容纳两个人。此外,当直播间展示一些大件商品,如按摩椅、跑步机等物品时,过远的距离以及无法全方位观看商品都降低了用户的体验感。5G 技术推动无人机 360 度全景直播的普及,使得画面传输信息更丰富,不仅有利于用户更加全方位地了解商品、将游戏环节与综艺环节融入直播间,而且可以开拓更多户外直播场景。

4. 供应链资源整合

如果没有强大的供应链资源,那么在直播营销的道路上就会困难重重。直播营销要保持产品的新鲜感,才能避免粉丝的审美疲劳。供应链管理是个技术活,没有直播本身那么灵活。线上销量的控制相对容易,但要及时出货并保证售罄率以及售后率,要有深厚的供应链功底。在未来,直播营销可以选择的款式非常多样,但是前提是要有足够庞大的供应链资源,才能持续为粉丝带来新款式。

(二)直播营销的人才需求

自从电商行业在中国兴起后,网购在人们生活中的重要性不断提高,现已成为消费者日常消费的重要渠道。随着互联网技术的发展,以直播为代表的 KOL 带货模式给消费者带来更直观、生动的购物体验,转化率高,营销效果好,已经成为电商平台、内容平台的新增长动力。2023 年,直播电商行业迎来发展新风口。行业蓬勃发展,离不开消费者养成的直播观看习惯,以及各电商平台的大力推动。

随着直播带货消费模式的兴起,中国市场已经显示出强大的潜力和活力,并加快了实体商业向数字化转型的步伐。中国网红经济的发展以及 MCN 机构数量的增加,使中国在电商直播行业处于全球领先的地位。2022 年 MCN 市场规模达到 432 亿元,预计未来几年将继续保持增长的趋势。根据中国演出行业协会等机构联合编制的《中国网络表演(直播与短视频)行业发展报告(2022—2023)》,截至 2022 年年底,我国网络表演(直播)行业已经累计开通了超过 1.5 亿个主播账号。报告还显示,2021 年中国直播行业的人才缺口为 800 万人,预计到 2025 年这一数字将增加到 1 941.5 万人,这意味着直播行业对人才的需求将快速增长,缺口数量增加将超过一倍。另外,电商直播行业蓬勃发展,人才需求量大且流动快,优质人才争夺激烈。除了 MCN 机构之外,品牌商也纷纷布局自己的直播电商团队,加入了抢人大军,特别是优秀的人才更是备受关注。由于优质人才供不应求以及工作的特性,电商直播行业的招聘需求一直很旺盛。

在市场规模不断扩大、赛道玩家快速增长的同时,直播营销产业链各端的岗位也愈加细分，除了带货主播之外，还包括前端的场景包装师、直播讲师、直播内容编辑、选品师等，后端的技术、产品生产、运营、仓储、物流等，各岗位的人才需求均随着直播营销的高速发展而呈现爆发态势。预计随着直播营销布局的不断升级，各个平台的直播营销岗位人才需求数量将越来越大。

2020年7月，人社部联合国家市场监管总局、国家统计局发布九个新职业。其中，"互联网营销师"成为九大新职业之一，且在这一职业下增设了"直播销售员"新工种，这代表着大众所熟知的"电商主播""带货网红"获得了官方正式认证。

三、主流直播平台及其用户画像

（一）淘宝直播平台用户画像

淘宝在2019年"6·18"大促活动结束后，发布了一篇名为《天猫"6·18"淘宝直播消费者画像》的文章，这篇文章显示，淘宝直播间的消费主力是90后，同时00后的消费实力也不容小觑。在淘宝直播的数据中，18~25岁的用户仅占6.4%。淘宝直播的核心用户群集中在26~40岁，占比80.5%；41岁以上的用户甚至也超越了95后，达到13.2%。

通过以上数据，我们可以总结出淘宝直播用户有以下特点：第一，以25~35岁的青年女性为主；第二，这部分用户群体有"三高"特征，即高停留时长、高复购率和高客单价；第三，淘宝直播的用户群体主要消费的商品类型有服饰美妆、食品生鲜、家居百货等。

（二）京东直播平台用户画像

京东平台的用户中，男性占比约为57.25%，女性占比约为42.75%。整体来看，男性用户多于女性，但是差别不是特别显著。京东用户的年龄分布非常广泛，主要在18~45岁，以青壮年为主，其中25~35岁的用户数量最多，约占40%；范围扩大到18~45岁，用户比例能够达到87%，对比全站用户较为年轻化。京东平台用户数排名前五的省市分别是广东省、北京市、江苏省、山东省和四川省，其中广东省的用户数量最多，几乎是第二名北京市的用户数的两倍。观看直播的用户中，高线城市用户占42%，高于全站用户。直播用户浏览偏好集中在食品饮料、母婴、手机通信、家用电器、服饰内衣、电脑办公上。

京东平台的用户购买的品类前三名分别是粮油调味、饮料冲调、休闲食品，都是和日常饮食相关的品类。京东平台的用户在一周内的消费高峰期是周四，这一天的订单数量最高，同时可以看到，一周中前四天的订单数要明显高于后三天。京东平台的用户在一日内的消费高峰有三个时点，分别是0时、上午10时和晚上10时。

（三）拼多多直播平台用户画像

拼多多用户与淘宝用户重合度约达46%，一年内与京东用户重合度增长了近一倍，达26%。而在跨界重合上，快手和拼多多用户重合度快速增长。在年龄、地域和性别分布上，拼多多用户画像和唯品会高度重合。与淘宝用户画像相比，拼多多用户中36岁以上的用户比例更高，年轻群体比例更低。并且，拼多多拥有较多女性用户。拼多多用户59%追求折扣商品。从职业上看，淘宝、京东用户的主要人群是公司职员和在校学生，但拼多多占比最高的人群则是公司职员和自由职业者。在拼多多的活跃用户中，向他人推荐的比例高达 90%，超过流失用户三成。单价低的日用百货、服饰鞋帽成为销量百万的主要品类。并且因为低价折扣的关键字成为诱导因素，其与传统电商主动搜索区别很大。

（四）短视频直播平台用户画像

自从 2017 年抖音开通直播功能后，抖音上就出现了很多"抖商"（依靠抖音赚钱的人），很多抖商通过自己的精心运营，获得了巨大的收益，在众多直播平台的竞争下，抖音直播并没有丧失其流量地位。对于很多商家或个人而言，抖音直播平台具有很大的带货优势。

快手直播是生活化的综合直播平台，主要营收模式是打赏、游戏等娱乐直播模式，与 YY、陌陌、虎牙等瓜分市场。后来，快手强化直播带货模式，抖音、快手直播电商比京东与拼多多直播力度更大，直播营销主战场从"猫拼狗"三大电商平台间转移到"猫快抖"。

快手开始布局直播电商的时间早于抖音、晚于淘宝，但是比淘宝更早获得收益，高峰时期成交金额以亿级计。快手深耕下沉市场，"小镇中青年"对快手电商的 GMV 贡献巨大。快手的电商业务模式主要分为第三方平台导流与自建业务。快手通过与淘宝、有赞、魔筷等电商平台合作，收取佣金或者订单抽成。与抖音的公域流量不同的是，快手的粉丝具有极强黏性和互动性、信任感，粉丝稳固，快手的电商可以通过优质内容推送快速触达用户，进行用户沉淀，积累粉丝，最终实现电商变现。快手直播平台的优势之一就是普惠式算法。

经过对快手发展历程的梳理，快手用户画像的过去和现在更容易被理解。下文我们主要对比快手、抖音用户的画像数据。

快手、抖音用户画像日渐趋同，对于两个 TOP10 的 App 实属正常。快手在中老年人群中渗透加速，城际分布与抖音相似，但在东北、西北等地受欢迎程度极高，创作者仍以年轻用户为主，符合"年轻用户表达和被认同"的新时代需求。对于抖音而言，快手是一个很好的竞争对手，竞争并没有形成"此消彼长"的态势，二者的基本盘稳固，尚未进入"最终决战"的阶段。

（五）微信小程序直播平台用户画像

微信小程序直播是微信在 2020 年 2 月 28 日新鲜出炉的直播方式，也是微信官方提供的商家经营工具和原生直播平台，商家通过直播组件可在微信小程序中实现直播带货，微信用户则可以在小程序内观看直播。

微信的直播功能开通不久，其用户画像还不够清晰，但微信用户群体非常广泛，任何使用微信的人都有可能成为微信直播的观看用户，如关心微信公众号的用户、浏览微信小程序的用户、微信朋友圈的发烧友等，但由于每个直播间的内容与定位都趋于垂直化，因此在微信上观看直播的用户群体也是垂直化的。例如，以前关注某服装小程序的用户，看到小程序开通直播后会直接点进去观看直播，如果觉得直播内容值得分享，就会转发到自己的微信朋友圈，更多拥有相同兴趣的人就会进入直播间。

和传统的直播平台相比，微信小程序直播先天具备流量优势和私域流量转化优势。首先，微信是国内不可否认的装机量最大的App，坐拥超过12亿月活用户，其带来的流量效应不可忽视。其次，微信小程序引领的直播生态在新冠肺炎疫情期间得到了充分的发展，这主要得益于微信小程序的产品轻盈，无须下载安装，打开微信就能找到想要的，对用户操作而言十分友好。最后，微信小程序直播获得了受众的广泛欢迎。微信小程序官方数据统计显示，通过微信小程序直播，一部分商家订单增长约12倍，交易额也增长将近5倍。由此可见，其商业化前景不可估量。

> 任务描述：请你尝试阐述电商直播行业的诞生和未来发展趋势。
>
> 任务要求：能了解电商直播行业发展各个阶段的特点，并掌握未来电商直播发展趋势。

第二节 直播营销准备

> 很多人印象中的直播就是在手机前介绍产品，所以直播前只要把产品介绍或者产品说明书带着就行，你认可这种说法吗？假设你是一家公司的直播电商专员，让你开展一场直播，请你进行相应的准备工作。

一、策划直播方案

直播运营者在直播前要做好各项准备工作，这样直播营销活动才能顺利开展。

开展直播营销活动要求直播运营者不仅要有完整的营销思路，还要策划好营销方案。直播运营者要将抽象的思路转换成具体化的文字表达，以方案的形式将其呈现出来，以保证直播营销活动顺利开展。直播营销策划方案要简明扼要。一份完整的直播方案通常要具备以下内容。

组建直播团队

（一）营销目标

明确直播需要实现的营销目标，如品牌宣传、产品推广、产品销售，以及期望吸引的用户人数和想要达到的产品销量等。

（二）直播简介

对直播的整体思路进行简要描述，包括直播的形式、平台、特点、主题等。

（三）直播人员分工

对直播运营团队中的人员进行分工，并明确每个人的职责。

1. 直播小团队分工

如果是刚开播的新手商家，没有粉丝基础，流量也不大，那么直播团队可以配三个人，分别是主播、助播和运营。其中，主播负责讲解产品，互动和促单；助播负责补充讲解、引导关注、购买演示、互动答疑、展示产品等；运营负责上架商品链接、设置库存、控制直播间评论、投放广告、监控数据、把控节奏等。这是小直播间的一个基本团队分工。

2. 直播大团队分工

如果有一定粉丝基础或者是有品牌知名度的商家，其直播间的流量较高、主播的能力也很强，这种情况下直播间至少需要六个人，分别是主播、助播、运营、投手、中控和客服。主播和助播的分工和小团队一样，一个负责主要的控场，另一个负责补充说明；运营要负责选品、组品、赠品机制设定，播前流程策划、播中解决问题以及播后复盘工作；投手主要负责广告投放，给直播间引流；中控主要负责直播间后台数据监控、同步反馈促单、链接上下架、设置库存、直播间产品管理等；客服要负责售中、售后服务，解答客户的问题，帮助主播促进成交。

规模更大的直播团队，分工会更细致，有主播、助播、中控、场控、选品官、视频运营、直播运营、客服等。

在组建自己的直播团队时，一定要保证直播间的每个环节均有人负责，确保直播间能够正常运行。

（四）直播时间节点

明确直播中的各个时间节点，包括直播前期筹备的时间点、宣传预热的时间点、直播开始的时间点、直播结束的时间点等。

二、明确直播目标

明确直播目标时要遵循SMART原则，尽量让目标科学化、明确化、规范化。SMART原则的具体内容如下。

（一）具体性

具体性（Specific）指要用具体的语言清楚地说明直播要达成的目标，直播的目标要用特定的指标来衡量，不能笼统、模糊。

（二）可衡量性

可衡量性（Measurable）指直播目标应是可数量化的或者可行为化的，应该有一组明确的数据来衡量目标是否达成。例如，利用此次直播使店铺的日销售额提高20%。

（三）可实现性

可实现性（Attainable）指目标要客观，直播运营者付出努力是可以实现的。例如，上一场直播吸引了20万人观看，因此这一次将观看人数设定为25万是可实现的。

（四）相关性

相关性（Relevant）指直播的目标要与企业设定的其他营销目标相关。例如，很多企业会在电商平台运营网店，将某次直播的目标设定为"使网店24小时内的订单转化率提高500%"。

（五）时限性

时限性（Time-bound）指目标的达成要有时间限制，这样目标才有督促作用，避免目标的实现被拖延。例如，从直播开始的24小时内，新品的销量突破10万件。

三、做好直播定位

直播运营者可以从以下三个方面做好直播定位。

（一）做好人设定位

主播的人设越鲜明，就越容易获得用户的认可，直播平台上的头部主播一般有自己的人设定位。人设定位有助于主播快速建立个人品牌，增强个人影响力，放大个人价值，获得巨大流量。无论是美妆KOL、母婴达人，还是美食主播，这些人设都容易吸引用户。

不是每个主播都有人设，但是成功的主播必然有自己的人设定位。为了打造鲜明人设，主播要根据个人爱好及特征，提炼出一两个核心关键词作为人设标签。主播打造人设主要有以下几种方法。

1. 取一个好的账户名称

主播的账户名称只有被用户记住，他才有继续打造人设的可能性。取一个好的账户名称是主播获得用户关注、被用户记住的有效方式。一个简单、特征明显的名称更容易让人印象深刻。同时，账户名称要与主播所在的领域密切相关，能够引发用户联想，从而吸引一批具有黏性的粉丝。主播可以给自己贴上个人标签，如助农大学生、非遗剪纸守护者等，定位越清晰，目标用户就越精准。

2. 深耕于垂直细分领域

主播要依据自己的才华和天赋选择擅长的领域，只有找到能够尽情施展才华的领域，才能更快地获得成功。主播要选择一个领域坚持做下去，积累经验，厚积薄发。一个主播只有在其所处的领域积累了足够多的专业知识和经验，才有可能达到顶尖水平。一分耕耘，一分收获，主播在打造人设时要投入很多时间和精力。一般来说，花费的时间和精力越多，主播能产生的影响力也就越大。

3.善用背书

主播除了自身要足够勤奋且坚持直播，也要善用行业专家为自己背书，以便积累前期的资源和粉丝。

4.构建自己的粉丝池

粉丝是直播营销的基础，主播只有拥有自己的粉丝群并做好粉丝运营，不定期地给粉丝发送福利，促进粉丝裂变，才能构建自己的粉丝池。

（二）做好内容定位

随着主播越来越多，直播行业的竞争也越来越激烈，直播运营者只有做好直播内容的精准定位，才有可能取得预期的营销效果。直播内容定位并不是围绕主播进行的，而是围绕目标用户群体进行的。直播内容定位要以用户画像为依据。直播运营者要弄清楚直播的目标用户是谁，他们的年龄、性别、职业、需求等是什么，从这些元素中确定直播能给用户提供什么、是否能满足他们的需求。因为直播并不是单纯地卖什么产品就播什么内容，或者将直播内容的选择寄托在粉丝提问上，否则，直播的内容方向会与正确方向产生偏移。直播运营者做内容定位时，需要注意以下几个方面。

1.坚持输出原创内容

直播运营者做直播营销时要养成输出原创内容的习惯，要学会收集和运用各种素材。在创作内容时，关键素材可以帮直播运营者找到方向、打开思路，比如可以是自身的经历、热点事件等。直播运营者还要分析竞争对手的视频或直播并向其学习，取长补短，将学到的经验和自己的理解结合起来，并将其灵活运用到自己的直播中。

2.内容精而专，体现差异

直播运营者要专注于某一个领域并持续输出优质内容，深耕于细分垂直领域，向精而专的方向发展。每一个细分领域都有小而美的内容，直播运营者要单点切入，做到极致，并且在内容垂直化过程中体现自己内容的差异性，赋予直播内容个性和灵魂。

3.确保内容有价值

在这个"内容为王"的时代，用户越来越注重内容的价值。随着直播平台越来越多，内容呈现形式越来越多样，直播营销行业也越来越需要精细化运营。而确保直播内容应有的价值是直播营销制胜的关键。因此，直播运营者要有对内容的执着和追求，明确正确的价值观，坚守底线；要秉持不管什么内容，都要言之有物、对用户有所帮助的宗旨；还要根据用户的认知水平创作通俗易懂、故事性强、生动有趣、画面感强的内容。

（三）做好产品定位

直播营销的产品定位是在综合考虑用户需求、自身功能和竞争对手情况的基础上做出的。直播运营者要想做好产品定位，就要从以下几点出发。

1. 满足用户需求

无论在哪个平台进行直播营销，直播运营者都要保证产品优质且性价比高，最好选择大品牌的产品，并且产品的价格要低于用户预期，让用户觉得产品质优价廉，这样才能激发其购买欲望。直播运营者还要判断产品是否能够满足目标用户的需求，不同的用户群体需要的产品类型各不相同。例如，如果用户群体以男性居多，主播可以选择科技数码、游戏、汽车配饰、运动装备等产品；如果用户群体以女性居多，主播可以选择美妆、服饰、居家用品、美食等产品。

2. 与主播的人设相契合

产品要与主播的人设、账号定位相关联，一方面是因为主播对这样的产品较为熟悉，另一方面是因为这样符合用户的预期。产品与主播塑造的人设契合度较高，有助于提高产品的转化率。例如，主播是美食达人，就可以选择食品类产品；主播是美妆博主，就可以选择护肤美妆用品。

3. 突出产品特色

直播间内的产品要具有新、奇、特的特点，不仅应品相精美、实用性强，还要有利于直播互动。直播运营者在做产品定位时要考虑有新鲜感的产品，避免同质化。产品的外形要美观，毕竟直播购物多是冲动消费，外形精美的产品更容易激发用户的购买欲望。而可观赏、可互动的产品在直播间足够博人眼球，可以营造热烈的直播氛围，因此更容易刺激用户购买。

四、撰写直播脚本

优质的直播脚本能够帮助主播把控直播节奏，保证直播营销活动顺利开展，达到直播营销的预期目标，并使营销效果最大化。直播脚本包括整场直播活动的脚本和单品直播脚本。直播脚本是主播在直播过程中需要遵循的详细指南，包括要说的每一句话、要做出的每一个动作以及要提出的问题等。直播脚本可以帮助主播在直播中避免出现冷场、卡壳等现象，直播脚本中的信息都是经过严格审核和确认的，因此可以保证信息的准确性和可靠性，同时还可以帮助主播规范自己的言行举止，避免因不当言行或举止，导致直播间被限流或受到官方惩罚。

（一）整场直播活动的脚本

一场直播活动通常会持续几个小时，在直播过程中，主播要讲什么、在什么时间互动、在什么时间推荐产品、在什么时间送福利等，都要提前安排好。因此，直播运营者要提前撰写好整场直播活动的脚本。整场直播活动的脚本是对整场直播活动的内容与流程的规划与安排，其重点是规划直播活动中的玩法和直播节奏。通常来说，整场直播活动的脚本的具体内容如下。

（1）直播主题：从用户需求出发，明确直播的主题，避免直播内容没有营养。

（2）直播目标：明确直播要实现何种目标，是积累用户、提高用户进店率，还是宣传新产品等。

（3）主播介绍：介绍主播和副播的名称、身份等。

（4）直播时间：明确直播开始、结束及各个活动节点的时间。

（5）直播中的注意事项：向用户说明直播中需要注意的事项。

（6）直播的具体流程：直播的流程细节要非常具体，应详细说明开场预热、产品讲解、优惠信息、用户互动等各个环节的具体内容、如何操作等。例如，主播在什么时间讲解第一款产品、具体讲解多长时间、在什么时间抽奖等，直播运营者要尽可能把流程规划好，并让直播人员按照规划来执行。

（7）直播人员安排：明确参与直播的人员的职责。例如，主播负责引导关注、讲解商品、解释活动规则；助理负责互动、回复问题、发放优惠券等；后台或客服人员负责修改商品价格、与粉丝沟通、刺激粉丝下单等。

（二）单品直播脚本

单品直播脚本是指针对单个产品的脚本。在一场直播中，主播通常会向用户推荐多款产品，主播必须了解每款产品的特点和优惠措施，以更好地将产品的亮点和优惠活动等信息传达给用户，刺激用户的购买欲望。因此，为了帮助主播明确产品的卖点，熟悉每款产品的福利，直播运营者最好为直播中的每款产品都准备一份对应的单品直播脚本。

直播运营者可以将单品直播脚本设计成表格的形式，将品牌介绍、产品卖点、直播利益点、直播时的注意事项等内容都呈现在表格中，这样既便于主播全方位地了解产品，也能有效地避免在人员对接过程中产生疑惑。

五、搭建直播间

做直播营销前，直播运营者要选择直播场地、布置直播间、准备直播设备。

直播间设置

（一）选择直播场地

直播场地分为室外场地和室内场地，常见的室外场地有公园、商场、广场、景区、游乐场、商品生产基地等，常见的室内场地有店铺、办公室、发布会场地等。直播运营者要根据直播营销活动策划的需要选择合适的直播场地。

（二）布置直播间

在选定直播场地后，要适当布置直播间，为直播营销活动创造良好的环境。

1.区域划分

选择好直播场地后，直播运营者要规划直播区域。一个规划合理的直播场地通常包括直播区、产品摆放区、后台区等，不同区域有着不同的功能。直播区是主播直播时所在的区域，可以展示直播间背景、直播产品、道具等；产品摆放区主要摆放直播中需要讲解的产品样品，如果产品数量较多，直播运营者可以安排货架，将产品按照类别整齐地归置好，方便主播进行展示；后台区是直播的幕后工作人员所在的区域，用于放置直播使用的计算机、摄像头等设备。

2. 背景布置

直播间的背景要简洁、干净，直播运营者可以在背景墙上添加店铺、主播的名字，或品牌Logo，让直播间更具辨识度。一般来说，直播间的背景颜色以浅色或纯色为宜，如灰色、米色等。如果直播空间很大，为了避免直播间显得过于空旷，直播运营者可以适当地丰富直播间的背景，如适当摆放沙发、书柜、绿色植物等，但要遵循简约原则，所选摆件要与直播间的风格相契合。

3. 灯光布置

直播间的灯光布置非常重要，因为灯光可以营造气氛，塑造直播的画面风格。直播间常见的灯光配置包括主灯、辅灯、顶灯等。主灯为主播的正面提供光源，应该正对着主播的面部，尽量使用散光源，这样会使主播面部的光线充足、均匀，并使其面部肌肤显得柔和、白皙。辅灯为主播的左右两侧提供光源，能增强主播整体形象的立体感，让主播的侧面轮廓更加突出。一般来说，使用一个主灯会配置两个辅灯，它们分别位于主播的左右两侧。顶灯的光线要明亮，直播运营者可以选择现在流行的LED灯。

（三）准备直播设备

在直播筹备阶段，直播运营者要将直播时会使用的计算机、手机、摄像头、灯具、路由器等直播设备调试好，以免在直播过程中发生故障，影响直播活动的开展。直播辅助设备包括直播产品、直播活动的宣传物料、直播辅助道具等。直播运营者在直播开始前就应当准备好产品，以便主播在直播过程中能够快速地找到产品并进行展示。直播活动的宣传物料包括直播宣传海报、直播宣传贴纸等各种能够在直播镜头中出现的宣传物料。直播辅助道具包括产品照片、做趣味实验要用到的工具、计算器等。主播巧妙地使用辅助道具能够更好地展示产品，便于用户理解直播内容。

六、直播前的宣传与"引流"

为了获得良好的营销效果，在直播活动开始之前，直播运营者要对直播活动进行宣传。宣传要有针对性，尽可能多地吸引目标用户来观看。直播宣传与"引流"的主要方式如下。

直播前的宣传与引流

（一）选择不同的宣传渠道

直播之前的多渠道宣传是十分必要的，观看直播的人数越多，直播的营销效果才会越好。直播运营者要在直播之前充分借助品牌官网、直播平台、社交平台、线下实体店等进行多渠道宣传，吸引更多人关注直播。

1.品牌官网

品牌官网是用户了解产品的最佳途径，许多用户在购买某品牌的产品之前会到该品牌的官网进行浏览。有一部分用户可能并不关注直播，但他们常浏览心仪品牌的官网。直播运营者可以通过品牌官网进行直播宣传预热活动，吸引关注该品牌的用户前来观看直播。

2.直播平台

直播平台是企业或商家与用户沟通的重要渠道，直播运营者可以通过直播平台进行直播宣传预热活动。以淘宝平台为例，其首页有直达淘宝直播间的入口，直播运营者可以将自己的直播预告发布在淘宝直播的广场上。淘宝平台会将足够优秀的直播预告内容推广到直播广场上最显眼的地方，吸引更多用户观看。

3.社交平台

社交平台有很多，如微信、微博等。直播运营者可以将直播的宣传信息发布在社交平台上进行预热，还可以采用付费宣传的方式进行高效的宣传推广。

4.线下实体店

企业或商家通常有线下实体店，直播运营者可以把直播预告放到线下实体店中。许多习惯于在线下实体店购物的用户，他们或许没有接触过直播，但对产品是有需求的，所以他们极有可能进入直播间。

（二）运用合适的宣传形式

选择合适的宣传形式是指直播运营者要选择符合平台特性的信息展现方式来推送宣传信息。例如，在微博平台上采用"文字＋图片"的形式，或者采用"文字＋短视频"的形式；在微信群、微信朋友圈采用微信公众号文章的形式；在抖音、快手等平台上采用短视频的形式。

（三）宣传频率要适宜

新媒体时代，用户在浏览信息时有较大的选择余地，可以根据自己的喜好来选择自己需要的信息。因此，如果直播运营者过于频繁地向用户发送直播活动的宣传信息，很可能会引起用户的反感，导致他们屏蔽相关信息。为了避免发生这种情况，直播运营者要设置适宜的宣传频率，可以在用户能够承受的最大宣传频率的基础上设计多轮宣传活动。

经典案例

雷军直播带货首秀

2020年8月16日20时，小米集团董事长雷军开启了首次直播带货，新抖平台数据显示，该场直播的累计观看人数达7 477.33万人次，在线人数峰值近200万人次，获得了超 1.3 亿次点赞,直播 2 小时带来的销售额超过 1 亿元。截至 2020 年 8 月 17 日 0 时 56 分,其销售额已超过 2 亿元。该场直播展示的产品主要有号称"小米十年技术集大成者"的旗舰新品——小米 10 至尊纪念版,以及新款 Redmi K30 至尊纪念版和 98 英寸的 Redmi 智能电视等,其中小米 10 至尊纪念版在直播间一上架即被抢购一空。雷军讲解的用户最爱的 20 款小米爆款产品,如图 7-4 所示。

第一波	小米 10 至尊纪念版 小米 Wi-Fi6 路由器	彩虹 5 号电池 小米巨能写中性笔
第二波	K30 至尊纪念版 米家照片打印机	小米体重秤 2 米家夜灯 2 米家液晶小黑板
第三波	口袋筋膜枪 小米曲面显示器 Redmi 智能电视 MAX 98	米家电子温湿度计 Pro 米家自动洗手机套装 米家驱蚊器(三个装)
第四波	小米透明电视	小米手环 5NFC 版 小米 GaN 充电器 65W 米家充气宝 米家电动螺丝刀

图 7-4　雷军讲解的用户最爱的 20 款小米爆款产品

这次直播取得成功的原因有以下四点。

1. 直播准备

要想取得直播成功,做好充分的准备是前提。雷军在这次直播中的状态很好,讲了各种"段子"、抛了各种"梗",更是完美解答了网友的问题,并且对每一个产品都进行了讲解。虽然这是雷军的首场直播,但整个直播过程非常顺利,气氛也很好。

2. 直播宣传

在直播前,雷军在小米直播间曾宣称想在 MIUI 十周年和小米手机九周年当天和大家聊聊天。8 月 15 日,雷军也在微博上为这次直播宣传造势。在直播过程中,抖音平台的热榜、开屏都做了相应的宣传推广,最终使直播间的同时在线观看人数稳定在 100 万人以上。

3. 产品价格

对于直播带货来说,最重要的是用户的消费情况。即使观看人数再多,如果用户不消费,这样的直播营销也算不上成功。而雷军深知此道理,他牢牢地把握住消费者的消费心理,当天直播间内的产品包含各个价位,1 000 台售价为 19 999 元的电视在 1 分钟内售罄,甚至还有"一元秒杀"等福利环节。

4. 积极互动

主播与用户积极互动是活跃直播间氛围的方式。在直播中,有用户向雷军提问:

"什么时候出透明手机?"雷军坦言,这暂时有点难度,但用户可以先购买带透明后盖的小米10至尊纪念版。

在直播中,有用户称想要雷军的签名,问以后能不能出一款雷军的签名版手机。雷军笑着说道:"我有这么多粉丝,如果你们想要我的签名版手机,请在直播间里发送这样的信息,让我也高兴一下。"这种融洽的直播间氛围是吸引粉丝的重要因素。而掀起直播高潮的还有1元抢电池、圆珠笔,10元抢体重秤和小夜灯的福利活动环节。

资料来源:编者根据相关资料整理

任务描述:筹建一个助农直播团队,销售家乡农产品。
任务要求:明确团队成员分工,完成直播选品并撰写单品脚本。

第三节 直播营销活动开展

直播间的人气是影响直播带货转化率的关键因素,很多新人主播在直播前没有做好相关的直播营销话术和互动准备,直播时就容易卡壳、冷场,影响直播效果。那么直播营销过程中需要掌握哪些方法和技巧,才能保证直播营销活动的顺利开展呢?

一、直播营销话术的运用

在直播中,直播营销话术运用得是否得当,直接影响着直播的营销效果。直播营销话术是对商品特点、功能、效果、材质的口语化表达,是吸引用户在直播间停留的关键,也是促成商品成交的关键。主播在运用直播营销话术时,要注意以下要点。

直播后期传播

（一）用词规范

直播营销正在朝着规范化的方向发展，一系列规范直播参与者行为的政策、法规相继出台，因此主播的直播营销话术要符合相应的政策要求，在介绍商品时不能使用违规词，也不能夸大其词。主播在设计话术时，要避开争议性词语或敏感性话题，以文明、礼貌为前提，既能让表达的信息直击用户的内心，又能营造融洽的直播间氛围。

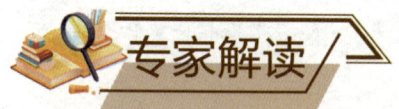

在直播过程中使用违禁词或敏感词会导致直播被限流甚至封号，因此直播前脚本的准备格外重要。设计好脚本话术之后，可以使用类似句易网这类筛查软件对话术文案进行筛查，如果出现违禁词要及时修正。

（二）专业话术

直播营销话术的专业性体现在两个方面：一是主播对商品的认知程度，主播对商品认知得越全面、越深刻，在进行商品介绍时就越游刃有余，越能彰显自己的专业性，也就越能让用户产生信任感；二是主播语言表达方式的成熟度，经验丰富的主播具有更成熟的语言表达方式，他们知道如何说才能让自己的语言更具有说服力，能以专业的语言表达能力赢得用户的信任与支持。

（三）态度真诚

在直播过程中，主播不要总想着讨好用户，而要保持一种与用户交朋友的心态，以真诚的态度和语言介绍商品。真诚的力量是巨大的，真诚的态度和语言容易使用户产生共鸣，提高主播与用户之间的亲密度，这样用户才有可能配合主播进行互动。

（四）感染力强

为获得高成交率，直播营销话术的设计重点是主播在介绍商品时的语言要通俗易懂，并应加上丰富的肢体语言、面部表情等，使自身的整体表现具有很强的感染力，能够把用户带入设置的场景氛围中。

二、直播营销的互动

在直播营销过程中，主播不能只顾着自己说话，还要热情地引导用户互动，以"炒热"直播间的氛围。直播间的热烈氛围可以感染用户，吸引更多用户观看直播。直播间的互动玩法有很多，如弹幕互动、派发红包或优惠券、设置抽奖环节、与知名人士合作、开展促销活动等。

(一)弹幕互动

弹幕是一种字幕形式的评论,它以"飘"在屏幕中的形式出现,所有观看直播的用户都可以看到这些内容。主播在直播过程中要随时关注弹幕的内容,并挑选一些能够渲染直播间气氛或能够促进商品销售的内容与用户进行互动,特别是用户的一些提问、建议、赞美等,如"能不能介绍一下这件商品的尺码、颜色?""能不能看一下商品的生产日期?""组合购买商品有没有优惠?"等。

(二)派发红包或优惠券

给用户具体、可见的利益是主播聚集人气、与用户互动的有效方式之一。在直播期间,主播向用户派发红包或优惠券的步骤一般分为以下三步。

1.提前策划好派发时间

主播可以提前告诉用户派发时间,如5分钟或10分钟后准时派发,并引导用户邀请朋友进入直播间,这样不仅可以活跃气氛,还会增加直播间的流量。

2.让用户在站外平台抢红包或优惠券

除了在直播平台上派发红包或优惠券,主播还可以在支付宝、微信群、微博等平台上向粉丝派发红包或优惠券,并提前告知用户,但用户接收红包或优惠券的条件是加入粉丝群。这一步是为了向站外平台"引流",便于在直播结束之后让直播的影响力持续发酵,如图7-5所示。

图7-5 淘宝直播红包

3.在直播过程中派发

到达策划好的时间后,主播或助理就要在平台上派发红包或优惠券。为了营造热闹的氛围，主播最好在发放之前进行倒计时，让用户产生紧张感。不同的直播间派发红包或优惠券的方式有所不同，每个主播都要找到适合自己的派发红包或优惠券的方式。

（三）设置抽奖环节

在使用直播间抽奖这一互动玩法时，主播一定要设计好抽奖流程，虽然抽奖是利他性的，但其最终结果是为了增强直播的营销效果。奖品一般是在直播间里推荐过的商品，可以是爆款商品，也可以是新品；抽奖不能集中抽完，而要将抽奖分散在直播的各个环节中；主播要通过设置点赞数或弹幕数达到一定的标准才抽奖的方式把握直播的节奏。抽奖的具体形式主要包括签到抽奖、点赞抽奖、问答抽奖和"秒杀"抽奖。

1. 签到抽奖

主播要每日定时开播，在签到环节，用户应连续来直播间签到、评论，并将评论截图发给主播，主播核对无误以后，再让用户进行抽奖。

2. 点赞抽奖

主播在进行点赞抽奖时，可以设置每增加多少点赞量或点赞量到多少时就抽奖一次。这种活动的操作比较简单，但要求主播有较强的控场能力。

3. 问答抽奖

主播可以在"秒杀"活动中根据商品详情页的内容提出一个问题，让用户在其中找到答案，然后在评论区评论，主播从评论区中答对问题的用户中抽奖。问答抽奖可以提高商品点击率，增加用户对商品的兴趣，延长用户的停留时间，提高转化率。

4. "秒杀"抽奖

"秒杀"抽奖可以分两次进行，第一次在主播介绍商品之后、"秒杀"活动开始之前进行。主播在介绍商品时要做好抽奖提示，这样可以让用户更仔细地了解商品信息，增加下单数量，同时延长用户的停留时间。第二次在"秒杀"活动之后、介绍新商品之前进行，主播要把控好抽奖和介绍新商品的节奏（图7-6）。

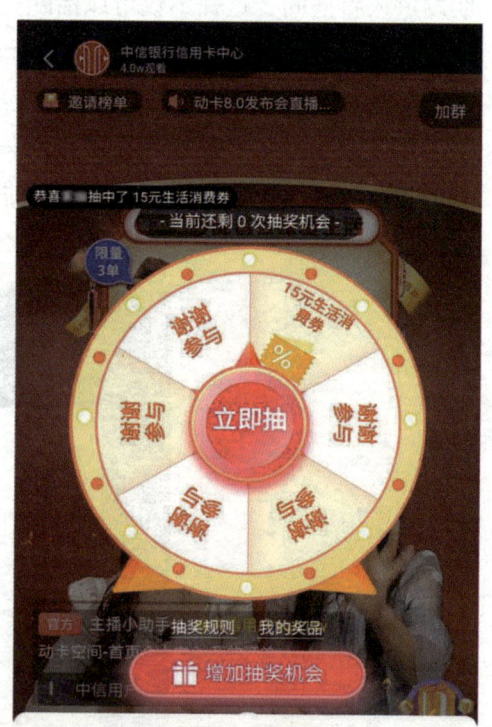

图7-6　直播间抽奖

（四）与知名人士合作

主播要经常在直播间与其他主播或名人进行合作，一般分为与其他主播"连麦"、邀请名人进入直播间两种形式。

1. 与其他主播"连麦"

在抖音、快手这两个平台上,主播之间"连麦"已经成为常规的营销方法。"连麦"是指正在直播中的两个主播进行连线通话。主播与其他主播"连麦"可以为自己和对方的直播间"导粉""引流",还可以连线竞赛,活跃直播间的氛围,刺激用户消费。

2. 邀请名人进入直播间

一些影响力较大的头部主播有能力邀请名人进入直播间,且这些名人往往与品牌宣传有很大的关联,名人与主播在直播间进行互动能够实现双赢。很多企业领导都看准了直播的影响力和营销力,纷纷开始站到直播镜头前,如董明珠、雷军、丁磊等,且大多数企业领导参与的直播都获得了成功。

思政园地

> 随着直播带货的火爆,其也暴露出了一些乱象和问题,如虚假宣传、价格欺诈、售后缺失、质量不合格、垄断控价等。这些问题不仅损害了消费者的权益,也影响了直播带货行业的健康发展。
>
> 直播平台以及加入其中的主播们,应该以诚信为本,如实、全面地介绍商品,拒绝虚假宣传与欺诈,以诚信获得消费者的信赖。国家和相关监管部门也在不断健全直播带货行业的法律法规,规范直播平台的主体责任,督促行业协会完善相关规范和标准,引导平台强化行业协会自律性监管。

(五)开展促销活动

在直播营销中,主播的本质角色是销售人员,其目的是把商品销售出去。对于电商直播来说,开展促销活动是"炒热"直播间氛围的有效方式。主播可以根据自身情况设计以下促销活动。

1. 纪念促销

纪念促销是指利用人们对于特殊的日期或者节日的一种心理进行的促销活动。纪念促销的形式有节日促销、会员日促销、纪念日促销及特定周期促销等。

2. 引用举例式促销

引用举例式促销是指主播在促销时重点介绍商品的优势、功能和特色,或者对商品的使用效果进行介绍,并对比商品使用前后的效果。在介绍新品时,主播往往会以折扣价销售,如"新品九折"等。

3. 限定促销

限定促销是指利用人们"物以稀为贵"的心理,为用户创造一种该商品比较稀有的氛围,使用户认为该商品与众不同。

4. 组合促销

组合促销是指将企业或商家可控的基本促销措施组成一个整体的促销活动，如搭配促销、捆绑式促销、连贯式促销等，以满足用户的多样化消费需求。

5. 奖励促销

奖励促销是指让用户在接受营销信息的同时获得奖励。用户在获得奖励以后，心中会产生一种满足感和愉悦感，对主播的信任度就会大幅度提高。奖励促销的形式有抽奖式促销、互动式促销、优惠券促销等。

6. 借力促销

借力促销是指借助外力或者别人的优势资源来实现自己的营销目标。相对于广告等营销手段，借力促销可以起到以小博大、事半功倍的作用。借力促销的形式大致有利用热点事件促销、名人促销等。

7. 主题促销

促销的主题是整个促销活动的灵魂，好的主题可以给用户一个充分的购买理由。促销的主题要符合促销需求，应用简洁、新颖、有亲和力的语言来表达，在保持品牌形象的基础上做到易传播、易识别、时代感强、冲击力强。主题促销的形式大致有首创式促销、公益性促销、特定主题式促销等。

8. 时令促销

时令促销分为两种：一种是季节性清仓销售，即在季节交替时进行一波大甩卖，或者针对滞销款商品，以"甩卖""清仓"的名义吸引愿意以低价购买商品的用户；另一种是反时令促销，如一些企业在盛夏时节销售滞销的冬季服装。主播在直播时可以与这些商家合作，推广商家的季节性商品或反时令商品，很多用户往往会因为商品便宜而购买。

三、直播收尾技巧

每场直播的主题和内容都大不相同，但常用的直播收尾技巧却别无二致，总结起来，就是做好以下几点。

（一）引导关注

做好直播收尾环节可以引导观众关注，关注对象包括店铺、直播间，或是品牌官方微博账号等。但要注意一点，根据诸多直播平台规则，主播不能展示手机号或社交平台账号，否则会涉嫌违规。

为了避免类似的情况发生，在直播收尾阶段，如何吸引观众关注店铺呢？使用的技巧有以下两种。

1. 用抽奖互动吸引关注

比如，主播可以运用抽奖话术："我们的直播马上要结束了，还没有关注直播间的宝宝们给主播点点关注，我们马上要开始最后一轮抽奖啦！只有关注的粉丝抽中了才能领奖噢！"

2.使用优惠券吸引关注

例如,主播可以用话术:"我们的直播马上要结束了,欢迎大家关注我们的店铺,关注之后有满减活动和优惠信息,我们将会第一时间通知各位。现在关注联系客服,可以领取一张10元无门槛优惠券,关注之后才能收到哦!再次感谢各位宝宝的支持,我们下次见!"

(二)引导加群

粉丝群是一个良好的品牌推广渠道,这里的群主要是指平台内部粉丝福利群。对于潜在粉丝来说,加入粉丝群需要动力,可以从观众的利益角度出发,引导观众加入粉丝群,从而获取更多的福利和优惠。引导加群的技巧有以下两种。

1.活动福利吸引

例如,巧妙地运用直播话术:"今天的直播到这里就要结束了,如果各位宝宝想要获取更多优惠的话,欢迎大家加入我们的粉丝群,我们每周六晚都会在群里发放无门槛优惠券哦!"

2.特别活动吸引

例如,运用直播话术:"大家如果对我们的免费新品体验感兴趣的话,欢迎加入我们的粉丝群。想要参加活动的宝宝们,在群里报名即可,我们下次直播再见!"

(三)下场直播前的预热

一场完整的直播收尾必不可少的内容就是下一场直播的预热以及相关内容,提前为后续的直播打下基础,持续积累潜在粉丝。下场直播预热的具体内容分为下面几类。

1.预告直播具体时间

例如:"今天的直播到这里就要结束啦,我们下周五晚八点钟准时开播,依旧会给大家带来好物分享,希望在下次也能看见大家的身影哦!"

2.预告主推商品

例如:"在直播结束之际,提前告知大家下周的好物,我们会给大家带来超轻薄气垫、清爽型洁面乳,以及防紫外线能力Max的防晒霜,这个夏天有了这些你就不用愁啦!大家记得来直播间哦!我们下周见!"

3.预告促销活动及福利优惠

例如:"下周依然是我们的彩妆节活动,全场优惠满400减80,直播间将会发放100个名额的10元优惠券,欢迎大家的到来!我们下周五不见不散!"

4.预告直播奖品

例如:"下周是我们品牌的周年庆,直播间将会推出三重大礼包,获得礼包的宝宝们将会领取到两款最新出的产品,还有10个100元的现金红包,大家千万不要错过,我们下周见!"

> 任务描述：策划一场1小时以上的助农直播。
>
> 任务要求：撰写直播脚本，做好话术准备，保证整场直播顺利进行，直播过程中穿插两种以上互动和促销方式。

第四节 直播营销活动复盘

在直播带货中，很多人只关注到了直播的过程，如实时人气、互动的频率和技巧、如何打灯光等。那么是不是直播结束就意味着直播营销活动结束了呢？直播结束后我们还需要做什么呢？

一、直播复盘的概念和作用

复盘是围棋术语，也称"复局"，指对局完毕后，复演该盘棋的记录，以检查对局中招法的优劣与得失关键。"复盘"在贸易术语中，是指项目结束后，对其进行回顾和总结。为了持续提升营销效果，企业在营销活动结束后通常要进行复盘，总结经验教训，并作为下一次营销活动的参考。

直播复盘

直播复盘是指在直播活动结束后，主播及其团队对此次直播活动的各项数据进行回顾、分析、总结，查找差距，弥补不足，积累经验，确定后续整体直播的节奏，优化直播效果的过程。

通过直播营销活动复盘，运营者可以了解本次直播营销活动的营销效果，对于效果超过预期的直播营销活动，运营者要分析各个环节的成功之处，为后续直播活动积累成功经验；对于效果未达预期的直播营销活动，运营者要总结此次直播的失误之处，并寻找改善方法，以免在后续直播中再次出现相同或类似的失误。

二、直播营销活动复盘的基本思路

复盘是指运营者在直播活动结束后对本次直播营销活动进行回顾，通过相关数据分析此次直播营销活动的成败得失，评判直播效果，总结直播营销活动的经验教训，为后续的直播营销活动提供更多有价值的参考信息，具体思路如下。

（一）确定数据分析目标

直播营销活动复盘要依据数据进行分析，运营者首先要确定数据分析目标，才能有针对性地进行分析，从而使下一次直播营销活动的效果得到全面的优化。

（二）收集获取数据

有了数据分析目标，运营者接下来就要获取足够的数据。获取数据的渠道有直播账号后台、平台提供的数据分析工具，以及第三方数据分析工具。

1.直播账号后台

直播账号后台通常会有直播数据统计，运营者可以在直播过程中或直播结束后通过账号后台获得直播数据。

2.平台提供的数据分析工具

为了帮助企业更好地销售商品，一些平台提供了数据分析工具，如淘宝平台的数据银行、生意参谋等，这些工具能够为运营者提供直播营销活动的相关数据，运营者可以根据这些数据分析直播营销效果。

3.第三方数据分析工具

随着直播营销的发展，目前市场上出现了很多专门为用户提供直播数据分析服务的第三方数据分析工具，运营者可以利用这些工具收集自己需要的数据。第三方数据分析工具有很多，如飞瓜数据、蝉妈妈等。

（三）数据统计处理

数据统计处理是指对收集的数据进行排查、修正和加工，以便进行后续分析。通常来说，数据统计处理包括两个环节，第一个环节是数据修正，第二个环节是数据计算。

1.数据修正

无论是从账号后台或第三方数据分析工具获取的数据，还是人工统计的数据，都有可能出现异常，所以运营者要对收集的数据进行排查，发现异常数据后及时进行修正，以保证数据的准确性和有效性，保证数据分析结果的科学性和可参考性。

2.数据计算

通过数据修正保证数据的准确性之后，运营者可以根据数据分析的目标对数据进行计算，以获得更丰富的数据分析信息，激发更多的数据分析思路。数据计算包括数据求和、平均数计算、比例计算等。为了提高工作效率，运营者可以使用Excel等软件对数据进行计算。

(四)数据分析总结

在完成了数据的收集获取与统计处理工作之后,运营者接下来就需要对数据进行分析,目前最常用的方法是对比分析法和特殊事件分析法。

1.对比分析法

对比分析法又称比较分析法,指将两个或两个以上的数据进行对比,并分析数据之间的差异,从而揭示其背后隐藏的规律。对比包括同比、环比和定基比。同比:今年第N月与去年第N月的数据之比。环比:报告期的数据与其前一期的数据之比。定基比:报告期的数据与某一固定时期的数据之比。通过对比分析,运营者可以找出异常数据。这里的异常数据并非指表现差的数据,而是指偏离平均值较多的数值。例如,某主播每场直播的新增用户数为50~100个,但某一场直播的新增用户数达到200个,这次的新增用户数与之前的相比偏差较大,因此属于异常数据。运营者需要对此类数据进行仔细分析,并查找其出现异常的原因。

2.特殊事件分析法

很多直播数据出现异常与某个特殊事件有关,如淘宝直播首页或频道改版、主播变更直播标签、主播变更开播时间等。因此,运营者在记录日常数据的同时,也要记录这些特殊事件,以便在直播数据出现异常时找到这些特殊事件与数据变化之间的关系。

三、直播营销活动数据分析

在直播数据复盘的过程中,运营者要进行数据分析,在回顾直播流程时用量化的数据总结直播表现。直播间的后续操作需要以数据作为指导,运营者可以借助数据分析结果来制订相应的执行方案并进行测试,以优化下一次的直播营销活动。下面以第三方数据分析工具蝉妈妈为例,介绍如何对抖音直播间的数据进行分析。

(一)粉丝画像数据

粉丝画像数据包括性别分布、年龄分布、地域分布、粉丝活跃时间、观众来源等指标。抖音某主播的粉丝年龄分布分析如图7-7所示,该主播的观众来源分析如图7-8所示。

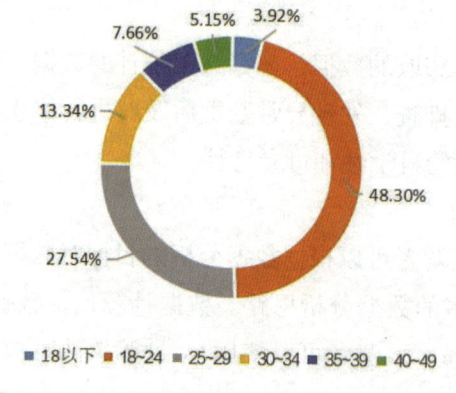

图7-7 抖音某主播的粉丝年龄(岁)分布分析

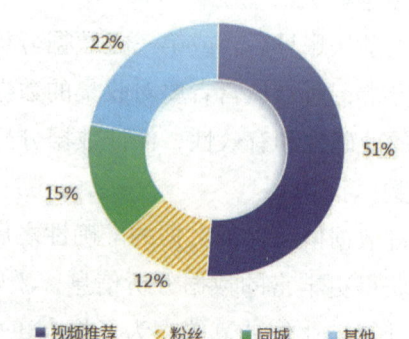

图7-8 抖音某主播的观众来源分析

通过以上数据分析结果可以看出,在该主播的粉丝年龄分布上,18~24岁的粉丝占比最高,占粉丝总数的48.30%;其次是25~29岁的粉丝,占比是27.54%,这说明该主播的粉丝主要是年轻粉丝。在观众来源上,通过视频推荐进入直播间的观众最多,占比是51%,这说明在直播宣传预热、推广"引流"中,视频推广的力度最大、效果最好。

(二)流量数据

流量数据主要包括人气数据、在线流量、粉丝团人数等指标。

1.人气数据

人气数据包括观看人次、人气峰值、平均在线、本场音浪、累计点赞、涨粉人数、转粉率和送礼人数。其中,转粉率用公式表示为:

$$转粉率 = 直播涨粉人数 \div 观看人次$$

某直播间的人气数据如图7-9所示。

人气数据			
165.1万 观看人次	**7.2万** 人气峰值	**3.9万** 平均在线	**8.2万** 本场音浪
累计点赞 2 290.2万	涨粉人数 10.2万	转粉率 6.16%	送礼人数 2万

图7-9 某直播间的人气数据

2.在线流量

在线流量包括累计观看人次、人气峰值和峰值时间,某直播间的在线流量如图7-10所示。

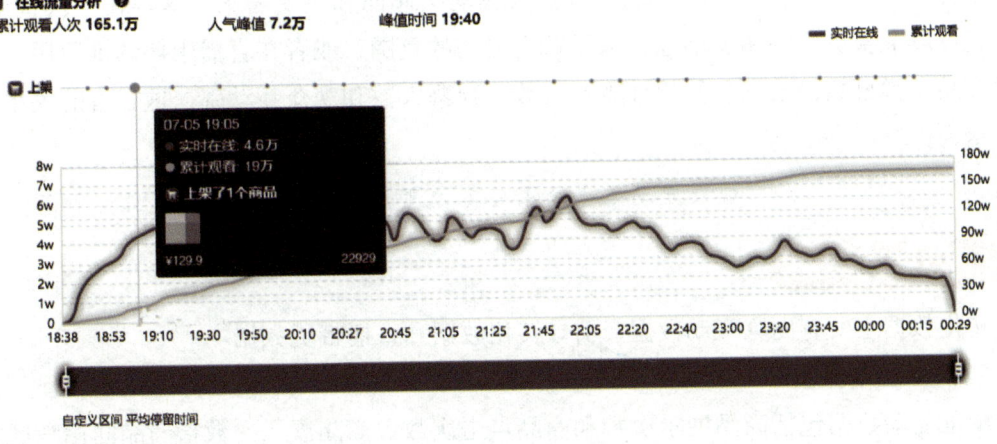

图7-10 某直播间的在线流量

3.粉丝团人数

粉丝团人数包括本场新增粉丝团、粉丝团增量峰值和峰值时间,某直播间的粉丝团人数如图7-11所示。

图 7-11 某直播间的粉丝团人数

主播可以巧妙地运用优化技巧来提高直播间的流量,具体方法如下。

(1)优化商品,多上架一些引流、爆款商品。

(2)主播在推荐商品时要充分运用自己的引导力、感染力和亲和力。

(3)商品的类目、性价比、价格要与目标用户匹配。

(4)主播可以改善直播间的布置,优化用户的观看体验。

(三)互动数据

互动数据与弹幕热词相关联,在直播营销过程中,用户评论中出现次数最多的关键词会突出显示并反映在弹幕热词中。主播可以从中直观地看到用户的互动内容,了解用户都喜欢聊什么、对哪些商品的兴趣较高,发现其购买倾向和主要需求。这样在下次直播时,主播就可以准备更多的相关话题,以活跃直播间的氛围,或者在直播中持续推荐用户感兴趣的商品。弹幕热词数据包括累计观看人数、弹幕人数和观众互动率,这三者的关系用公式表示为:

$$观众互动率 = 弹幕人数 \div 累计观看人数$$

(四)转化数据

转化数据主要有浏览互动数据、引导转化数据和直播带货数据。

1. 浏览互动数据

浏览互动数据包括商品展示次数和商品点击次数。商品展示次数指商品向用户展示的次数,直播间的弹窗、用户点击进入购物袋或购物车浏览商品都算作展示。商品点击次数指用户实际点击商品的次数,也就是说,用户进入商品详情页查看一次相关信息才能算作一次次数。

2. 引导转化数据

引导转化数据包括商品详情页访问次数和"我的橱窗"访问次数。假如商品详情页访问次数为10，订单量为3，则说明购买转化率为30%，这是一个比较高的转化率，可见商品对点击进入商品详情页的用户有很强的吸引力。

3.直播带货数据

直播带货数据包括本场销售额、销量、客单价、上架商品、带货转化率和独立访客（Unique Visitor，UV）价值，如图7-12所示。其中，UV价值用公式表示为：

$$UV价值=总销售额\div访问人数$$

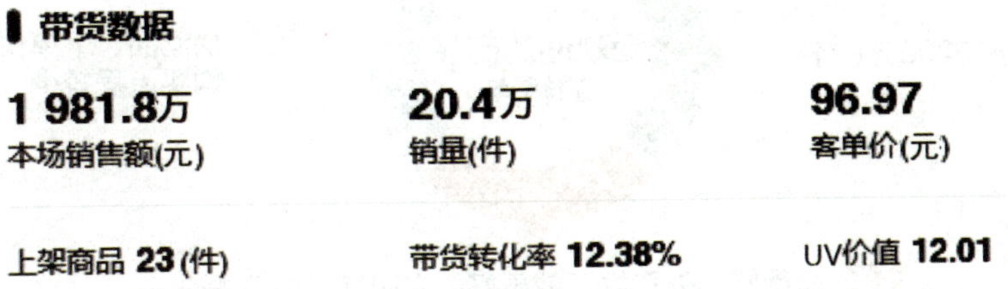

带货数据

1 981.8万	20.4万	96.97
本场销售额(元)	销量(件)	客单价(元)
上架商品 23 (件)	带货转化率 12.38%	UV价值 12.01

图7-12 直播带货数据

主播要想增加直播间的商品点击次数，提高商品转化数据，可以使用以下方法。

（1）丰富产品的存货单位（Stock Keeping Unit，SKU），给用户更多的选择余地。

（2）主播在引导时要多强调商品的优势，如价格、促销活动等。

（3）从商品详情页到下单的过程由用户自己做出决策，所以主播要尽量缩短下单流程。

四、直播营销活动经验总结

直播营销活动经验总结主要是指运营者通过对多场直播活动进行分析，总结出能够增强直播营销效果的关键信息，并将这些信息记录下来，为后续开展直播营销活动提供有益的参考。直播营销包括直播卖货和品牌营销。

直播营销的优势在于通过"面对面"的实时交流，用更为直观的方式与用户进行交流、互动并展示商品，营造富有感染力的场景，使用专业的直播营销话术，帮助企业或品牌商获取更多的用户。打造热门直播有偶然的因素，也有必然的规律，打造热门直播的三个要素分别为人、货、场。

（一）人

运营者在开展直播营销活动时，重要的是找到影响用户并将其转化为消费者的关键人。这个关键人可以是网络头部IP、中腰部达人，也可以是企业的上层领导、工厂员工、店铺店员等。但是，他们在不同卖场、不同商品的影响下，带货效果存在较大的差异。网络头部IP最大的价值在于其覆盖面更广，可以用极强的曝光能力创造社会效应，推动品牌面向更多用户，在直播营销中多用于品牌宣传。中腰部达人在垂直领域中影响力较强，能够用更接地气、真实的用户记录增强用户对商品或品牌的信任感。运营者可以在多场景中打造多元内容，使用户产生共鸣，这样"种草"效果会更明显。

(二)货

货是直播营销的核心,非常受用户欢迎的直播营销中的商品一般具有"多、快、好、省"的特点,如图 7-13 所示。

图 7-13 受欢迎的商品的特点

容易打造出热门直播商品的组合方式包括独具特色的商品+IP达人+商品原价、一般的商品+IP达人+中腰部达人、知名品牌的商品+店员+中腰部达人,以及大品牌的商品+店员+低折扣等。

(三)场

卖场从实体商品市场到淘宝、拼多多,再到以快手、抖音为代表的社交视频平台,不同的时代产生了不同的卖场。运营者要想做好直播营销,选择合适的卖场很重要,要准确了解不同卖场的人群及特点。各新媒体平台直播营销的特点如下。

(1)微博:微博橱窗+直播带货,建立开放的舆论场所,适宜销售服装和生活日用品。

(2)抖音:头部主播相对集中,日用百货、服装等商品的销售占比较大,商品价格集中在 100 元以内。

(3)淘宝直播:商家、达人内容推动流量留存,大主播在直播时能促使商品大量销售;女性用户的消费欲望较强,服装是第一优势品类,珠宝、亲子用品等位居其后。

(4)快手:以去中心化的社交分发模式为主,主播相对多元、分散,原产地、产业带、达人品牌等提供的商品通常是热卖商品。

(5)腾讯直播:打造"微信公众号+小程序+视频号直播"的营销矩阵,用私域的方式来调动微信生态内的资源,适合与用户关系较紧密、受信任的主播进行商品推广,目前母婴类商品的卖货效果极佳。

(6)拼多多:以低价"白牌"商品居多,以促销打折为主要营销手段,直播采用"低价产品或大牌促销+商家解说+折扣"的形式,能够很好地激发用户的购买行为。

(7)小红书:流量精准、用户活跃度高、女性用户多,直播营销多选择品牌商品以及紧跟时尚潮流的商品。

主持人跨界直播

2021年4月23日,李小萌在抖音开启了直播带货,数据显示该场直播长达9小时,累计观看人数达106万人次,人气峰值达1.6万,单场直播销售额为1025.5万元。这场直播成绩斐然,让李小萌涨粉2.7万人次,用户在直播间停留的平均时间长达4分58秒,可见用户对直播的兴趣与对主播的信任。

1. 爆款商品分析

蝉妈妈数据显示,该场直播共上架88件商品,客单价高达433.48元,UV价值为9.67元,带货转化率为2.23%。直播间的所有商品都来自"中国黄金"品牌,以项链和吊坠为主。这场直播的商品安排也考虑了不同用户的需要,以不同价位的黄金饰品满足不同用户的需求。

2. 直播间用户分析

数据显示(图7-14),李小萌直播间的用户中,女性用户占比达75.67%,31~40岁用户的占比最大。这个年龄段的用户一般有一定的经济基础,对于黄金类投资单品有较高的热情。因此,这场直播吸引的用户群体比较精准。

粉丝性别

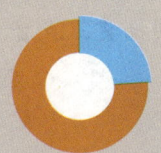

● 男性24.33% ● 女性75.67%

粉丝年龄分布

● 0~16岁　8%　　● 31~40岁　40%
● 17~30岁　13%　● 41岁以上　38%

图7-14　用户画像

本场直播产生了4.6万条弹幕,发布弹幕的人数达到9553人次。通过弹幕热词可以看到,免单福利吸引了大批用户,"萌姐""支持""想要"等弹幕热词都能体现用户对于主播的信任。

3. 直播成功经验总结

李小萌口齿伶俐、应变能力强,对用户心理和直播节奏把控得很好。而每一场直播的成功都离不开强大的运营团队,他们需要实时监控直播间情况,及时做出调整；还需要强大的供应链支撑，强强联合才能够发挥最大的潜力；严格把控直播间商品的品质，为粉丝提供刚需商品，服务好用户才能长久地留住用户。

资料来源：编者根据相关资料整理

一、单项选择题

1.（　　）主要包括人气数据、在线流量、粉丝团人数等指标。
A.产品数据　　B.粉丝数据　　C.实时数据　　D.流量数据

2.打造热门直播的3个要素分别为（　　）。
A.话题、剧本、人设　　　　　B.数据、资源、产品
C.人、货、场　　　　　　　　D.产品、销量、价格

3.明确直播目标时要遵循（　　），尽量让目标科学化、明确化、规范化。
A.SMART原则　B.严谨性原则　C.数据化原则　D.详细化原则

4.（　　）主要有浏览互动数据、引导转化数据和直播带货数据。
A.直播数据　　B.转化数据　　C.销售数据　　D.互动数据

5.抽奖的具体形式主要包括签到抽奖、点赞抽奖、问答抽奖和（　　）。
A."秒杀"抽奖　B.随机抽奖　　C.剧本抽奖　　D.平台抽奖

二、判断题

1.观众互动率＝弹幕人数÷累计观看人数。（　　）

2.异常数据是指表现差的数据。（　　）

3.直播运营者要设置适宜的宣传频率，可以在用户能够承受的最大宣传频率的基础上设计多轮宣传活动。（　　）

4.商品的类目、性价比、价格要与按照利润最大化方式匹配。（　　）

5.拼多多流量精准、用户活跃度高、女性用户多，直播营销多选择品牌商品，以及紧跟时尚潮流的商品。（　　）

三、实训题

实训目的：以家乡特色农产品为例，开展一场"6·18"直播促销活动，以增加该产品的销量，扩大家乡农产品知名度。

实训要求：任选一个新媒体平台真实开播。

操作步骤：

（1）确定直播主题。此次助农直播营销活动的目的是增加农产品销量和扩大家乡知名度，主要通过视觉感受吸引用户的注意，再通过主播试吃、场景搭建、主播讲解商品并与用户实时互动等环节，带给用户更好、更真实的体验，从而激发用户的购买欲望，促使用户下单。

（2）进行活动策划。一般来说，直播营销活动分为以下三个环节。运营者在不同的阶段中可以围绕直播场景、人物、产品和创意元素进行活动策划。

①在直播的开头，帮助用户感知产品。

②在直播过程中，引起用户的兴趣。

③在直播快结束时，促使用户接受营销内容。

每个环节的内容安排与使用的营销技巧都不同。运营者应撰写好活动脚本，注意营销话术的运用及互动环节的设计，如通过弹幕互动、发放直播红包等活动，吸引用户的注意，活跃直播间的氛围。

（3）活动宣传推广策划。分析主打农产品的目标用户人群，根据目标用户人群主要聚集的平台选择线上宣传形式。针对农产品的特点和目标用户人群制作营销海报、撰写活动宣传文案，选择多个平台，如微博、微信公众号及短视频平台进行宣传。

（4）搭建直播间，筹备直播物资。从直播场地、直播道具和直播设备三个方面搭建直播间并筹备直播需要用到的物资。

（5）进行直播营销活动。由同学分别担任主播、运营、助播、客服等，大家一起进行现场直播营销活动的实战。

（6）直播结束后应对整场直播进行复盘，提出下次直播的优化建议。

实训提示：真实开播后，要注意语言表述，不要违反平台相关规则，避免被限流甚至封号。

新媒体营销矩阵

第八章

 学习导图

- 新媒体营销矩阵
  - 初识新媒体营销矩阵
    - 新媒体营销矩阵的概念
    - 新媒体营销矩阵的类型
    - 新媒体营销矩阵的作用
    - 打造新媒体营销矩阵的要点
  - 新媒体营销矩阵搭建
    - 新媒体营销矩阵搭建的步骤
    - 新媒体营销矩阵布局
  - 新媒体营销矩阵运营团队建设
    - 新媒体营销矩阵运营团队建设的误区
    - 运营团队的人员配置
    - 新媒体营销矩阵运营人员能力要求
    - 运营团队KPI的设置

学习目标

知识目标

1. 了解新媒体营销矩阵的类型和作用。
2. 掌握新媒体营销矩阵搭建的步骤。
3. 熟悉新媒体营销矩阵团队搭建方法。

技能目标

1. 具备布局新媒体矩阵的能力。
2. 具备建立人格化矩阵账号的能力。
3. 具备新媒体矩阵团队管理的能力。

思政目标

1. 培养全局意识和团队协助能力。
2. 提高创新意识与创业精神。
3. 加强学习自信与主动性。

第一节 初识新媒体营销矩阵

情境导入

随着新媒体营销的发展，小李所在的公司在多个平台上开通了新媒体账号，各个平台独立运营一段时间之后，发现运行效果并不理想。小李在经过调研之后发现，很多公司都是集中管理和分发新媒体内容，请你帮他讲解集中管理和分发新媒体内容的方式——新媒体营销矩阵。

一、新媒体营销矩阵的概念

随着互联网的发展，越来越多的企业和个人开始利用新媒体平台进行品牌推广和营销。

而新媒体营销矩阵作为一种集中管理和分发新媒体内容的方式，可以帮助企业和个人更高效地利用新媒体平台，提高品牌曝光度和用户黏性。

那么什么是新媒体营销矩阵呢？

从数学的角度来看，矩阵是一个按照长方阵列排列的复数或实数集合，最早来自方程组的系数及常数所构成的方阵，如图8-1所示。

$$\begin{bmatrix} 1 & 2 & 3 & 0 \\ 0 & 5 & 5 & 3 \\ 0 & 0 & 1 & -2 \\ 0 & 0 & 0 & 0 \end{bmatrix}$$

图8-1 数学概念里的矩阵

新媒体营销矩阵是新兴起的营销名词，是当今媒体融合所出现的产物，也是时代进步的必然结果，是指品牌方或者商家在多个平台通过不一样的渠道去进行宣传推广的新媒体集群。新媒体营销矩阵通常由社交媒体平台、视频分享平台、新闻客户端、微博、微信公众号等不同类型的平台组成。这些平台在内容、用户和商业方面相互关联，共同形成一个强大的传播矩阵。每个平台都有自己的优势和特点，可以在不同的场景下服务于不同的用户需求，如图8-2所示。

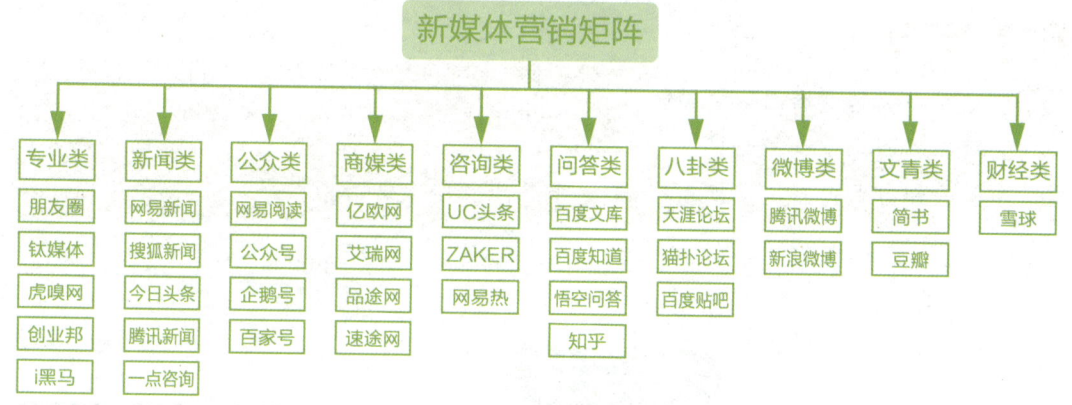

图8-2 新媒体营销矩阵

二、新媒体营销矩阵的类型

新媒体营销矩阵可以分为横向矩阵、纵向矩阵和联合矩阵。

（一）横向矩阵

横向矩阵指企业在全媒体平台的布局，包括自有App、网站和各类新媒体平台，如微信公众号、微博、抖音、快手、淘宝、小红书、今日头条等，也被称为外部矩阵。例如，中国航天就布局了微信公众号、微博、抖音、快手、知乎等各类新媒体平台账号，如图8-3所示。

图8-3 中国航天的横向矩阵

(二)纵向矩阵

纵向矩阵主要指企业在某个媒体平台的生态布局,是同一主体在相同平台下的多IP垂直纵深运营,是其各个产品线的纵深布局。如在微信平台布局订阅号、服务号、社群、个人号及小程序等,也可以称为内矩阵。

(三)联合矩阵

联合矩阵指企业既在某一个新媒体平台上布局多个账号,又在众多新媒体平台上布局多个账号,也就是同时联合运用纵向矩阵与横向矩阵。例如,知名国货品牌海尔、华为、小米、百雀羚等都在微信和微博分别部署了属于自己的纵向矩阵,如图8-4所示。也就是说,只要在微信或微博搜索栏搜索海尔,就可以看到很多海尔官方的账号,分别对应海尔不同的业务领域,如海尔空调、海尔冰箱、海尔洗衣机等。

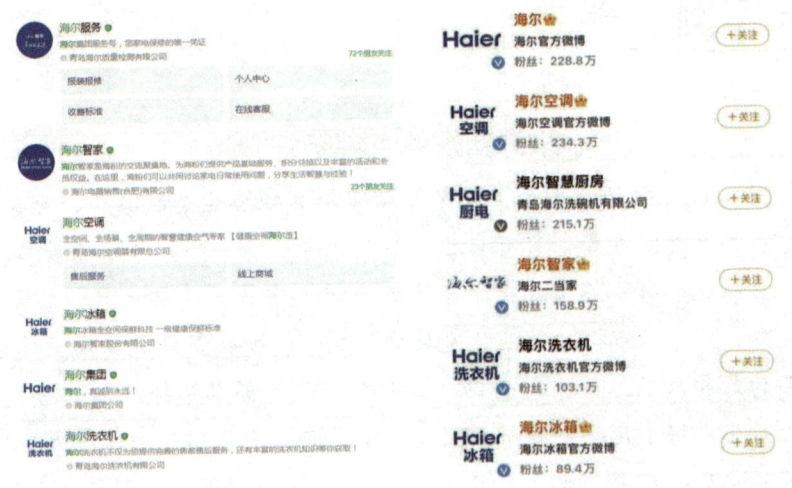

图 8-4 海尔的新媒体联合矩阵

三、新媒体营销矩阵的作用

搭建新媒体营销矩阵的作用主要体现在实现内容多元化、分散风险、协同放大宣传效果上。

因为每一个平台的机制和特点都不相同,一般一个账号确定风格之后是很难改变的,但是多账号就可以灵活设置,不同的平台可以变换不同的风格,每一个账号可以侧重于不同的内容,使企业或品牌呈现出内容形式的多元化,同时丰满自身形象,吸引不同的受众群体。例如,大家熟知的抖音以一分钟左右能看完的视频内容为主;小红书则是以滚动的封面图加上短小精悍的文案为主;公众号则更偏向于长文章、长图文、图文并茂的形式,整体阅读的体验感会更加丰富;B站主要是用视频来进行宣传。根据以上特点,在不同平台上建立账号,可以合理地将不同的内容分别发送到不同的平台,去吸引不同的受众。例如,共青团中央通过入驻抖音、公众号、B站等平台,丰富了内容形式,扩大了粉丝人群。企业布局新媒体营销矩阵能够更好地宣传品牌,树立品牌形象。

搭建新媒体营销矩阵对于企业来说还可以分散运营风险。企业如果只集中在某一平台运营，在运营过程中一旦出现违规或其他意外，就会被限流甚至封号，以致前功尽弃。

搭建新媒体营销矩阵最大的好处就是协同放大宣传效果。因为用户的使用习惯以及喜好都不相同，因此我们可以变换内容的形式，根据每个平台不一样的调性、特性，去形成内容上的互补，这样所覆盖的人群也更广。多个媒体账号的运营，所产生的交互影响是1+1>2的，营销的本质不在于产品，而在于用户对产品的认知。全方位一体的宣传，可以让消费者对其有更加清晰的了解，进而产生对品牌的忠诚。例如，进行事件营销，可以先在微博上造势，再在微信上进行转化，最后在今日头条等媒体网站分发品牌公关稿，以达到协同放大的营销效果。用户可能会在微博上看到品牌宣传，对这个品牌有一定印象，后来在微信上又看到该品牌的宣传，就会产生消费的冲动。

经典案例

小米的新媒体营销矩阵分析

小米，可以说是视频号平台上较早开始布局其矩阵生态的品牌，无论是小米手机、雷军本人甚至是红米等，都有自己的专属账号。多一个账号意味着多一份支出，为什么小米甘愿这样做？答案就在于矩阵式营销。

众所周知，视频号如今的商业化进展非常顺利，哪怕是常见的线上演唱会冠名，品牌方也要为此挤破头。小米却借助其矩阵账号，轻而易举地在视频号最抢眼的直播广场，为自己占据了几乎一整屏的流量C位。同时，其搭配专注小米手机的账号，在演讲时能够借助全网暴增的关于小米的搜索流量，来促成用户下单购买。小米由于牢牢接住了这一拨流量，从而能将其直接变现。

资料来源：编者根据相关资料整理

四、打造新媒体营销矩阵的要点

（一）从内容出发，进行差异化运营

明确新媒体营销矩阵的主题和受众群体，是搭建新媒体矩阵的首要任务。选择适合目标受众的新媒体平台，并制定相应的运营策略和内容规划。根据受众需求和平台特点，制定不同的内容类型并设置发布频率，制订具体的内容创作计划。内容类型包括文字、图片、视频等，发布频率应该符合受众需求和平台规律。关于内容，从商业价值的角度来说，运营者可以利用新媒体，通过一些社会化营销手段，吸引一部分受众的目光，从而带来流量。不过，想在茫茫人海中找到自己品牌的忠实用户，建立品牌社群，并非易事，它除了内容要足够吸引人以外，也需要用更加精准的传播方式来推广和宣传自己的产品信息。所以新媒体的内容运营应该采用轻产品、重传播的推广思路。只有先把面铺得够广，再配合多种

不同场景展现用户诉求，引起共鸣，才能加强目标用户的串联记忆，提高他们对品牌的好感度。

（二）注重整合营销和矩阵联动

既然建立了新媒体营销矩阵，那么就要将矩阵的优势发挥出来。要将不同平台的优势资源在该集合的时候整合调动起来，而不是只顾在各自的平台上深耕。这个时候需要运营管理者有意识地去发挥和调动资源，做到既能在不同平台上开出个性之花，又能在需要的时候花团锦簇，将矩阵的整合优势和营销效应扩展至最大化。

（三）注意资源倾斜和运营精力分配

要做到每个账号都很完美是不可能的，一般能在 2~3 个平台上面做大、做深就已经十分成功。因为资源和精力有限，在打造矩阵的过程中要有所取舍，先找到重点运营的平台，然后将 70%~80% 的精力集中在这 2~3 个平台，去努力提升其核心优势即可。运营者如果想要面面俱到，反而会顾此失彼，得不偿失。

> 任务描述：请以国产汽车比亚迪为例，登录微信、微博、抖音、知乎等新媒体平台，查询比亚迪在各个新媒体平台的矩阵布局。
>
> 任务要求：能对品牌的新媒体营销矩阵布局情况进行资料收集并分析，能说出该品牌新媒体营销矩阵的类型。

第二节　新媒体营销矩阵搭建

> 在了解了新媒体营销矩阵的重要作用之后，很多企业都想尝试搭建新媒体营销矩阵。那么是不是在各种新媒体平台上注册了账号就算完成矩阵搭建了呢？搭建矩阵的具体步骤是什么呢？

一、新媒体营销矩阵搭建的步骤

新媒体营销矩阵的搭建并不是一蹴而就的,而是一个循序渐进的过程,其具体步骤包括分析运营状况、细分目标人群及其需求、选择媒体平台、创建人格化账号。

(一)分析运营状况

分析运营状况是指梳理企业新媒体的发展阶段,分析企业目前的运营状况。新媒体营销矩阵并非一开始就需要搭建,因为不同阶段的重心不同。那么如何判断搭建新媒体营销矩阵的最佳时机呢?

熟悉新媒体营销运营的小伙伴都清楚,新媒体运营一般要经历四个阶段:启动期、增长期、成熟期、衰退期,如图 8-5 所示。

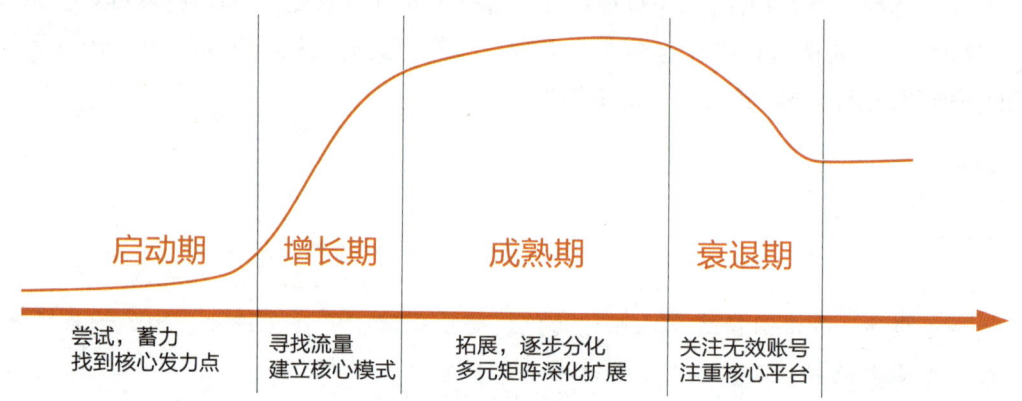

图 8-5　新媒体运营的四个阶段

由于运营主体的目标不同,每个阶段的目标也不尽相同。运营者需要根据企业每个阶段的运营目标来确定搭建新媒体矩阵的时机,或判断是否应该搭建新媒体矩阵。

1.启动期

一般来说,新媒体的启动期是在某个或某些平台先做尝试,逐步蓄力,以找到核心发力点为目标。此时更多的是试错和探索。

从运营周期来看,通常情况下,除非预算和运营团队较为成熟,启动期一般不建议一开始就做新媒体营销矩阵。一方面,市场验证时间较短,前期积累还不够充分;另一方面,容易分散精力,不如集中优势资源先把主要平台做好、做精。

2.增长期

增长期指开始固定在某些表现较好的平台运营,逐步开始稳定过渡,以寻找流量、找到核心运营模式为主要目标。

当媒体进入增长期后,就可以开始着手考虑是否搭建新媒体营销矩阵。比如,用户群体已经超过 10 万人,核心用户群超过 2 万人,且用户群体中已经有较为明显的差异性显现,那么这个时候搭建新媒体营销矩阵,满足不同群体需求的时机就十分合适。

3. 成熟期

进入成熟期后,企业也开始进入盈利期。此时就可以根据具体需求进一步探索,逐步分化,运用多元化矩阵来深化扩展。

当然,具体情况还需要结合自身运营主体的流量需求与当前的资源情况来定。但总体来说,在增长期或成熟期,当用户群体体量已经有了一定的规模,并拥有稳定的核心用户群,且用户差异性较为明显的时候,非常适合顺势开启新媒体营销矩阵的运营。

4. 衰退期

进入衰退期后,用户的关注度下降,企业可以根据实际情况,关停无效的账号,把精力集中在核心平台上。企业可以以寻找新的增长点为目标,或以进一步深化现有矩阵、加强纵向深度、扩大影响力为主要目标。

力求在所有矩阵布局平台运营良好是一种理想状态,但基本不太可能全线长红。当新媒体增长到一定体量之后,会出现某些平台平稳发展,某些平台进入衰退期的情况。那么就可以根据现有资源和市场行情情况,适当关停一些无效或收效甚微的账号,把精力集中在核心平台上。争取在细分领域做精,或根据公司战略发展去开辟新的领域。

例如,偏媒体品牌的新媒体,在启动期搭建外矩阵主要以尝试为主,在有红利的新平台尝试;微信内的矩阵搭建则需先建立一个账号,找到核心发力点。

以"美丽说"为例,其矩阵搭建始于2012年,外矩阵为微博和QQ空间,凭借当时QQ空间的红利期其很快就吸纳超过2 000万用户,2012年年末"美丽说"又开通了微信订阅号。

到增长期,外矩阵已经形成,微信的内矩阵因为功能或人群初步分化形成。比如,在外矩阵方面,"美丽说"开发了百度贴吧,在微信内矩阵则添加了服务号。

至成熟期,外矩阵主要开发新兴流量平台,同时微信内矩阵进一步进行细分。如"美丽说"在2015年入驻微信钱包的九宫格。

(二)细分目标人群及其需求

企业确定要搭建微信内矩阵后,需要对目标用户进行人群细分。

1. 同类群体的细分

有些企业运营的对象是某一类人群,如读书类账号"有书",用户主要是爱读书的人群,其中女性偏多,年龄范围在20~50岁。在增长期,"有书"的用户数增加后,又分化出了对亲子阅读更感兴趣的妈妈群体、对学习口语的需求更强烈的职场人群。于是"有书"搭建了微信内矩阵账号,见表8-1。

表8-1 "有书"微信矩阵布局

账号名称	细分人群/岁	细分需求
有书	20~50	读书
有书国学	30~50	对国学感兴趣
有书亲子共读	25~35	0~6岁的亲子共读需求

续表

账号名称	细分人群/岁	细分需求
有书夜听	35~45	需要情感慰藉
有书口语	25~40	对英语学习有需求

2. 不同群体的细分

有些企业运营的人群不是同一类，需要细分出矩阵，实现分类运营。例如，"学霸君"和"千聊"都运营了三类群体（"学霸君"的运营对象是学生＋老师＋家长，"千聊"的运营对象是听课者＋讲师＋分发机构），需要单独建三个账号。

（三）选择媒体平台

确定新媒体的目标及运营对象后，再选择相应的平台进行矩阵布局，这里的平台主要指可以入驻的媒体或电商平台。平台的选择分初选、复筛、确认三个步骤。

1. 初选

首先，需要了解一些常规的泛内容平台。要养成看新闻稿的习惯，这样如果有新兴媒体平台出现，就可以第一时间知道。

其次，根据企业垂直领域业务来初步选择平台。例如，摄影类企业可以选择蜂鸟网、站酷、Pinterest等网站；美食类企业可以选择豆果美食、大众点评等。可以参考各类App细分榜单或垂直网站名单来寻找这些平台。

2. 复筛

初步选定平台后，要进行下一步——复筛，即将初选的平台进一步筛选。假设企业运营了一个关于年轻人图片社交的公众号，根据以上原则初步选定了微博、微信、一点资讯、B站、脉脉、Lofter这几个平台，下一步就需要进行复筛，找到核心运营的平台。那如何进行复筛？这就需要对这几个平台进行多维度的考核。

首先评估平台，评分标准主要看平台类型，该平台在同类中的排名、量级和成熟度，其中成熟度和平台成立的时间长短、用户活跃情况及商业化变现情况相关。我们可以综合各方面情况给平台评分。

其次评估企业，这里的企业指平台所属的企业。需要考虑的维度有三点：平台在企业的地位，平台在企业未来的潜力，企业目前的实力及未来潜力。评估实力主要考察融资或者资本方面，如果企业实力不够，那么打造的平台产品可能只是昙花一现。综合这三个维度得出平均分。

最后评估运营层面，评估标准包括用户的纯净度、运营的自由度、粉丝的价值以及平台对运营者的扶持力度。用户的纯净度就是目标用户年龄或者用户画像在这个平台的用户中占比的大小。运营的自由度就是运营者在平台上有多大的发挥空间。比如，在微信上可以开公众号，可以运营社群或者个人号，自由度是最高的；在一点资讯上，只能发文章，灵活度较低；在脉脉上，可以发个人状态和专栏文章，灵活度尚可。粉丝的价值就是这个平台的粉丝对后续转化的作用大小。比如，微信上的粉丝不仅可以帮助传播，后续还可能直接参与消费；脉脉上的用户都是职场人士，后续可以探讨商务合作等。平台对运营者的扶持力度也是非常重要的考核指标，如微信为原创作者提供高度保护，不从作者所得的赞赏中抽成。这样的举措就是对运营者的扶持。

从三大层面分析完后，再进行综合评估，就是复筛的过程。

3. 确认

通过初选和复筛，企业选择了几个平台进行试运营。需要注意的是，复筛是主观意见，结果只能作为参考，并不能当作定论。可以借鉴其中的分析方法，根据实际的评估结果进行人力和资源的分配。最终还需要经过一段时间的试运营才能得出结论。

经典案例

"美丽说"新媒体营销矩阵搭建

"美丽说"在2015年搭建的新媒体矩阵（图8-6），面向的人群年龄主要分布在18~30岁，所以"美丽说"通过初选和复筛，选择了微信、QQ、App、微博、贴吧这五个平台搭建横向矩阵，尤其把微信单独作为内矩阵的核心开展运营。

"美丽说"的微信内矩阵主要是媒体矩阵，包含"美丽说"订阅号与服务号、"美丽说"higo订阅号（现higo业务已经独立）以及微信钱包入口。这几个账号各有侧重点。例如，"美丽说"订阅号以媒体为目的；微信钱包入口和"美丽说"服务中心以销售为目的；"美丽说"黑板报以打造雇主品牌为目的，用于发布企业新闻。

外部矩阵中，QQ购物号和美丽说App的图文主要以卖产品为目的；百度贴吧、"美丽说"微博则以媒体传播为主要目的。由此可见，"美丽说"的矩阵搭建整体侧重于媒体公关，其次是卖产品。

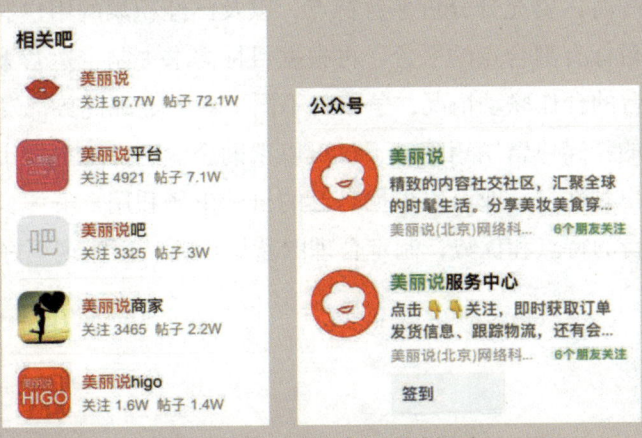

图8-6 "美丽说"新媒体矩阵

资料来源：编者根据相关资料整理

(四)创建人格化账号

在选定平台,确定矩阵的结构后,需要针对运营的平台账号进行人格化建设。

人的性格、气质、能力等特征的总和被称为人格。而企业人格化,就是企业将产品或服务所蕴含的、区别于其他竞品的品质和特性拟人化,从而帮助用户通过个性鲜明、情感饱满、印象具象的"人"来感知企业的产品或服务,并在与这个"人"的沟通交流中建立起对产品或服务的好感与信任。

企业在不同平台展示的人格化需要遵循"1＋N"模式。这里的"1"指的是企业的"基因",如果是护肤品企业,基因就是"护肤、变美、改善";食品企业,基因就是"美食、美味、分享"。"N"指的是在不同平台需要塑造的角色要有所不同,应根据各平台的风格属性进行改造。例如,"美丽说"的基因是时尚,那么所有的人格化建设都要围绕时尚这个调性;而"学霸君"的基因是学习,则"学霸君"的人物身份一定和学习相关。

二、新媒体营销矩阵布局

确定运营平台并启动后,就可以根据情况和市场机会开始布局媒体矩阵。具体情况可以参考前面所述。一般媒体矩阵的布局展开有以下两种形式。

(一)先做内部矩阵(纵向矩阵),再做外部矩阵(横向矩阵)

先做内部矩阵(纵向矩阵),再做外部矩阵(横向矩阵)的好处:因为对所在平台的各种情况已经比较了解,熟悉运营环境,做起来会更加得心应手。也可以直接借鉴当前所在平台的运营情况,便于尽快展开。在做得比较好的平台上继续扩展,能优先扩大核心竞争力,加强核心用户的体验,对自身发展来说是尤为重要的。当然,也有只做内部矩阵的布局方式,具体情况要根据自身运营需求来看。

(二)直接开启外部矩阵(横向矩阵)

在选择外部矩阵时,要充分分析平台特点,以及已经积累的用户群体特点,找到和自己产品目标或企业目标有契合点的平台,再根据目标需求去制定运营策略。运营外部矩阵时,应多注重跨平台的合作联动情况,争取将不同平台的资源优势都发挥出来。

搭建一个成功的新媒体营销矩阵,不仅可以帮助企业更好地把握市场动态,还可以提高品牌曝光度和用户黏性。企业可以根据自己的目标市场和用户群体,选择合适的新媒体平台,整合不同平台的特点和优势,制定合理的营销策略,以实现更好的营销效果。

任务描述:小李创业成立了一家培训公司,主要面向职场年轻白领开展技能提升的相关培训,经过两年的运营,该培训公司目前用户已达两万余人,培训项目涵

盖办公室软件操作、数据分析、视频剪辑等。请你为这家培训公司搭建新媒体营销矩阵。

任务要求：根据公司的用户群体和运营项目特点，为该公司搭建新媒体营销矩阵，并说出这样布局的原因。

第三节 新媒体营销矩阵运营团队建设

企业构建新媒体营销矩阵，离不开运营团队人员的合作。如何进行运营团队人员的配置及KPI的设置是企业应重点考虑的内容。应该怎样建设新媒体营销矩阵的运营团队呢？

一、新媒体营销矩阵运营团队建设的误区

在之前的学习中，我们已经了解了新媒体营销矩阵对企业的巨大作用，但是在具体的实践操作中，很多企业或者新媒体运营人员容易走进矩阵搭建的误区，以为新媒体营销矩阵搭建就是找个人在各种新媒体平台上注册一堆账号即可。其实这种认识是错误的，企业如果按此方式搭建新媒体营销矩阵，哪怕拥有再好的资源和红利，也只会浪费人力、物力，达不到新媒体营销的目的。

（一）万能的新媒体小编

很多企业都存在同样的问题：都认为企业新媒体很重要，也都知道要做新媒体，但是整个新媒体团队就只有一两个人，还都是刚入门的新媒体小编。也就是说，领导交代很多任务下来时，落地执行的只有一两个人。

现在的新媒体营销如果还指望一两个小编就把事情做好，那简直是天方夜谭。如果没有一个大的团队作战，是不可能把企业新媒体做起来的。用最少的人做最多的事，到头来只会一事无成。所以任何一家公司，如果它的新媒体营销矩阵搭建得较好，那背后一定拥有一个很大的团队在操盘。

（二）新媒体部门被设为鸡肋部门

在企业中，新媒体部门被边缘化，甚至在企业内部也找不到，这样就会存在问题。一

一般来说，一级部门的属性会决定二级部门的方向，如新媒体部从属于销售部，则以销售为主；如果从属于品牌部，则以公关传播为主。

但是新媒体的能力远不只销售或公关传播，还有其他许多方面。收获和付出是成正比的，一个小编的产出肯定只有一个小编的势能，边缘化的部门也只能有边缘化的产出。因此，为了开展好新媒体营销，企业就需要把新媒体部门放在一个重要的位置，这样才能更好地释放它的力量。

（三）新媒体团队等于内容团队

新媒体团队一开始为内容团队，是因为新媒体有很强的内容属性，这是它天然的优势，拿来做内容传播是没问题的。但是发展到后面如果企业招聘的依然是做内容的文案编辑，那就有问题了。因为此时的新媒体团队除了内容，还有很多需要关注的事情，如技术、产品、运营等。一些企业潜意识里认为新媒体就等同于公众号和微博，这种认知会使得整个新媒体团队变成一个内容团队。

（四）团队的招聘没有方向和目标

很多企业招聘时指望一个人兼顾所有，前期团队较小，还可以这么做，发展到后期，则需要专业的人干专业的事。

（五）团队一步到位

所有的企业新媒体团队，一定是从0到1，再从1到100发展起来的。一般是首先确定矩阵平台，再根据矩阵平台的发展来匹配相对应的团队。

在招聘上，首先是招聘企业新媒体团队的负责人，再招聘内容主编负责整个内容品牌的调性。有了内容之后，则可以继续招聘公众号运营、社群运营。

团队不是一步到位的，而是分阶段建设的。新媒体的发展要通过小步快跑实现，可以先从小团队开始磨合，当跑出一套理论之后再扩大规模。

新媒体负责人是整个团队的一号员工，如果还没有招到新媒体负责人，就不要轻易启动项目。因为基层的小编或者运营缺乏更高维度的视野，如果仅依靠他们开展工作，会导致前期工作就掉进很多的误区，让公司领导对一个项目产生怀疑。所以团队建设在前期就一定要站在更高的维度来规划，为此，在落地之前就应把负责人招聘到位，再推进后面的工作。

二、运营团队的人员配置

了解了新媒体营销矩阵团队建设的常见误区后，接下来我们再看看正确的人员配置方式是怎样的。下面讲解两种人员配置方式，即按业务模块配置人员和按平台配置人员。

（一）按业务模块配置人员

企业新媒体可以是不同业务模块的组合。新媒体工作种类通常分为四种：内容运营、活动运营、用户运营和投放运营。四个业务模块又可以进一步细分。所以，运营团队的建设可以根据这些业务模块分别配置人员。

例如，分配一部分人员负责内容运营，因为内容运营从形式上可分为文案、图画、视频制作，所以可将他们再分别分配到文案组、图画组、视频组，各组分别做好相应的内容，再在公众号、微博、今日头条等各大平台进行分发。负责内容运营的人员承担各个平台的内容，用户运营、投放运营和活动运营同样如此，如负责活动运营的人员要统筹各个平台上的活动。模块型新媒体的架构如图 8-7 所示。

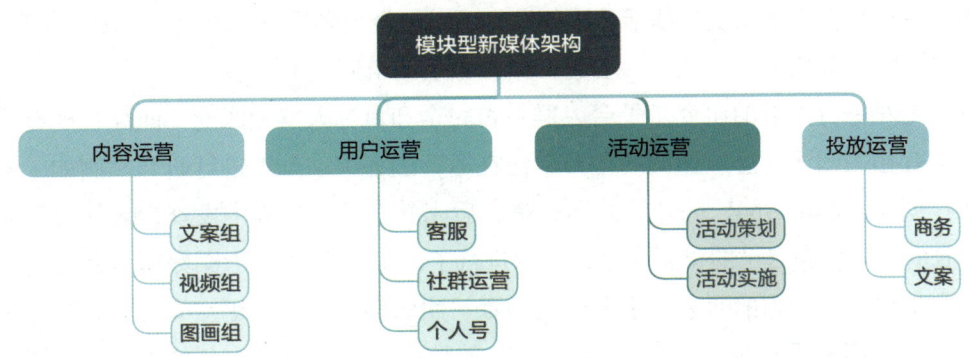

图 8-7　模块型新媒体架构

（二）按平台配置人员

平台逻辑是按照不同平台进行人员分配、建设团队。例如，将企业负责新媒体的人员分为微信运营、微博运营以及抖音运营三大团队，虽然微信运营团队可以进一步细分为文案、社群、个人号和投放组，但此时，文案组只需要负责微信平台上的内容输出，并不需要负责微博平台上的内容输出。平台型新媒体的架构如图 8-8 所示。

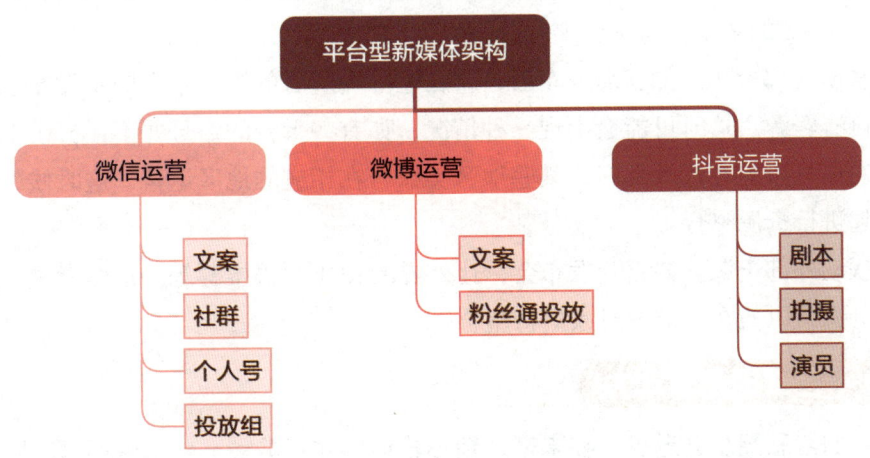

图 8-8　平台型新媒体架构

两种分类方式没有孰好孰坏，主要看哪种更加适配。一般来说，第一种更灵活，第二种更适合在某一平台运营规模较大的企业。比如，在抖音平台上有 20 个账号的企业，可以为抖音平台配置专门的运营团队，后面根据具体的情况再行调整。

三、新媒体营销矩阵运营人员能力要求

（一）对平台的理解力

为什么新媒体营销矩阵运营人员对平台的理解力非常重要？因为只有对运营的平台有深刻的理解，才能更好地利用其优势完成自己的商业活动。而对平台的理解则体现在以下四个方面。

首先是对平台运作机制的了解。比如，作为一个普通的个体，你会选择入驻今日头条还是小红书？今日头条的模式基于算法分发，可以迎合更多用户的兴趣，主要基于移动端；而小红书更多以订阅为主。从产品上看，今日头条的空间更大一些。

其次是对平台人群的研究。平台人群是否完全和目标人群相匹配？匹配程度有多高？这在前文有相关阐述。这里强调的是要学会在运营过程中动态地进行研究。例如，美篇是一个图片创作分享的App，一开始并不火爆，后来其在运营过程中发现，老年人更喜欢用图文结合的方式发布自己的摄影作品，所以进行了改版，吸引了更多该年龄段的细分人群。

再次是对平台实力的研究，主要研究融资、团队等。例如，悟空问答或者抖音平台的潜力非常大，因为根据统计平台Quest Moblie的数据分析，今日头条的App是除了腾讯外独立总使用时长最长的。

最后是对平台发展趋势的理解，了解最新的扶持政策等。这需要持续跟进平台更新情况，最好能够进入内测组优先体验。比如，2017年时微博的MCN计划对创作者的扶持力度非常大。

（二）跨平台整合力

矩阵能发挥协同效应，所以如果运营者具备跨平台整合力，就可以利用各个平台的特点发挥1＋1＞2的效果。跨平台整合分为以下两个方面。

一是联动内部资源。如新品发布后，要在矩阵内所有的媒体平台同步发布消息，以最大化利用自有资源。这时可能会出现一种情况，如有些平台的账号并不在自己部门内，如企业文化的账号可能在行政部门，某些地区类账号在相应的地区运营，这时候就需要发起联动，一起进行资源整合。

二是联动外部资源。如召开发布会，让外界的KOL写稿推荐等。运营者平时要注意积累人脉和资源，以便在关键的时候进行整合。

（三）平台数据化驱动力

新媒体的红利潮总会退去，在未来，精细化运营才是关键。多平台运营，除了简单地将某个平台的运营经验运用到另一个平台外，也需要用数据驱动运营。通过数据分析，不仅能够呈现结果、帮助总结分析，还有助于优化前期经验、准确预判等，无论是对内容、用户还是活动运营，都大有裨益。

四、运营团队 KPI 的设置

在当今数字化时代,新媒体运营成了企业推广品牌和产品的重要手段之一,而进行新媒体运营需要一套行之有效的指标来衡量运营效果,这就是所谓的 KPI(关键绩效指标)。KPI 跟踪对于新媒体运营至关重要,因为它可以帮助团队明确目标并持续改进他们的努力方向。

(一)KPI 制定的步骤

在制定新媒体营销矩阵运营团队 KPI 的时候,可以遵循以下几个步骤。

1. 明确营销目标

制定 KPI 绩效考核标准的第一步是明确企业的营销目标。在新媒体运营初期,企业的目标可能是增加品牌曝光度、增加粉丝量、提高用户活跃度等。明确目标后,就可以从目标出发,制定切实可行的 KPI 绩效考核标准。

2. 确定关键指标

在明确营销目标后,企业需要确定相应的关键指标。例如,如果目标是提高用户活跃度,那么可以从以下角度考虑:日活跃用户数、周活跃用户数、月活跃用户数、用户留存率等。企业可以根据目标和实际情况选择相关的指标进行考核。

3. 制定考核标准

制定考核标准需要考虑指标的实际情况和企业的实际情况。例如,在日活跃用户数方面,如果初期目标是提高 30%,那么可以将 30% 设置为考核标准;如果目标是提高 20%,那么就可以设置 20% 为考核标准。同时,考虑到初期新媒体运营可能面临数据不准确、用户活跃度低等问题,此时的考核标准就需要合理进行设定,要保证既能激励员工,又不至于过分苛求。

4. 监测和反馈

在制定 KPI 绩效考核标准后,企业需要进行监测和反馈。监测可以通过数据分析工具进行,如谷歌分析、百度统计等。在监测的基础上,企业需要及时给予员工反馈,以便员工知道自己的工作是否达到预期,并及时调整工作策略。

以上是制定 KPI 绩效考核标准的主要步骤。需要注意的是,对于初期新媒体运营的考核标准需要进行动态调整,并根据实际情况进行改进。同时,企业需要注重工作氛围和激励机制的运用,以激发员工的工作热情和积极性,从而为企业带来更好的新媒体运营效果。

(二)设置 KPI 时的侧重点

KPI 不是目的,而是非常明确的结果导向。企业做新媒体无非需要人、钱、资源。所以企业要做新媒体,需要先设立目标,然后拆解目标,再拆分成细的 KPI,最后找到企业做新媒体的真正目的。

首先,给企业设立 KPI 之前要明确:目前阶段,企业做新媒体更侧重于做什么?答案无非三种:媒体品牌、产品、销售。那么有些账号既有媒体属性,又在做销售,如何判断其最本质的业务是什么？比如，"逻辑思维"已经从单纯的媒体变成了媒体＋销售。但其核心还属于媒体，判断这个点的依据是其公众号更多的是读者，而非客户。

其次，深入了解行业及竞争对手。想要设置合理的KPI，对行业的理解力同样重要。这里的行业说的是两层含义：第一层是企业所在的细分行业，如"学霸君"处在教育行业里的K12领域，这时候就需要了解这个K12里学生、家长及老师各自的角色，以及教育行业的基本特征；第二层是企业所处的新媒体的类目，新榜把行业分成了24类，如"学霸君"就处在教育类目。调研后可以发现，教育类目大号在500强中比较少，那么我们就至少知道了教育在整体类目中的位置。深入行业研究，同样需要研究细分领域的头部大号，把他们的账号进行拆解研究。

最后，了解自身的情况。在数据层面，可以通过第三方工具，把自己的历史作品导出来。然后根据阅读情况、分享收藏情况、增粉情况分别进行统计分析。分析完数据后就能大概知道自己目前的粉丝量级、黏性等数据。

在企业层面要分析出企业属于一个什么样的阶段，投资的轮次（无、A、B、C、IPO）、品牌的影响力，企业新媒体的预算，对自己能掌握的资源要做到心里有数。比如，一些互联网的巨头，只要能获得资源倾斜，合作和涨粉就会源源不断，如"滴滴"通过微信红包关注，粉丝量突破7 000万。但是对于小型企业而言，前期默默深耕和积累必不可少。

（三）KPI设置的具体方法

对于不同目标的企业，其KPI的设置有侧重点。

1.媒体品牌型

对于媒体品牌型，以读者为中心，立足点是内容。在这种情况下，粉丝被定义为读者，微信公众号像一本连载杂志。对于一本杂志，最重要的就是看发行量。在新媒体时代，发行量就是阅读量。但是杂志的发行量取决于很多方面，如杂志的内容、发行渠道、月刊还是周刊。在新媒体时代要看的数据包括以下几种。

（1）对于内容运营而言，常见的KPI有全平台阅读量、打开率、原创率、文章留言数、阅读完成率、转发率、收藏率等。

①全平台阅读量。

全平台阅读量＝自有微信公众号阅读量＋转载微信公众号阅读量＋其他媒体阅读量

为什么强调全平台？因为媒体品牌型的核心在于传播，触达的人数越多越好。

②打开率。

打开率＝会话渠道打开人数÷整体阅读人数

因为文章存在一定打开周期，一般按照发文后三天统计。

③原创率就是文章原创的比例，当然原创比例越高，说明公众号内容越优质。

④文章留言数是指每篇文章的留言数量，代表读者的黏性。

⑤阅读完成率就是有多少用户能够完整读完平台文章。

⑥转发率指文章对读者有触动感的占比。

⑦收藏率指文章对读者有用的占比。

（2）对于渠道运营而言，常见的KPI有微信公众号粉丝数、稳定转载合作商数量、互推数量、平台渠道数量和质量、稳定广告合作商数量等。

①微信公众号粉丝数相当于初始的发行量。

②稳定转载合作商数量就是指有稳定的转载对象（可以给对方开白名单），可以进行引流。

③很多内容号，特别是时尚行业，互推涨粉到现在仍然是一种非常有效的方式。互推的关键在于粉丝的匹配，最好是异业。

④平台渠道数量和质量一般是除了微信外，在今日头条、网易、凤凰等开通的渠道数量，以及各个渠道扶持的力度，如腾讯的芒种计划。

⑤对于新媒体来说，内容是立足之本，广告则是发家之本。所以获取稳定的广告合作商数量对商务来说是核心要求。

2.产品型

对于产品型，应以用户为中心，立足点为产品。在这种类型下，粉丝被定义为用户，微信公众号更像一个产品。产品整体围绕着用户，可以从AARRR模型进行考虑。

（1）对于产品前期：更多关注的是获取用户和提高用户活跃度。所以设置的KPI为新用户关注数、产品功能使用（注册）数、人均使用次数。

（2）对于产品中后期：更多关注留存率和获取收入环节。这里的用户留存指的一般是次日、7日、30日、90日观测的数据。当然，各个企业可以针对具体业务进行调整。获取收入环节包括用户的ARPU（单个用户的贡献收入）、LTV（生命周期总价值）等。

除此之外，还有对产品本身的考核，如产品本身的易用程度，有无明显Bug，用户的使用时长和用户的NPS（净推荐值）。

3.销售型

对于销售型，以客户为中心，立足点是商品。在这种类型下，粉丝被定义为客户，微信公众号更像一个商城。电商核心公式是：

$$销售额=访问用户\times 转化率\times 客单价$$

我们可以从以下几个指标拆解考核的KPI。

（1）订单整体数据：包括成交额、成交用户数、成交的客单价等。

（2）用户数据：包括用户的购买路径和用户分层数据。用户的购买路径包括访问数、注册数、加入购物车数、下单数、成功购买人数等，用户分层数据包括新老用户比例、购买的频次、复购率等。

（3）商品数据：包括商品的SKU、商品的好评率、商品的库存。

（4）流量数据：包括流量的来源渠道数据，如朋友圈投放、软文投放、KOL投放、各个渠道推广的占比、各个渠道进站的成本等。

经典案例

海尔集团新媒体营销矩阵分析

海尔集团数字化营销总监杨琦认为,海尔的新媒体平台之所以能够异军突起,其背后是基于"洞察与迭代",这是海尔企业新媒体的核心思维方式和策略手段。

海尔集团一共创建了179个微博账号和286个微信公众号,形成了一个庞大的新媒体营销矩阵。海尔新媒体建立了领导的授权机制,用海尔自己的话说,就是"高层肯放权,中层不干预,编辑敢折腾",给内容团队足够的自由创作空间。同时,海尔新媒体采用了全新的考核机制,不追求内容运营的粉丝量、阅读量、点赞量等KPI,而是侧重考核粉丝的活跃度、互动量、打开率这些相对指标。其运营新媒体的首要目标是"维护用户关系",而不是单纯地对外宣传或者售卖产品。

除了内部的新媒体矩阵,海尔还构建了庞大的外部联合部队,包括苏宁、国美、华为终端、手机百度等100+知名品牌的蓝V自媒体。

资料来源:编者根据相关资料整理

(四)KPI设置的要点

知道了哪些可以具象考核的指标只是第一步,在KPI设置里还有几个要点需要注意。

1. 合理考虑行业实际情况

这里的合理指的是根据目前的行业及自身的情况进行设置。如媒体型企业,现在行业整体打开率在3%左右。对比自身,如果现在打开率是3%,可以按照周去设置,可以将下一周设成6%。通过循序渐进,先设置打开率KPI每周增加10%,再稳定到8%左右。

2. 考虑季节时间因素

一般KPI分三类:年度、季度和月度。但同时需要考虑各行各业的实际情况。比如,同样是教育行业,按照周看,周六日是高峰。按照季度看,在K12领域,尤其是针对学生运营时,寒暑假学生活跃度更高,所以这段时间KPI的设置数据可以高一些。对于电商行业,两个大的时间节点为"6·18"和"双11",这两个月整体设置的指标必定是最高的。

3. 考虑人力资源因素

企业不要一开始就把KPI设置得太夸张,要兼顾人力资源因素。如小型企业只有1~3人做新媒体,则有的人既要写文章,又要做社群,还要做投放。如果同时给其多个KPI指标,会导致其顾此失彼,从而失去工作动力。小型企业可以找到新媒体的核心业务,如主做内容,将内容设置为主要KPI,其他的作为辅助参考即可。

在新媒体领域,很少看到一家企业因设置KPI优秀而突飞猛进。那么对于新媒体增长核心的KPI设置的要领是什么?

首先注重过程考核,而非结果考核。对新媒体团队的考核更注重过程,而非结果。设定一个可行的目标,这个目标可能需要跳一跳才能够到,然后进行拆解。作为企业管理者,除了关心指标有没有达标,还需要看执行动作。

其次是"1＋N"的设置方法。在某个阶段要设置一个核心指标,其他的为辅。这个核心指标也叫作北极星指标,可以深刻地影响大家的执行动作。如某女性成长类的微信订阅号,在运营初期为了提升粉丝量,主要的考核指标是进站UV,所以运营人员发的文章都是商品图;经过一段时间的运营,其粉丝量已经达到百万级,这时候粉丝增长已经不是主要目的,更重要的是做用户黏性的维护。但之前的KPI是进站UV,文章都是发商品图,导致粉丝的黏性很差。为了提高粉丝黏性,可以重新设定一个核心数据——每篇文章的留言数。为了提高这个指标,需要优化文章选题,促进与粉丝的互动,如通过增加互动栏目等方式增加粉丝留言数,以此带动阅读量提高,菜单栏的消息数变多,进站的UV也进一步提升。

再次是横向迁移KPI的方式。企业的KPI并非一成不变,到了一定的阶段,就需要根据具体的目标进行变化。如"逻辑思维",之前的目标可能是增长粉丝量,现在更注重的是粉丝变现。又如"美丽说",之前的KPI是进站UV,相当于销售型,但运营中发现效果很差,后来就改成了媒体型,KPI也变成了媒体指标。

最后是永远跟着用户走。对于新媒体人来说,最大的价值不是完成KPI,而是用户给其创造的价值。永远跟着用户走,耐得住寂寞,用户也会给予其超出预期的回报。

> 任务描述:假设你是一个儿童图书销售公司的新媒体营销负责人,请你尝试为该公司组建一个新媒体营销矩阵运营团队,并为团队设置合理的KPI。
>
> 任务要求:参考"十点读书"的新媒体营销矩阵,根据公司的用户群体和运营项目特点为该公司组建新媒体营销矩阵运营团队,并为该公司发展的各个阶段设置相应的KPI。

一、单项选择题

1. 横向矩阵指企业在全媒体平台的布局,包括自有App、网站和各类新媒体平台,如微信、微博等,也被称为(　　)。

　　A.外部矩阵　　　B.内部矩阵　　　C.综合矩阵　　　D.联合矩阵

2.搭建新媒体矩阵的作用主要体现在实现内容多元化、（　　　）、协同放大宣传效果。

A.用户专业化　　B.数据共享化　　C.节约运营成本　　D.分散风险

3.明确新媒体矩阵的主题和（　　　），这是搭建新媒体矩阵的首要任务。

A.目标　　　　B.受众群体　　　C.平台　　　　　D.类型

4.新媒体矩阵布局时，平台的选择分初选、（　　　）、确认三个步骤。

A.复筛　　　　B.转化　　　　　C.定位　　　　　D.考核

5.模块型新媒体运营工作种类通常分为四种：内容运营、活动运营、用户运营和（　　　）。

A.数据运营　　B.直播运营　　　C.投放运营　　　D.平台运营

二、判断题

1.新媒体的成长期是在某个或某些平台做尝试，逐步蓄力，以找到核心发力点为目标。此时更多的是试错和探索。（　　　）

2.启动期一般不建议开始就做新媒体营销矩阵。（　　　）

3.企业确定要搭建微信内矩阵后，需要对目标用户进行销售转化。（　　　）

4.企业的KPI并非一成不变，到了一定的阶段，需要根据具体的目标进行变化。（　　　）

5.制定KPI绩效考核标准的第一步是确定关键指标目标。（　　　）

三、实训题

实训目的：搭建一个农产品销售类的新媒体账号矩阵。

实训要求：按照联合矩阵形式进行布局，同时做好矩阵内各平台账号人格化设计。

操作步骤：

（1）根据实际业务特点选择2~3个新媒体平台。

（2）为各个平台的矩阵账号进行人格化设计，规划好账号名称、简介等内容。

（3）策划一次线上活动，并在矩阵账号内根据不同平台特点进行内容设计和发布。

实训提示：可以参考目前业内知名品牌的新媒体营销矩阵布局。

新媒体内容变现 / 第九章

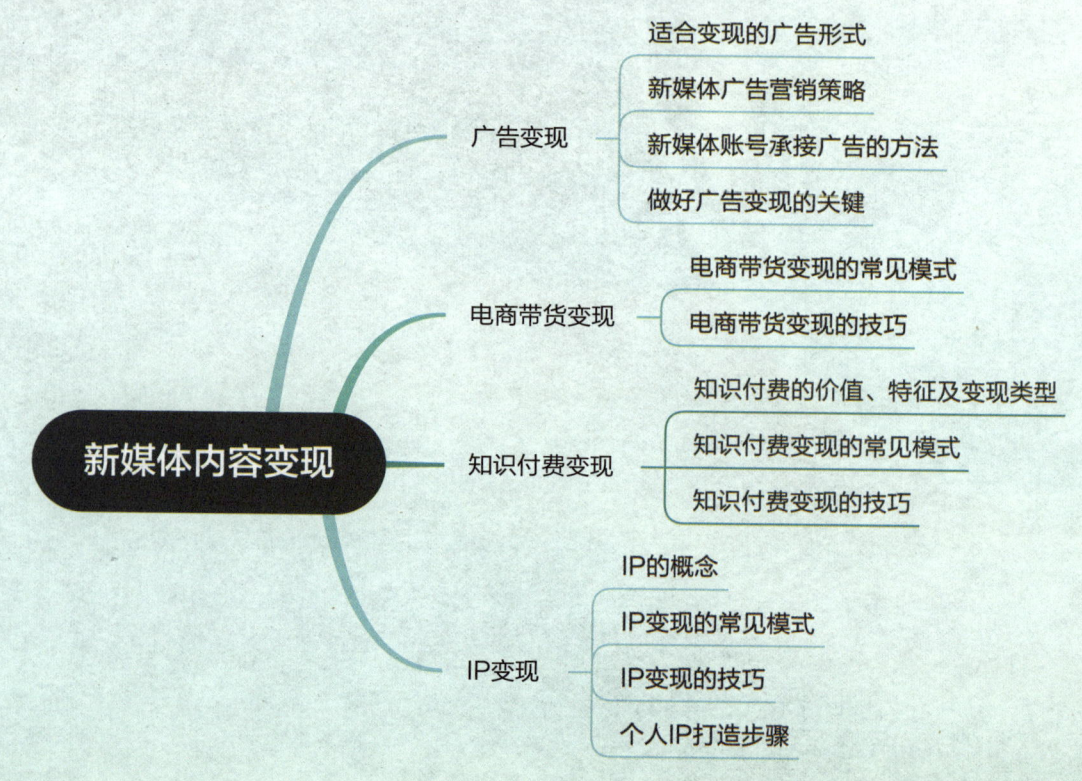

学习目标

知识目标

1. 掌握新媒体内容变现的方法。
2. 熟悉新媒体内容变现的技巧。
3. 了解流量变现和商业化变现逻辑。

技能目标

1. 具备新媒体内容变现的能力。
2. 具备打造变现渠道的能力。
3. 具备深度理解与挖掘流量价值的能力。

思政目标

1. 培养商业思维。
2. 提高创新意识与创业精神。
3. 培养全局意识。

第一节 广告变现

短视频的运营和变现

情境导入

　　小李在校学习期间运营了几个新媒体平台的账号，毕业前就已经通过新媒体平台创业淘到了第一桶金。毕业后，小李入职了一家MCN公司，孵化了很多能持续输出优质内容的账号。如果想让这些账号转化为现实的收益，小李可以采取哪些方式呢？

"变现"通常指将某种资产或者资源转化为现金或者现金等价物的过程，可以理解为将占用的资产或资源变为现实的资金收入。在新媒体领域，变现通常指将新媒体平台上的产品或者服务转化为现金流的过程。企业或品牌商在新媒体营销中要想实现内容变现，关键是以用户为导向，以价值为入口，进行消费引导，持续、连贯、有节奏地创作优质内容，深度挖掘流量的商业价值。新媒体营销人员可以通过优质内容作用于用户的认知，进入用户的心智，与用户建立关系，借助各种营销手段实现品效合一的目的，最终完成变现。

目前，广告是绝大多数新媒体平台最基本的变现方式，它通过在平台的开屏页或启动页、信息流和内容详情页等高曝光位置加入介绍产品、服务的信息来实现导流的目的。在媒体平台的主要使用场景中，用户通过浏览产品内容获取信息，而广告是一种特殊的信息呈现形式，用户在浏览内容时看到广告不会觉得突兀。广告与内容的结合自然而紧密，导流转化率高，因此，受到绝大多数内容平台青睐。中小型内容平台可以直接接入第三方广告联盟，这样的模式操作简便、搭建速度快；大型内容平台可以搭建自己的广告平台，既能预收广告费，又能获得较高的利润，保障企业的现金流。因此，不论内容平台的规模大小和内容特点如何，广告变现都可以实现。

一、适合变现的广告形式

在新媒体时代，适合变现的广告形式有很多种，下面主要介绍以下几种。

（一）开屏广告

开屏广告（图9-1）是指用户打开应用的第一个展示页面的广告，可以是静态图片、多帧动画等，是应用软件的门面。该位置具有首发、强曝光、全屏展示等特点，所以很受广告主的喜爱，一般采用每时间段成本（Cost Per Time，CPT）或每千人成本（Cost Per Mille，CPM）的方式计费。开屏广告有很多优势，如抢占App开启的"黄金5秒"，增强品牌记忆度；对用户的干扰小，仅在应用启动时展现；同样数量的广告展示下，开屏广告能够覆盖更多的独立用户。但是，如果平台不支持广告跳转，可能会使品牌流失一部分目标受众。此类广告适合各种类型的App，如微博开屏广告。

（二）原生广告

原生广告（图9-2）是伴随用户的使用行为产生的，现在基本是原生信息流，即将广告融入整体的页面设计当中，使其和同一页面的其他元素保持一致，主要包括"文字＋图片""文字＋视频"等展现形式，具体取决于产品本身的

图9-1　开屏广告

设计。原生广告具有自然融合、低打扰的特点，其广告设计与投放页面高度契合，能够有效保证用户体验，如微信朋友圈原生广告，广告的用户打扰度低，还具有点赞和评论功能，能够提高广告互动率和转化率。

图 9-2　原生广告

原生信息流广告对用户的干扰性较少，用户的体验感更好且对其容忍度更高。与其他广告形式相比，原生信息流广告更易激发用户的主动性，促使其接受、分享，增加广告的二次传播率。但随着原生广告走向常态化，以及用户的新鲜感下降，其投放效果难以达到预期。比较适合投放这类广告的主要有新闻类、社交类App，如今日头条、微博、微信等。

（三）植入广告

植入广告（图9-3）是指在新媒体内容中插入商家的产品或服务信息，使广告和内容相结合，在潜移默化中达到广告营销的目的。这类广告对内容、产品或品牌信息的契合度有着较高的要求。植入广告的类型有很多，包括台词植入广告、剧情植入广告、场景植入广告、道具植入广告、奖品植入广告和音效植入广告等。植入广告是一种软广告，这种广告多采取故事化叙事的模式，模糊了广告与内容的界限，以期达到"润物细无声"的效果。

（四）品牌广告

品牌广告（图9-4）是指以品牌为中心，为品牌和企业量身定制的专属广告，主要是为了展现企业的品牌文化和理念。这种广告针对性强，受众的指向也更明确。品牌广告主要包括品牌叙事、场景再现、产品展示、主题理念、热门话题等内容。品牌广告一般要求有趣、有创意、辨识度较高，能够清晰地展示自己的品牌定位，拥有优质、个性的内容，还要巧妙结合热点，因为热点话题、热点内容等都可以有效地增加流量。但需要注意的是，热点要与品牌特征吻合，不能盲目地追热点。

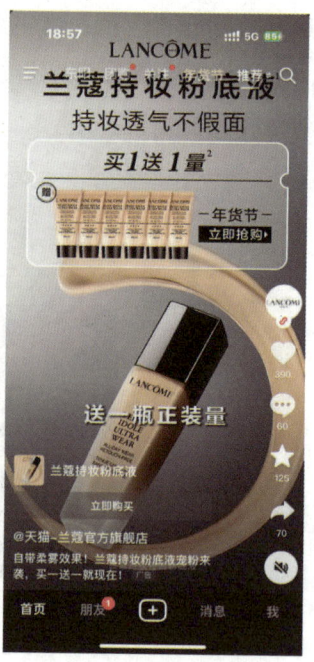

图9-3　植入广告　　　　图9-4　品牌广告

（五）贴片广告

贴片广告是通过展示品牌本身来吸引人们注意的一种比较直观的广告形式，一般出现在短视频的片头或片尾，紧贴短视频内容，如图9-5所示。贴片广告是新媒体广告中比较明显的广告形式，属于硬广告。

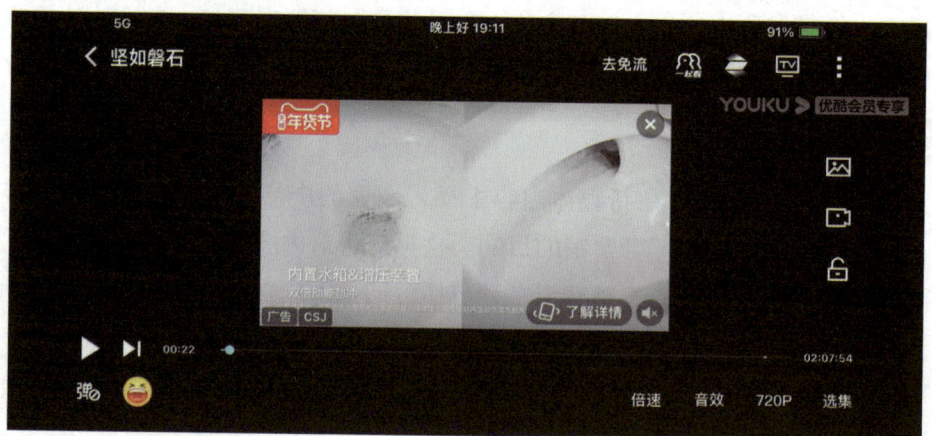

图9-5　贴片广告

（六）互动广告

互动广告是一种新型的互动形式的网络新媒体广告，可以让用户参与其中。用户可以直接试玩、试用，与广告内容发生交互，如非常具有趣味性的转盘、砸金蛋、拆礼盒等小游戏形式的广告。互动广告支持网页、视频等模式，比如H5广告等，如图9-6所示。适合变现的广告形式有很多，除了以上介绍的广告形式外，还有横幅广告、插屏广告、激励视频广告等,新媒体营销者可以根据自身的产品类型选择合适的广告形式来进行变现。

图 9-6 互动广告

二、新媒体广告营销策略

随着互联网信息技术的发展成熟,各类新媒体大量涌现并快速普及,吸引了越来越多的企业开始关注新媒体广告营销的价值。搜索引擎优化(Search Engine Optimization,SEO)、微博营销、微信推广、视频广告等各种创新的新媒体营销方式层出不穷。新媒体广告营销策略包括品牌广告营销策略和整合营销实战策略。

(一)品牌广告营销策略

在新媒体时代,用户的主体意识大幅度增强,他们更愿意与企业直接沟通,表达自己的想法。同时,用户不再满足于只是获取产品的功能、属性信息,而是从产品内容上升到企业文化层面,追求价值认同与归属感。这些变化使企业的广告营销面临更大的考验,需要企业对诸多不可控因素具有更强的调节能力。企业要借助新媒体广告实现品牌价值,就要合理运用品牌广告营销策略。在运用品牌广告营销策略时,企业要注意以下几个方面。

1.把握营销特点

要想使新媒体广告营销的内容从海量信息中脱颖而出并成功地吸引用户,企业就必须统筹把握营销的趣味性、利益点、互动、个性等特点,设定更合适的营销内容和形式。此外,随着大数据等技术的发展成熟,企业已经能够实时监测、获取和分析用户的在线浏览数据,从而大幅度增强了新媒体广告投放的精准性和有效性。

2.重视企业文化

现在企业之间的竞争已从单纯的产品、技术的竞争转变为更高层次的品牌效应、企业文化等软实力层面的竞争。企业新媒体广告营销实际上是借助互联网平台和数字化技术手段更好地塑造企业品牌形象，增强品牌文化的影响力，获取品牌效应。因此，企业应积极借助不断涌现的各种新媒体进行品牌文化营销，不断增强品牌的影响力，增强核心竞争力。

3.增强交互力度

新媒体具有很强的交互性，能够帮助企业建立与用户直接沟通的渠道，从而通过持续、深度的交流互动，更好地向用户传播企业的品牌文化，加深用户对品牌的认知。企业在进行新媒体广告营销时，应积极借助新媒体的交互性、体验性，以及其对传播时间与空间限制的突破，实现更快速、更广泛、更有效的品牌传播。

4.注重消费体验

企业在利用新媒体进行广告营销时，应注重消费体验，把企业的创业历史、Logo等品牌文化的内容融入广告营销中，以此增强用户对企业的信任感、认同感与归属感。在体验经济时代，消费体验已成为企业品牌文化建设的重要一环。企业在利用新媒体推广品牌文化时，必须高度注重打造差异化的消费内容体验，这样才能给用户留下深刻的印象。企业打造消费内容体验主要包括以下两点。

（1）重视形象包装。企业在新媒体广告营销中应注重自身形象的包装，除了积极借助时事热点策划相关活动，通过事件营销展现自身的社会责任，赢得大众的认同和青睐外，企业的领导者也应改变观念，积极做企业的"形象代言人"，通过新媒体与用户进行近距离沟通，塑造更加丰满、有温度的企业形象，培育更多的粉丝。

（2）制作企业宣传片。企业宣传片是传播企业文化的最佳形式之一。企业在新媒体广告营销中应重视企业宣传片的制作，将历史、Logo、发展理念、人力概况、服务群体、价值理念、影响力等诸多内容合理嵌入宣传片，通过高质量的宣传片让用户对企业有全面、深刻的认知。宣传片制作完成后，企业还要选择最佳的新媒体平台进行推广，以获得更多的点击量，扩大宣传片的影响范围。

（二）整合营销实战策略

企业在开展广告营销活动时，必须转变以往的思维模式，及时把握新媒体带来的营销机会，借助新媒体整合营销获得更好的营销效果。

1.联合KOL开展营销

KOL拥有大批粉丝，他们发布的信息会影响一大批人。KOL不仅能够吸引粉丝，还会吸引很多广告合作商。拥有庞大的粉丝群体就意味着拥有强大的号召力与影响力，因此KOL发布的广告信息会被广大粉丝快速转发、扩散，从而产生较好的广告效应。另外，KOL作为公众人物，他们的购买行为本身也会对粉丝产生隐性的导向作用。因此，企业可以联合KOL开展营销活动，借助KOL使用产品、推荐产品等方式，利用KOL的人气引导粉丝产生购买行为。

2.借助热点开展营销

热点是社会大众普遍关注的内容，可以是事件、人物、产品或地点等。与企业营销相关且表现明显的是互联网上广泛传播和讨论的某项内容。例如，在广告营销中融入网络流行语，可以快速拉近广告、商家与用户之间的距离，增强广告营销活动的趣味性，使其备受用户喜爱。因此，以热点为切入点策划广告营销活动是一种很好的营销方式。

3. 利用整合传播开展营销

企业在创作广告时，必须明确产品定位，辅以合理的媒体宣传，充分利用互联网等传播渠道，以获得更好的营销效果。例如，企业可以在宣传阶段推出系列营销计划，用打折、满赠、满减等活动吸引用户；也可以借助维系良好的公共关系及慈善捐赠等活动提升企业形象，形成良好的口碑；还可以通过电商直播购物等线上购物方式，满足用户随时随地购物的需求；同时立足于用户需求，进行差异化营销，促使用户产生购买行为。

4. 创作能够使用户产生共鸣的软广告

传统的硬广告已经很难被用户接受，软广告的形式逐渐吸引了人们的注意。特别是在互联网时代，广告主与用户的关系有所改变，用户获得了海量信息，可以选择的商品数量及类型大幅增加，对于广告主发布的信息，用户可以自行决定是否接受。软广告的内容通俗易懂，更容易使用户产生共鸣，被用户接受。

三、新媒体账号承接广告的方法

承接广告不只是新媒体头部账号的专属行为，一些中腰部和小众的垂直账号也有广告市场。新媒体账号承接新媒体广告的方法有以下几种。

（一）开通流量主或者平台广告收益分成功能

微信公众平台的推广功能是微信公众平台官方唯一的广告系统，推广功能展示服务为微信公众号量身定制。一个自媒体账号只要粉丝数超过 500 人，即可开通流量主功能。而流量主是微信官方推出的广告平台，微信公众号的运营者自愿将微信公众号内的指定位置分享给广告主进行广告展示，然后按月获得收入。今日头条的运营者可以开通头条广告功能，它是头条号作者将广告位委托给头条号平台代为运营的一种广告分成形式，由头条号平台对用户和广告内容进行智能匹配，实现精准推广，而广告收益完全属于运营者。其他平台，如百家号、大鱼号、企鹅号等都提供广告收益分成功能。

（二）在自媒体接单平台上主动接广告

新媒体营销人员可以在微播易、新榜、星图等专业自媒体接单平台上注册，并做好相关的自我介绍。新媒体营销人员可以借助这些专业的广告资源整合服务平台自助接单。如果其本身的影响力足够大，也有可能被广告商邀约。

（三）在自己的平台上留下联系方式等待邀约

新媒体营销者可以在自己的新媒体平台上发布广告合作刊例，包括账号介绍、资源优势、价格、合作方式、联系方式等，等待有意向的广告主主动邀约进行广告合作。一些规模不够大、人力资源不足的中小企业可以直接接入第三方广告平台，如腾讯广点通，第三方平台有丰富的广告资源，可以满足企业各种形式的广告需求。对于已成规模、有足够人力资源的企业，新媒体营销人员可以多方面联合承接广告，在建立自己的广告平台的同时接入第三方平台，这样能够通过对比变现效果来进行不断优化。

新媒体营销人员在对接第三方广告平台时，要注意以下三点。

1. 广告主审核

因为对接的广告是第三方平台提供的，所以新媒体营销人员要提前对合作方的广告主进行审核，避免出现竞品广告或违规广告。

2. 报价承诺

为了保证产品的收益，新媒体营销人员可以和多个第三方平台合作，在广告源承诺和服务的基础上结合报价进行综合考虑。

3. 用户投诉处理

有些违规的广告主会在广告平台竞价时给出很高的报价，这样造成的结果就是用户投诉。因此，新媒体营销人员需要考虑第三方平台对广告投诉是否有快速处理的能力。

四、做好广告变现的关键

新媒体营销人员做好广告变现的关键有两点：一是做流量主导者，二是做生态引领者。

（一）做流量主导者

主导是指新媒体营销人员对自身流量有清晰的认知，对流量的分发、广告的呈现等有主导权限。

1. 流量的洞察

为了做最懂用户的新媒体营销人员，在广告变现前，新媒体营销人员要做好用户数据的收集统计，对用户的基础信息、行为信息建立丰富的标签体系，形成用户画像，充分发挥自身的数据分析应用能力。除此之外，在开始广告变现后，新媒体营销人员还要对广告位进行效果评估，进一步加深对用户的了解，对流量价值进行深度分析，后续才能优化投放策略和推荐策略，持续挖掘流量价值。

2. 流量的分发

在广告变现上，流量的转化需要灵活的分发策略。新媒体营销人员应充分利用长尾流量，提高广告填充率，实现利益最大化。不同渠道在不同时段的广告填充率、价格等是不同的，最终获取的收益也不同。新媒体营销人员需要有针对性地实施流量分发策略。新媒体营销人员做好流量分发，能够大大增加广告的收益，提高广告变现的效率。

3. 流量的广告曝光

新媒体营销人员对广告内容的控制是做好流量主导的核心，广告内容要合适，符合用户调性。如果新媒体营销人员对广告内容不管不顾或者交予他人代管，最终的结果往往是流量价值降低、用户流失，甚至变现模式难以为继。

(二)做生态引领者

在广告变现生态链中，媒体是流量的拥有者，也是现金流的终点，是整个生态链的核心。在整个商业化周期中，媒体需要主动维护生态，和合作伙伴及广告主交换价值，实现共赢。

1.完善规则

媒体要基于自身的商业化愿景，打造定制化的规则体系，使之对内符合企业文化及价值观，适应用户调性；对外则条理分明、公正健康，持续吸引生态入局者，规范生态。完善的规则体系有利于增强媒体的公信力并提高媒体与合作伙伴的配合默契程度，整体提高广告变现效率。

2.维护渠道

渠道是营收增长的生命线。渠道可以是网站广告联盟、第三方数字信息处理（Digital Signal Processing，DSP）广告平台，也可以是代理商。媒体在商业化前期看重渠道的质量，商业化中后期看重数量和稳定性。接入网站广告联盟的媒体在前期可以优先接入头部网站广告联盟渠道，中后期可谋求自建平台，发展代理商体系，引入直接客户，提高服务水平，增加广告收益。自建平台的媒体在前期可以引入优质渠道，给予措施、服务等扶持，力求一开始就获得显著效益，逐步增强在广告领域的影响力；中后期可以广开渠道，进行铺量，消化长尾流量。

3.维护客户

头部客户对广告收益的贡献极大，而头部客户的维护需要媒体进行技术、服务、运营投入，如满足定制化需求、提供合适的结算方式和监测方式等。例如，腾讯推出的实时接口（Real Time API，RTA），支持有技术实力的广告主根据自有数据进行流量筛选，提供程序化购买新模式。

> 任务描述：假设你有一个拥有5 000名粉丝的公众号，请你为自己的公众号策划变现方式。
>
> 任务要求：能清晰、准确地列举出变现的渠道和步骤，并对公众号的变现金额进行规划，如开通流量主，每月计划完成多少的变现金额等。

第二节 电商带货变现

数据显示,截至 2022 年 12 月,我国网络购物用户规模达 8.45 亿,较 2021 年 12 月增长 319 万,占网民整体的 79.2%。如此巨大的市场规模,是每一个新媒体运营人员都不能错过的风口,那么想要抓住这个机遇,实现电商带货变现要怎么做呢?

随着 5G 技术的发展和成熟,电商带货成为新媒体的主流营销方式。由于短视频、直播异军突起,电商行业与直播行业相结合,电商带货成为企业和个人追捧的营销方式。

一、电商带货变现的常见模式

电商带货变现的常见模式主要有短视频带货和直播带货。

(一)短视频带货

如今在新媒体平台上,短视频带货已经变得非常普遍,运营者可以通过短视频带货实现线上电子交易变现。例如,各个短视频平台与淘宝、京东电商平台合作,为其"引流",使用户产生购买行为后再进行利益分配。同时,短视频平台也纷纷开通了自己的电商店铺,如抖音小店、快手小店等,帮助创作者通过多种功能化的产品模块实现收益的最大化。用户在观看视频时,对应商品的链接会显示在短视频下方,用户点击该链接可以跳转至电商平台进行购买。例如,在抖音某短视频中,用户点击视频左下角的购买链接,界面中便会出现商品信息。用户可以点击账号的橱窗"去看看",也可以点击"去京东看看"直接跳转至京东平台购买商品,如图 9-7 所示。

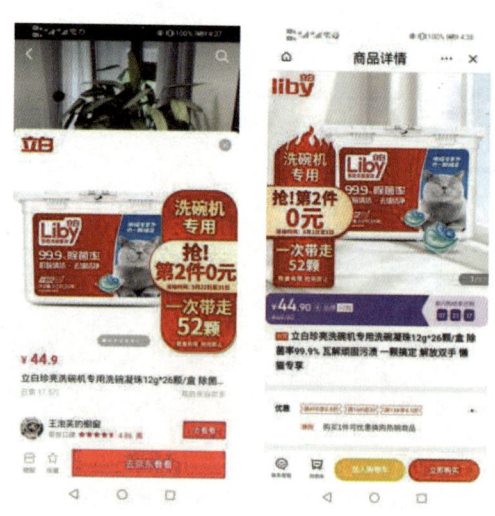

图 9-7 短视频平台跳转至购买界面

(二)直播带货

直播带货模式是指主播通过直播展示和介绍商品,最大限度地展现商品的特点与优势,使用户更直观地了解商品的功能和作用，增强用户的体验感，激发用户的购买欲望，进而使用户产生购买行为的一种变现方式。另外，直播带货不受时间和空间的限制，购买方便快捷，用户在看直播的同时就可以直接挑选并购买商品。直播带货模式一般有两种类型：一种是主播自己经营店铺，通过直播对商品进行推广，用户可以在观看直播时购买商品；另一种是主播为某些店铺推广商品，负责在直播中介绍该店铺的商品，用户在观看直播时可以挑选并购买商品，主播从店铺方赚取佣金。

二、电商带货变现的技巧

企业在采用电商带货模式进行变现时要注意一些技巧，其要点如下。

（一）好商品是带货的前提

电商带货的受众群体大多是新媒体账号的粉丝，如果企业给粉丝推荐了商品，粉丝在购买后却发现商品质量不过关、性价比很低等，就会很失望，就会减少对企业的信任。因此，企业在采用电商带货模式时，必须确保商品质量，商品质量上乘是电商带货的基础。在保证商品质量的基础上降低价格，也是电商带货的有力手段。对于一些头部主播而言，商家一般会给予其全网最低价，因为头部主播拥有大量的粉丝，所以自身就拥有一定的议价权。

（二）商品与账号人设相契合

企业在选择电商带货的达人时，商品要与达人的人设相契合，这样才更容易让商品赢得其粉丝的信任，促进粉丝产生购买行为。电商带货中达人的人设往往与其从业经验有紧密的联系，如罗永浩首次直播推广的商品以科技数码类商品为主。

（三）营销内容体现专业性

无论是短视频还是直播，营销内容都要体现出专业性，不能全是硬广告，否则会降低用户的观看兴趣，甚至引起他们的反感。电商带货的达人必须熟练掌握与商品相关的专业知识，这样在向粉丝"种草"或与粉丝交流时才能让其信服。另外，营销内容还要讲究有用、有趣、有态度。电商带货的达人在推广商品的过程中要为用户提供与商品相关的有价值的内容，以吸引更多的用户观看。电商带货的达人在带货过程中还要形成自己独特的风格，如使用有趣的成语、句子，为用户提供快速传播的有效记忆点。电商带货的达人还要懂得维护用户的利益，不能为了销量而鼓动用户无节制地购买，要提醒用户理性消费。

（四）良好的口头表达能力

电商带货的达人必须具有良好的口头表达能力，不仅要做到语言表达通顺，还要融入真诚的情感，用自己的热情活跃购物氛围，除了介绍商品的功能、价格、适用人群等，还要善于运用多种修辞手法、不同的语调打造商品的使用场景，向用户传达商品的价值，使自己的语言富有感染力；还可以通过设置抽奖、发福利等活动掌控好直播节奏，吸引用户持续观看，增强用户的购买意愿。

任务描述：以你自己的新媒体平台账号为例，为自己的账号设计电商变现方案。

任务要求：能清晰、准确地列举出电商变现的渠道和步骤，能对账号现状进行分析，同时对账号内容进行变现规划。

第三节 知识付费变现

互联网是信息和知识的网络，随着互联网生态的不断完善、移动互联网的突飞猛进式发展和消费观念的升级，曾经的"免费知识互联网"，渐渐升级为"付费知识互联网"，主张"为知识付费、为价值买单"的风口已至。你将如何借助这股东风，在新媒体平台上收获粉丝和经济收益呢？

一、知识付费的价值、特征及变现类型

随着移动互联网技术的不断发展，知识内容生产者与消费者之间的距离进一步缩短，这为知识付费提供了前提条件。与此同时，消费水平的提高和消费能力的增强，使用户对小额价值服务的付费意识有所增强。如今，越来越多的人意识到学习的重要性，即使工作繁忙，人们也愿意主动付费学习知识。可见，知识付费是一种为满足自我发展需要而购买信息内容和服务的互联网经济模式。

知识付费的产品和平台能够在互联网大潮中异军突起、独树一帜，根本原因就在于它能够精准满足用户的需求，真正凸显知识产品的价值。艾媒咨询数据显示，2022年中国知识付费市场规模达1 126.5亿元，较2015年增长约70倍，预计2025年，知识付费用户规模有望达到6.4亿人，市场规模将达2 808.8亿元。知识付费行业有望借着这一市场基础进入稳定的持续发展阶段，如图9-8所示。

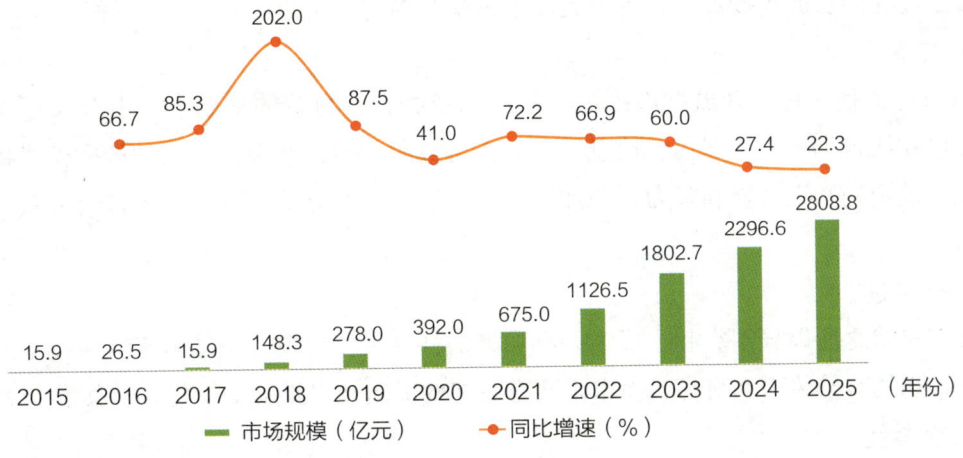

图9-8　2015—2025年中国知识付费市场规模及预测

（一）知识付费的价值

知识付费模式在很大程度上促进了知识的流通与传播，引起人们对知识的尊重，并促进了人们版权意识的不断增强。随着未来产业集聚效应的不断增强，知识付费必将成为经济发展的新生态和经济增长的新引擎。

知识付费对个体的核心价值主要体现在能够缓解用户的知识焦虑，降低用户搜寻知识的时间成本，让用户获得专业、系统化的知识产品。

（二）知识付费的特征

知识付费能够满足人们对知识的需求，其具有以下特征。

1. 稀缺性

知识产品的生产需要生产资料、劳动力及时间。知识产品的生产者首先需要付出学习等成本，甚至购买昂贵的设备、仪器等材料，付出时间和经济成本才能成为从事知识生产的特殊劳动者，因此知识产品具有稀缺性，这也是其转化为商品并使生产者获取收益的基础。

2. 专业性

专业性是知识产品能够得到用户青睐的基本要求，是产品质量的重要保证。就知识产品的生产或提供者而言，他们往往是学者、律师、医生等具有专业知识的群体，或者在某一方面有专业技能的个人，因此能够为用户提供某一领域的专业意见。

3. 普适性

市场中存在众多不同需求类型的用户，或者同一类型的用户在不同场景下具有不同的消费需求，这就要求知识产品类型多样，能够满足大多数用户在网络环境下对于知识的需求。因此，知识产品的普适性变得尤为重要，其主要体现在内容上。

4. 开放性

知识付费平台对市场上所有具备知识生产能力和具有消费需求的人或机构都是开放的，

这打破了以往固有的传授关系，重点突出了分享与参与的价值。

5.共享性

知识付费是一种以开放型虚拟内容社区为依托，在付费的基础上，由个人面向网络大众提供在线咨询、网络课程、信息共享等内容或服务的传播模式。这种传播模式将社会中分散、盈余的知识技能和智力资源加以整合，以付费的方式将其传递给社会大众或特定平台。

6.技术性

知识付费之所以异军突起，成为一种典型的社会文化现象，正是由于高新技术的发展支撑了知识的有偿传播和交易，而未来会有更多的高新技术推动知识付费迅猛发展。

7.易得性

在形式上，知识付费产品提供者充分考虑到互联网用户碎片化的使用场景，对知识产品进行了专门设计，方便大众获取、理解和分享。

8.个性化

部分知识付费产品提供者可专门为某一位用户或小规模的用户群体定制解决方案。这一特点使知识付费产品和平台能够从知识消费者的角度出发，满足其差异化的需求，而不是简单地将知识推销给用户。这是知识付费价值的重要体现。

（三）知识付费的变现类型

知识付费平台主要可以划分为大众综合类平台和垂直类平台，其中垂直类平台又可细分为音频类平台，各细分赛道按业务侧重点、知识覆盖面的不同可以再进行细分。目前，知识付费的各个细分领域纷纷涌现出了头部企业，如图9-9所示。

图9-9 知识付费头部企业

在新媒体时代，知识付费变现的参与者众多，并逐步规模化、职业化，表现出明显的产业特征，结合目前知识付费产业的实际情况，可以从不同维度对知识付费进行分类。知识付费分类见表 9-1。

表 9-1 知识付费分类

分类标准	分类依据	具体类型
知识付费产业分类	按产业业态分类	经营平台的企业
		经营内容的企业
		内容提供商
		既经营平台又经营内容的企业
知识付费平台分类	按内容范围及用户类型分类	大众化知识付费平台
		垂直化知识付费平台
		社交化知识付费平台
知识付费内容分类	按用户需求分类	有明确目标的知识
		无明确目标的知识
	按内容性质分类	工具知识
		认知知识
	按内容类型分类	低频度使用的知识
		跨界度高的知识
		精粹度高的知识
		高场景度的知识
	按内容形态分类	付费问答
		付费讲座
		专栏订阅

百度的知识付费营销分析

百度,是知识付费行业的标杆。按知识付费产业业态分类,百度属于经营平台的企业。

百度 App 是一款融智能搜索、语音搜索、图像搜索、个性化资讯、集合多元内容等多项特色功能为一体的"移动搜索+资讯"客户端,主要包含百度图片、百度新闻、百度百科、百度地图、百度音乐、百度视频、百度阅读等专业垂直搜索频道,致力于为用户提供便捷的搜索服务。

2023年2月,百度发布的财报显示,2022年百度实现营收1 236.75亿元。2022年12月,百度App月活跃用户达到6.48亿,同比增长4%。创作者数量达500万。百度智能小程序达66万,百度智能小程序月活跃用户数达4.16亿。百度健康每日服务用户超过1亿,好看视频在泛知识短视频领域也位居前列。

百度的"问一问"产品通过为用户提供真人实时在线的问答体验和一对一问答服务,已经完成了政府、企业、PGC、UGC的全领域覆盖。服务者可以通过自己擅长领域的付费问答服务为自己增加变现途径,企业也可以通过"问一问"生产原生内容,实现原生化商业变现。

百度将切入更多元的场景赛道,覆盖生活的方方面面,增强服务能力。例如,在内容生态方面,百度有百家号、智能小程序、托管页——百度给不同类型的生态合作伙伴提供的主要生态产品;在服务生态上,服务化、人格化两大战略本质上是持续增加生态供给,为用户提供更丰富的内容和服务,并在这个过程中产生多元内容和服务的商业模式。百度App在用户心中早已不再是搜索引擎这个单一的印象了。品牌升级后,未来会有各种服务商加入,百度移动生态的爆发式发展状况将会持续,开放、多元的移动生态会让百度拥有更多的流量。

资料来源:编者根据相关资料整理

二、知识付费变现的常见模式

(一)粉丝打赏

粉丝打赏通常是指粉丝自主向喜欢的内容创作者支付现金红包或虚拟物品,以表示对优质内容的认可和对内容创作者的激励与支持,如微信公众号、头条号、微博等均可让用户对内容创作者进行打赏。

(二)付费问答

付费问答也叫付费咨询,通常是指内容创作者对用户的特定问题进行回答,并由所有获得答案的用户进行付费,平台从中抽取相应的分成。这种知识问答的内容生产门槛较低,基本上人人都可以参与,相应地,回答内容质量与内容创作者的知识水平参差不齐,用户黏性较差。这种内容主要以图文、语音形式为主,如知乎、微博问答等。

(三)付费讲座

付费讲座是指由内容创作者自选主题进行的单次内容分享,以音频、视频为主要形式,辅以图文内容,用户试听后可以自主选择是否付费购买,如知乎Live、豆瓣、十点读书等。

(四)付费专栏

付费专栏是指内容创作者推出的中长期系列课程、讲座,用户通常以"月"或"年"为单位进行一次性预付费。这类产品价格较高，知识内容也更专业、系统，用户黏性较强，如喜马拉雅专栏、得到App专栏、知乎专栏、简书专栏等。

（五）付费课程

付费课程是指内容创作者以音频、视频直播或录播的方式进行内容分享。在开课前期，一般要进行宣传与预热，吸引目标用户报名购买。这类课程的内容创作者与用户可以直接沟通交流，课程的互动性很强，如网易云课堂、腾讯课堂、荔枝微课等。

（六）付费线下约见

付费线下约见模式提供的是一种类似于中介的服务，将某一领域的专家与对某一领域有困惑的用户连接起来，从而形成知识、技能的共享，如混沌演习社、在行等。

三、知识付费变现的技巧

新媒体营销人员如果想尝试知识付费变现的营销模式，就需要掌握一定的营销技巧。

（一）做好产品定位

新媒体营销人员如果想做知识营销，首先要做好知识产品定位和用户分析，构建用户画像，明确用户的基本类型、用户愿意付费的内容、对平台的选择、付费的意愿及行为等关键要素，有针对性地开发、创作出有效的知识付费产品。

（二）选择合适的平台

新媒体营销人员要详细了解知识付费平台的功能、特征和作用，了解不同类型的平台提供什么样的产品或服务，平台的目标用户群体是哪些类型的人，平台是如何进行销售和推广的。知识创作者既要有能力创作内容，也要考虑如何让知识内容更方便、更广泛地触达目标用户。选择合适的平台有利于知识的展示并更快实现商业变现。

（三）构建知识内容体系

知识付费最终能够实现变现，关键是靠优质的知识内容。新媒体营销人员要充分挖掘自身积累的海量内容资源优势，从知识付费理念出发，根据用户现在及未来的需求构建知识内容体系。新媒体营销人员既要能从海量内容资源中提炼出精华，又要能根据用户需求进行拆分，使构建的知识内容体系符合用户深度学习的需求和学习时间碎片化的特征。

（四）产生裂变效果

知识产品属于虚拟产品，比较适合在微信、QQ等社交平台宣传、推广。在进行产品推广时，新媒体营销人员应尽量用裂变的方式，如组团报课可以享受优惠、分享邀请可得现金红包等，使知识产品在社交圈迅速传播，产生裂变营销效果。

> 任务描述：通过互联网搜索"知识星球"，解析"知识星球"的知识变现模式，并尝试仿造"知识星球"，自己设计一套知识变现的模式。
>
> 任务要求：能清晰、准确地列举出知识变现的模式和技巧，设计的变现模式要切实可行。

第四节 IP 变现

> 当今是信息的时代，抖音、微博、微信等新媒体平台的出现，成就了一个又一个IP，带来了巨大的经济效益，那么什么是IP？普通人能否通过打造个人IP来实现个体财富增值呢？

一、IP 的概念

变现知识产权（Intellectual Property，IP）是指作者通过智力创造所产生的专利权、商标、著作权、版权等，可以是歌曲、小说、电影、人物形象等。新媒体时代，很多个人IP通过衍生出的IP附加值来实现变现，这是内容变现比较好的方式。

随着时代的发展和变化，现在所说的IP有了新的变化和延伸。如2022年北京冬季奥运会的吉祥物冰墩墩，或者某个企业的Logo、Slogan，某个品牌的创始人，某个网红，都可称为IP。简单来说，在某个特定的情况下，用户能想到的那个点就叫IP。但并不是所有的内容都叫IP，IP通常有三个特点，即原创性、持续性、易识别性，具备这三个特点才能称作IP。一个好的IP一定有它自己的特点，有话题性，能够引发大家探讨交流，同时输出优质的内容，聚焦粉丝用户并通过粉丝用户去实现商业价值。IP是拥有区别于同类的独立形象，能够被人识别并占领一定心智的虚拟形象或实物。

IP是社交连接的货币，是人格化的交易入口。事实上，IP的生命力远远比人们想象的更长，其蕴含的商业能量也远远超出内容本身的收益。

一个爆款IP中蕴藏着多大的商业能量呢？以2013年上映的电影《冰雪奇缘》为例，该电影上映5年间，该IP授权商品全球终端零售额约130亿元，为迪士尼消费品部门带来25亿元的纯授权收入，在美国本土市场为迪士尼贡献了13亿元的纯授权收入，这里面还不包括迪士尼自营开发的衍生产品、冰雪奇缘IP入驻主题乐园带来的额外收益。而经典常青类IP拥有根深蒂固的影响力，不需要太多额外的投入，却每年稳定为迪士尼美国市场贡献约5亿元收入。

二、IP变现的常见模式

（一）版权变现

形成自己的IP后，新媒体营销人员可以将自己的IP形象或有版权的内容授权或转让给他人使用。例如，将IP改编成影视剧，或者与其他品牌开展跨界合作、打造联名品牌等，从而实现版权变现。除了授权或转让版权外，新媒体营销人员也可以使用IP版权出版图书，或者借助IP形成的影响力打造影视节目，从而实现版权变现。

（二）衍生商品变现

新媒体营销人员可以通过独特的IP衍生一些自有商品，然后通过销售衍生商品实现变现。例如，动漫类短视频IP"萌芽熊"所在的公司开发了萌芽熊公仔、萌芽熊钥匙扣、萌芽熊手办等商品，通过销售这些衍生商品实现变现。

（三）社群变现

一些大IP可以通过组建社群实现变现。例如，PPT达人"秋叶大叔"通过分享PPT、时间管理等知识发展社群会员，樊登读书会创始人樊登通过发展会员进行社群变现等。

（四）带货变现

带货变现是网红和达人的主要变现方式，有代表性的网红或达人是由专业团队打造的个人IP。通过团队运作，将这个IP的影响力扩展出圈，使其成为头部账号，最后将这个品牌商业化，推出IP衍生类商品。

思政园地

> IP不是工具，它是有温度和情感的。IP折射出的是世界观、人生观、价值观，它最终要让人们产生文化与情感上的共鸣。IP提供给用户的不是产品的功能属性，而是一种情感的寄托。一个成功的IP需要具备用户体验佳、用户规模大、变现模式成熟、有持续的强大的生命力等特征。

三、IP 变现的技巧

在新媒体营销中，企业想要成功孵化出一个IP不是一件容易的事情。新媒体营销人员想要利用IP变现需要掌握一些技巧。

（一）打造人设

打造核心人设是IP变现的关键。如今在新媒体营销领域，商业价值不再单纯归属于渠道或产品，人设对用户的影响力很大，人设直接关系IP的商业价值。在打造人设时，新媒体营销人员首先要做好定位，梳理好自己的专业知识、特长领域，还要找准目标用户，构建用户画像，针对用户的共性特征发布用户感兴趣的内容信息，增强传播力，扩大影响力。

（二）创作优质内容

新媒体营销人员要想成功塑造一个IP形象，就要做好内容，使创作的内容具有个性、富有表现力、体现出差异化优势。新媒体营销人员要在内容中注入创意，使内容有用、有趣、有主旨、有灵魂，能够感染用户，使用户产生情感共鸣。优质的内容有助于新媒体账号从众多账号中脱颖而出，进入大众的视野，并助推内容创作者迅速成为细分领域的意见领袖。

（三）保持生命力

如果新媒体营销账号的内容输出经常中断，该账号就不能持续吸引用户的关注，不能时刻带给用户新鲜感、价值感，就无法吸引更多的用户。没有大规模的用户支持，新媒体营销人员就很难成功塑造IP。新媒体营销人员要确保新媒体账号充满活力、保持生命力，这样才能在互联网大潮中吸引更多的用户驻足。新媒体账号不仅要吸引他们的目光，还要走进他们的内心，这样才能逐渐走上成功之路。

故宫的IP打造历程分析

2014年，"故宫淘宝"的一篇题为《雍正：感觉自己萌萌哒》的文章在微信朋友圈爆火，其让雍正皇帝的形象由"高冷"变为"有趣"，10万多次的阅读量也让更多人对雍正皇帝等历史人物产生了极大的兴趣。故宫随即推出以雍正皇帝为主题的折扇、胶带纸、行李牌等一系列文化创意（以下简称文创）产品，被"圈粉"的年轻人开始为带有中国宫廷设计感的生活用品和工艺品买单，这也让爆红的故宫IP有了延续的途径。2016年，一则《穿越故宫来看你》的H5在朋友圈中刷屏。昔日威严的永乐皇帝，以卡通形象跳起了街舞、唱起了RAP（说唱），巨大的反差人设，让鲜活、年轻化的故宫IP真正意义上进入大众视野。企业或商家纷纷围绕故宫组织线上的各类品牌联动、各种设计大赛,通过增强互动性,故宫的文化形象得到了进一步巩固,故宫IP逐渐深入人心。故宫文创产品的类别越来越齐全,不仅有常见的摆件、钥匙扣、冰箱贴、文化衫等周边产品,还有耳饰、手镯、胸针、手表等蕴含故宫特有古典元素的饰品,涉及彩妆、食品、出版物、服装、电子产品等多个方面。

2017年,故宫文创产品收入已达15亿元。截至2018年年底,故宫文创系列产品已达11 936种。为了使受众更多,大众的认同感更强,故宫还衍生出了多种版权产品,如纪录片《我在故宫修文物》《如果国宝会说话》,真人综艺《上新了·故宫》《故宫回声》,以及数目繁多的出版物,如《海错图》,还有很多儿童绘本及儿童有声书等。

在新媒体时代,纪录片《如果国宝会说话》以灵活短小、拟人化的网络语态,讲述了一个个文物的历史"身世",其流行的话语、精彩的文案使该节目多次"破圈";《故宫100》采用独特的解说方式,内容生动、有趣;《我在故宫修文物》以平民化的视角,展现了我国匠人的日常生活,受到了青年群体的追捧。《如果国宝会说话》中的《唐代仕女俑》一集以现代人的语调与视角介绍了唐代女性的一生,带出当时的风物之美,对话方式别出心裁,解说词生动有趣,与当下年轻人的生活态度相吻合,能够满足受众差异化的需求。

《如果国宝会说话》在整体设计上的创新探索,让传统文化的表现语态和传播形式时尚化、年轻化,表现出中华优秀传统文化的个性魅力和文化情怀。该片运用大量现代科技手段,全方位展现文物的主要特征,通过数字模拟技术、三维动画等方式对文物的细节进行还原。每集5分钟,短小精悍的产品内容符合当下人们快节奏的观看需求。《如果国宝会说话》前三季在豆瓣都获得了9.5左右的高分。

塑造故宫IP,传播中华优秀传统文化需要适应新媒体时代的发展,采用与时俱进的讲述方式,要去激活沉睡在博物馆里的文物,与它们对话,找到文物背后的文化底蕴,还原我国5 000年来生机勃勃的历史文明。打造故宫新文创IP任重道远,故宫对IP的深度发掘仍在继续。

资料来源:朱洁树.博物馆图书馆IP运营之道:推联名,重体验,更有好故事[N].第一财经日报,2023-11-22.有改动

四、个人IP打造步骤

(一)明确区间

明确区间就是找到个人IP具体的发展方向,其方法有很多,以一个简单的模型举例,就是能力、天赋和时间模型,如图9-10所示。

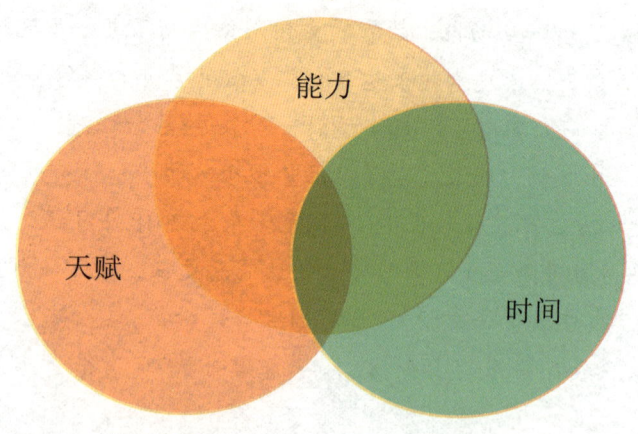

图 9-10　个人 IP 打造模型

如何定位个人发展方向呢？可以考虑从自己能力、天赋和时间的交集区域进行定位。

人都是在某一方面有天赋，在自己的天赋范围内发展，才能让自己做事事半功倍。人的能力是以往的积累和努力的结果，有一部分与自己的天赋有关，这部分能力不但有以往积累的基础，而且具备以后爆发的条件，也就是发展方向。比如，公众演讲方向，假设每天自己可以拿出的时间非常有限，别人每天能拿出三个小时来做与演讲有关的事情，自己却由于种种原因，没有那么长的时间，此时就要重新考虑个人发展方向，可以将其调整为演讲教学、录制微课等方向，让自己成为演讲界著名的老师 IP。

（二）挖掘特色

个人 IP 的打造，很重要的一个方向就是个人的与众不同。同样是打造个人 IP，有的人没有特色，就很难被人记住；有的人特点非常鲜明，优势尤为明显，这样别人就会记住他并且传播他，他出名的概率就会大很多。

怎么挖掘自己在定位区间中的特色呢？最快捷的方式就是反推。

反推可分成三步：找到对手，细分深挖，找到"最"字。

找到对手，就是直接找到自己想定位的专业领域中已经特别成功或者以后可以成为自己的竞争对手的人，去研究他。然后对这个竞争对手在专业方面的优势和劣势进行全面且深入的分析。从竞争对手或者专业领域中，找到你的专业定位发展机遇，一定要找到以后能做到最好，也就是领先的那个领域，在夹缝中找到自己的最强项，最有可能做到第一的那个方向。

比如，一提到 PPT 教学，很多人都会想到"秋叶老师"，"秋叶老师"的 PPT，早就深入人心，成为行业标杆，那怎么还能在 PPT 行业中成为大 IP 呢？阿文老师就做得比较巧妙，他把自己定位为"最出色"的 PPTer、最懂配色的 PPT 专家，从 PPT 的专业中，找到了这个相对空白且自己也擅长的领域进行切入，成功树立了自己的个人 IP。

（三）搭出"第一"

搭出"第一"的具体做法就是跨界混搭、优势组合、制造第一。比如，江小白被称为最"文艺"的白酒。

以上就是打造个人IP的超级秘籍,掌握这三个办法,必将事半功倍,在最短时间用低成本成就自己的个人IP,引爆自己的品牌影响力。

> 任务描述:结合自己的实际情况,尝试为自己打造个人IP。
>
> 任务要求:能明确个人IP定位,挖掘自己IP的特色,结合自己的IP特点输出一个新媒体内容,可以是一个短视频、一篇知识科普文章、一张海报等。

一、单项选择题

1.在新媒体领域中,变现通常指将新媒体平台上的产品或者服务转化为(　　)的过程。

　　A.数据　　　　B.现实粉丝　　　C.人气　　　　D.现金流

2.新媒体内容变现的类型有很多,主要包括广告变现、电商带货变现、知识付费变现与(　　)。

　　A.IP变现　　　B.粉丝变现　　　C.数据变现　　D.会员收费

3.(　　)广告对用户的干扰性较少,用户的体验感更好且对其容忍度更高。

　　A.原生信息流　B.开屏　　　　　C.贴片　　　　D.植入型

4.IP通常有三个特点,即(　　)、持续性、易识别性,具备这三个特点才能称作IP。

　　A.复杂性　　　B.个性化　　　　C.原创性　　　D.独特性

5.(　　)是IP变现的关键。

　　A.数据分析　　B.平台分析　　　C.打造核心人设　D.确定目标

二、判断题

1.开屏广告更易激发用户的主动性,促使其接受、分享,增加用户的二次传播。(　　)

2.软广告的内容通俗易懂,更容易使用户产生共鸣,被用户接受。(　　)

3.知识付费对个体的核心价值主要体现在能够缓解用户的知识焦虑,提高用户搜寻知识的时间成本。（ ）

4.知识付费最终能够实现变现,关键是靠优质的知识内容。（ ）

5.在广告变现生态链中,用户是流量的拥有者,也是现金流的终点,是整个生态链的核心。（ ）

三、实训题

实训目的:打造个人IP并做出变现规划。

实训要求:根据个人IP特点输出相应内容,并选择至少两个变现渠道,为个人IP做出变现规划。

操作步骤:

（1）根据个人IP打造模型,对自己的IP进行设计。

（2）为个人IP输出的内容进行规划,并说明你将利用哪些方式变现。

（3）说明你选择变现渠道的原因。

实训提示:人天生不同,永远不要想去模仿或者复制别人的IP,IP是独一无二的,但是商业闭环和变现模式是可以复制和借鉴的。

【思考与实践】参考答案

参考文献

[1] 刘畅. 新媒体一站式运营指南[M]. 北京：中国商业出版社，2020.

[2] 冯蛟，朱丽娅. 新媒体营销：实务与案例（数字教材版）[M]. 北京：人民大学出版社，2023.

[3] 宁延杰. 数字化营销[M]. 北京：北京大学出版社，2023.

[4] 刘芸. 网络营销与策划[M]. 3版. 北京：清华大学出版社，2020.

[5] 黄桓. 新媒体运营与推广：从入门到精通[M]. 北京：清华大学出版社，2021.

[6] 刘望海. 新媒体营销与运营[M]. 北京：人民邮电出版社，2018.

[7] 勾俊伟. 新媒体营销概论[M]. 2版. 北京：人民邮电出版社，2019.

[8] 丁冬. 新媒体运营[M]. 北京：航空工业出版社，2021.

[9] 人力资源和社会保障部职业能力建设司. 互联网营销师[M]. 北京：中国劳动社会保障出版社，2023.

[10] 中国轻工企业投资发展协会. 互联网营销师[M]. 北京：中国轻工业出版社，2023.

[11] 曾卉. 互联网大数据营销[M]. 北京：清华大学出版社，2023.

[12] 陈永. 中国互联网营销发展报告（2020）[M]. 北京：中国市场出版社有限公司，2020.